语言服务书系·华文教育研究

对外汉语偏误分析

杨爱姣　田　苗　卓静静　主编

暨南大學出版社
JINAN UNIVERSITY PRESS

中国·广州

图书在版编目（CIP）数据

对外汉语偏误分析/杨爱姣，田苗，卓静静主编．—广州：暨南大学出版社，2022.2（2023.2重印）

（语言服务书系．华文教育研究）

ISBN 978-7-5668-3260-3

Ⅰ.①对… Ⅱ.①杨…②田…③卓… Ⅲ.①汉语—对外汉语教学—教学研究 Ⅳ.①H195.3

中国版本图书馆CIP数据核字（2021）第227978号

对外汉语偏误分析

DUIWAI HANYU PIANWU FENXI

主　编：杨爱姣　田　苗　卓静静

出 版 人： 张晋升
策划编辑： 杜小陆
责任编辑： 姚晓莉
责任校对： 周海燕　陈皓琳　黄亦秋
责任印制： 周一丹　郑玉婷

出版发行： 暨南大学出版社（511443）
电　　话： 总编室（8620）37332601
营销部（8620）37332680　37332681　37332682　37332683
传　　真：（8620）37332660（办公室）　37332684（营销部）
网　　址： http://www.jnupress.com
排　　版： 广州良弓广告有限公司
印　　刷： 广州方迪数字印刷有限公司
开　　本： 787mm×960mm　1/16
印　　张： 12.75
字　　数： 265千
版　　次： 2022年2月第1版
印　　次： 2023年2月第2次
定　　价： 49.80元

序　开启汉语宝库的一把钥匙

进入21世纪，汉语的国际地位日益提升，越来越多的人开始学习汉语。因为，越来越多的人明白：一个民族文化的发展，一靠自身的创生更新能力，靠自己由少到多、由浅入深、由低级到高级的不断累积与进步；二靠外来文化的不断补充、丰富、启发、刺激，在与外来文化的摩擦、搏击、竞争、交流、融合中发展壮大自己。

这里，有两个伟大的范例。一是中华民族历几千年而不衰。原因就是中国文化具有自身的创生更新能力，又在历史发展过程中引进、消化、吸收各国外来文化，发展壮大了自己。二是欧洲走出黑暗的中世纪。欧洲文明曾经出现过苏格拉底、柏拉图、亚里士多德等哲人，是著名的古希腊文明的中流砥柱。然而，自从罗马帝国东侵，将希伯来人的犹太教改造成基督教（天主教），并沉浸于宗教之中，就进入了黑暗的中世纪，在文化、科技上并无大作为。直到13、14世纪开始了宗教革命（文艺复兴），欧洲才逐渐摆脱宗教的束缚，在哲学、科技、艺术等各个方面，取得了全面发展。到18世纪，在学习阿拉伯、中国、印度先进文化的基础上，欧洲渐渐成为世界文明的领航者，以欧美为代表的西方文明取代以中国、印度为代表的东方文明的地位。语言文字是文化最重要的载体和交流工具。我们讲国之交在民相亲，民相亲在心相通，心相通离不开文化交流，这是世界上越来越多的人通过学习汉语了解中华文化的原因。

汉语言文字是一个伟大的宝库。它不但造福中华民族几千年，而且在历史上还曾影响朝鲜、日本、越南等“汉字文化圈”国家。如今，随着中国的现代化发展，“构建人类命运共同体”的观念获得日益广泛的认同，学习汉语言文字的各国朋友，自然一天比一天多了起来。

一些外国朋友说，学习汉语言文字很难。对初学者来说，有这样的反应是很正常的。汉语言文字就像一座雄伟典雅的建筑群，有众多厅堂、庭院、房间、密室。想走进这座建筑群，打开一间间厅堂和密室，一览典藏与奥秘，就需要一把把钥匙，本书正是其中一把有用的钥匙。

外国朋友在学习汉语的过程中，因受母语习惯思维的影响，往往会产生带有规律性的偏误。分析和纠正这种偏误，会给学习带来便利和愉悦，增强学习的兴趣与动力。这种兴趣与动力，会帮助外国朋友更深入地领略中国文化的博大精深，从而欲罢不能，在学习、研究、传播中国文化的道路上发光发热，建功立业。

郁龙余

2021 年 10 月 12 日

（郁龙余，深圳大学印度研究中心主任、深圳大学文学院首任院长、中国外国文学学会印度文学研究会会长，曾获印度总统慕克吉颁授的“杰出印度学家奖”。）

前　言

“偏误”是留学生在习得汉语过程中产生的有规律的错误，通过分析它们，能总结出偏误的类型，挖掘出偏误产生的原因，从而方便教师采取有针对性的教学策略。本书的作者均为深圳大学的老师和研究生，他们从大学课堂上获得第一手偏误资料，假以偏误分析的理论，条分缕析地对各种偏误的“病因”追根溯源。他们身兼教师与“医师”之职，既要找毛病，又要开药方，切中肯綮，意义深远。

我于2007年开始带对外汉语专业的研究生，同时关注留学生学习过程中的偏误，并带着研究生一起收集相关资料，时有所获。在本书编撰过程中，孙崇文、张燕华、卢琴艳、徐颖、黄嘉恩、闵孝等人做了大量工作，田苗和卓静静两位系主任也付出了大量心血。承蒙暨南大学出版社不弃，全体成员全力推动出版工作，尤其是杜小陆编辑，总是及时给予热情洋溢的鼓励与鼎力相助。

从最初关注到最后集结成文，14年的时光悄然流转，谨以无韵拙诗记载这一段苦乐年华：

杜鹃山里啼杜鹃，文山湖边念文侯。
偏误丛林寻良药，脚踏实地写春秋。

杨爱姣

教授、博士生导师

2021年12月2日于杜鹃山下

目　录

语音偏误篇

韩国学生学习汉语普通话声母发音偏误分析及教学对策

“语音就是人类调节呼吸器官所产生的气流通过发音器官发出的声音。气流通过的部位不同、方式不同，形成的声音也就不同。”① 对外汉语教学中语音教学至关重要，直接影响教学的成败和交际的效果。语音是基础，如果语音基础没有打好，一旦形成习惯，错误的语音习惯很容易“化石化”，以后就很难改正。

随着中国和韩国经济文化上的交流日益频繁，韩国学生学习汉语的数量剧增。在对外汉语教学中，汉语的发音问题越来越受到重视，该课题的研究也日益成熟。屠爱萍（2008）以一年制零起点的韩国学生为调查对象，对一些经常发生偏误的声母、韵母做了偏误分析。孔维虎（2007）通过对比汉语拼音字母和韩语字母的数量，以及两种语言中的辅音，提出了汉语辅音教学的见解。刘江娜（2006）运用听辨法对22名中级汉语水平的韩国留学生的声调偏误情况进行了调查分析，中级汉语水平的韩国留学生的声调偏误主要表现在阳平和上声，正确率与在中国的学习时间成正比。高玉娟、李宝贵（2006）采用实验语音学的方法，对韩国留学生的声调偏误进行了声学分析，并首次运用石峰教授的声调格局理论，做出了声调的格局图，然后与普通话的声调格局图进行比较，得出的结论是：对于韩国留学生来说，最容易的是去声，其次是阴平，然后是阳平，最难的是上声。关英伟（2001）采用听辨法，调查分析了韩国留学生上声和上声连读变调，探讨了上声教学的方法和规律。以上研究多是根据自身的教学经验而成，或是采用传统的听辨法，研究内容不够深入、方法不够丰富，实验性不够强。

本人在韩国首尔市立大学国际交流学院的汉语角教汉语时，对韩国学生做了声母方面的听音调查和声调方面的录音调查。调查的对象是首尔市立大学中文系一年级的学生。声母方面，通过测试表来调查发音的情况；声调方面，先通过录音来记录发音的情况，然后运用 Praat 软件进行声学分析，主要从调值、调型、时长等方面发掘偏误产生的规律、类型及原因，从而总结出对韩国学生进行语音教学的针对性方法。

本文借鉴的基础理论有对比分析理论、偏误分析理论和中介语理论。

（1）对比分析理论。对比分析理论是由拉多提出的，他认为第二语言的获得也是刺激—反应—强化形成习惯的结果。一旦习惯形成，当学习者处于某一语言情境时就

① 林焘，王理嘉. 语音学教程. 北京：北京大学出版社，1992：16.

会自动地做出反应，但与第一语言不同的是，在习得第二语言的时候，学习者已经形成了一整套第一语言的习惯，因此就存在第一语言的迁移问题。迁移是指在学习过程中已获得的知识、技能和方法、态度等对学习新的知识、技能的影响。这种影响有的起积极促进的作用，叫正迁移；有的起阻碍的作用，叫负迁移。在两种语言相同之处不存在干扰，不同之处就产生干扰。学习者必须不断克服这种干扰才能掌握好第二语言。这种干扰表现在第二语言的使用中就是偏误。本文主要从发音部位和发音方法两个方面来对比分析汉语和韩语的辅音系统，尽力找出韩国学生学习汉语声母时出错的原因。（由于韵母的情况比较复杂，本文暂不做研究）

（2）偏误分析理论。这是对学习者在第二语言习得过程中所产生的偏误进行系统分析的理论。科德（Corder）把学习者所犯的错误分为失误和偏误两种。[①] 所谓失误是指偶然产生的口误或笔误；偏误则是由于目的语掌握不好而产生的一种规律性的错误，它偏离了目的语，反映了说话者的语言能力和水平，这类错误一般不易改正，同一错误会多次出现，这也正是中介语特征的反映。科德是偏误分析的最早倡导者，他认为通过偏误分析，教师可以了解学习者对目的语的掌握程度及其所达到的阶段；可以了解到学习者是如何习得目的语的，有助于了解学习者在学习过程中所采取的学习策略和步骤。

（3）中介语理论。这是偏误分析的理论基础，美国语言学家塞林克（Selinker）于 1969 年首次提出“中介语”这个概念。中介语是指在第二语言习得中形成的一种既不同于母语也有别于目的语，随着学习的进展不断向目的语过渡的动态语言系统。中介语的偏误具有顽固性，语言中的某一部分可能一段时间内停滞不前，产生僵化或化石化的现象，表现在语音上最为突出。中介语中存在一定的偏误，但中介语并非都是错误的，它有正确的部分，而且正确的部分随着学习者学习的深入而不断扩大，更接近于目的语。中介语理论有利于探索学习者语言系统的本质，发现第二语言习得的发展阶段，揭示第二语言习得的过程及第一语言的影响，从而有利于教师制订相应的教学计划来更好地促进学习者的学习。

以上述理论为指导，本文分三部分展开论述：声母发音偏误分析及教学对策、声调发音偏误分析及教学对策、小结。第一部分通过调查分析韩国学生汉语声母发音偏误的情况，总结出声母发音偏误的类型，并通过对比分析汉语拼音和韩语的辅音系统以及汉字音，力图探明偏误发生的原因，找出有效的纠正和指导的方法。第二部分通过 Praat 软件来研究韩国学生对汉语四声的掌握情况，提出避免声调偏误的教学对策。第三部分总结本研究的主要内容及局限性。

---

① CORDER. The significance of learner's errors. London: Oxford University Press, 1967: 161－170.

一、韩国学生汉语声母发音偏误分析及其教学对策

（一）偏误情况调查分析

1. 调查目的

韩国学生在刚开始学习汉语普通话时受母语的影响比较大，随着汉语水平的不断提高，在学习的过程中不断地纠正错误的发音，逐渐形成第二语言的习惯。

2. 调查对象

本文力求找出汉语和韩语的语音系统之间的相同点与不同点，以及其对韩国学生习得汉语普通话声母的影响。入门班的学生由于刚刚接触汉语，第二语言的习惯还没有建立起来，母语对他们的负迁移影响较大，所以选取的调查对象是入门班的 15 名韩国学生。

3. 调查材料

调查材料为汉语普通话的 21 个声母。只选择声母作为发音调查材料，而没有选择字和词，是为了避免声母在音节中受到韵母的影响，这样可以对声母的发音做比较独立的偏误分析。

4. 调查结果

调查结果如表 1、表 2 所示：

表 1　调查结果

声母	正确率	偏误率	发成的音
b	86.7%	13.3%	ㅃ [p']
p	80%	20%	f [f]
m	100%	0	
f	66.7%	33.3%	ㅍ [pʰ]　ㅂ [p]
d	93.3%	6.7%	ㄸ [t']
t	86.7%	13.3%	ㅌ [tʰ]
n	93.3%	6.7%	l [l]
l	66.7%	33.3%	n [n]　ㄹ [ɾ]
g	80%	20%	k [kʰ]
k	86.7%	13.3%	g [k]　ㄲ [k']　f [f]
h	80%	20%	ㅎ [h]
j	73.3%	26.7%	ㅈ [ts]

（续上表）

声母	正确率	偏误率	发成的音
q	86.7%	13.3%	ㅊ［ts^h］
x	80%	20%	ㅅ［s］
z	73.3%	26.7%	zh［tʂ］
c	80%	20%	ch［$tʂ^h$］　k［k］
s	86.7%	13.3%	sh［ʂ］
zh	80%	20%	ㅈ［ts］
ch	73.3%	26.7%	ㅊ［ts^h］　k［k^h］
sh	86.7%	13.3%	ㅅ［s］
r	66.7%	33.3%	ㄹ［ɾ］

表2　常见偏误类型

声母的发音部位	发成的音
唇齿音 f［f］	双唇音 b［p］　p［p^h］
舌面音 j［tɕ］　q［$tɕ^h$］　x［ɕ］	舌尖前音 z［ts］　c［ts^h］　s［s］
舌尖前音 z［ts］　c［ts^h］　s［s］	舌尖后音 zh［tʂ］　ch［$tʂ^h$］　sh［ʂ］
舌尖后音 zh［tʂ］　ch［$tʂ^h$］　sh［ʂ］	舌尖前音 z［ts］　c［ts^h］　s［s］

由表1、表2可以看出：韩国学生的发音偏误几乎覆盖了所有声母。以上调查中，除了声母m以外，其余声母发音都存在不同程度的偏误。偏误率高于20%的声母为f、l、j、z、ch、r；偏误率为20%的声母为p、g、h、x、c、zh；偏误率低于20%的声母为b、m、d、t、n、k、q、s、sh。韩国学生学习汉语声母时受母语的影响很大。发音部位和发音方法差异越大的音，越不容易产生偏误，如［p］和［n］基本上不会混淆。发音部位和发音方法越相近的音，越容易产生偏误，韩国学生听到与自己母语中相似的发音（也就是发音部位或发音方法相近的音）时，以为汉语中的声母发音和韩语中的发音是完全一样的，进而出现语音上的偏误。如［p］和［p^h］发音部位相同，区别在于是否送气，韩国学生在这两个音上经常出错。

下面对常见的偏误逐一进行分析。

（1）唇齿音f误读成双唇音b、p。

汉语普通话中有三个双唇音：b［p］、p［p^h］、m［m］，韩语中的双唇音有四个：ㅂ［p］、ㅍ［p^h］、ㅃ［p'］、ㅁ［m］，汉语中有唇齿音f，而韩语中没有唇齿

音，韩国学生在掌握这个音上有一定的困难，不能很好地把握唇齿音的发音部位，经常将唇齿音发为母语中与其相似的双唇音 b［p］或 p［p^h］，例如：夫妇（fufu）부분（bubu）、部分（bufen）부분（buben）、皮肤 pifu 피부（pibu）。由于韩语中没有唇齿音 f，许多韩国学生就在母语中找到与之相近的双唇送气音 p，对于韩国学生来说，p 和 f 在听觉上是差不多的，分不清塞音和擦音的发音特征，以致在发音时也不容易区分开，例如“房间”的“房”读成［p^hɑŋ］。因此，在教韩国学生 f 的时候，首先要让他们把 f 和 p 的发音部位区别开：擦音 f 的唇形是下唇与上齿构成缝隙，塞音 p 是双唇紧闭，没有缝隙；在发音方法上要强调擦音 f 唇齿间是有缝隙的，气流是从缝隙中摩擦而出，而塞音 p 是双唇紧闭，气流冲开双唇爆发而出，应当让韩国学生多多练习气流从唇齿缝隙中摩擦而出这一发音特征。

（2）卷舌音 r 误读成韩语中的闪音ㄹ。

由于韩语中没有卷舌音，所以韩国学生在读 r 时，就在母语中找与 r 相近的闪音ㄹ，中国人听起来很像边音 l。r 发音时舌尖要卷起，而韩语中的ㄹ发音时舌尖不需要卷起，只是轻轻弹一下。韩国学生没有卷舌的意识，所以读 r 时感觉很难，便倾向于把舌位前移，变成了韩语中的ㄹ。

教学时要根据韩国学生的偏误情况强调卷舌音的特征，即舌尖放松，然后卷起。练习时可以先让学生发 sh，然后在此基础上将 shi 音节拉长，让气流擦过，同时振动声带便可以准确地发出 r 这个音了。“普通话中的 r，一般被认为是个浊擦音，但是汉族人的实际发音中有两个变体，除了浊擦音变体以外，还有一个无擦通音。因为汉语母语运用中也存在这样的差异，外国学习者的学习目标也就不甚清晰。”① 韩国学生经常会将 r 误读成与边音 l 发音相似的韩语中的闪音ㄹ［ɾ］，所以在学习边音 l 的时候要注意发音部位。

（3）舌尖后音 zh、ch、sh 误读成舌尖前音 z、c、s。

zh、ch、sh 是汉语中一组独特的舌尖后音，由于韩语中没有舌尖后音，韩国学生在读这组音时经常和 z、c、s 相混淆，或是误读成韩语中的舌面音ㅈ、ㅊ、ㅅ。韩国学生在读 zh、ch、sh 时，大部分学生的翘舌都不到位，便发成了接近韩语ㅈ、ㅊ、ㅅ的音，韩语ㅈ、ㅊ、ㅅ的发音部位介于舌尖前和舌尖后之间，对 zh、ch、sh 和 z、c、s 的干扰作用都很大。

在教学时，对于 zh、ch、sh，要训练学生养成发翘舌音的发音习惯，教师要先示范，可以利用图片来说明舌尖的位置，反复让学生练习来养成发翘舌音的发音习惯。对于 z、c、s，要提醒韩国学生将这组舌尖前音和韩语中的舌面音ㅈ、ㅊ、ㅅ相区别，汉语中 z、c、s 的舌位要比ㅈ、ㅊ、ㅅ的舌位靠前，由于韩语中也存在擦音 s，可以利用这个两种语言中都有的辅音来引导韩国学生发好舌尖前音 z、c、s，可以先保持 s 的

① 毛世桢．对外汉语语音教学．上海：华东师范大学出版社，2008．

舌位再引导学生发出 z 和 c，同时也要强调塞擦音 z、c 和擦音 s 的不同之处。在发 z 和 c 时舌尖要和上齿背或下齿背形成阻塞，然后打开一条缝隙使气流摩擦而出。

（二）偏误原因探析

1. 汉韩语音系统差异引起的声母偏误

汉语属于汉藏语系，是典型的孤立语，词形变化很少，每个音节都有固定的声调是汉语最大的特点。汉语中共有 22 个辅音：b、p、m、f、d、t、n、l、g、k、h、j、q、x、z、c、s、zh、ch、sh、r、ng，除了 ng 以外，都可以充当声母。声母和韵母构成一个音节，每个音节都有一个声调。

韩语通常被称为单一民族使用的单一语言，语系上属于阿尔泰语系，为黏着语。韩国人创造的书写体系主要基于其对音韵学的研究，他们没有采用中国音韵学的两分法理论，而是创造了三分法理论，将音节分成初声、中声和尾声。元音是分别模仿“天、地、人”的生成次序创制的，辅音则是模仿发音器官的特点创制的。由单个元音或辅音与元音构成音节，再由音节构成单词。在语流中，语音并不是一个一个孤立地发出的，而是连续发出的。

现代韩语共有 19 个辅音，ㄱ、ㄲ、ㄴ、ㄷ、ㄸ、ㄹ、ㅁ、ㅂ、ㅃ、ㅅ、ㅆ、ㅇ、ㅈ、ㅉ、ㅊ、ㅋ、ㅌ、ㅍ、ㅎ。

韩语的辅音系统如表 3 所示：

表 3　韩语的辅音系统

		双唇	舌面前	舌面后	喉音
塞音	松音	ㅂ［p］	ㄷ［t］	ㄱ［k］	
	紧音	ㅃ［p’］	ㄸ［t’］	ㄲ［k’］	
	送气音	ㅍ［pʰ］	ㅌ［tʰ］	ㅋ［kʰ］	
擦音	松音		ㅅ［s］		ㅎ［h］
	紧音		ㅆ［s’］		
塞擦音	松音		ㅈ［ts］		
	紧音		ㅉ［ts’］		
	送气音		ㅊ［tsʰ］		
鼻音		ㅁ［m］	ㄴ［n］	ㅇ［ŋ］	
闪音			ㄹ［ɾ］		

汉语的辅音系统如表4所示：

表4　汉话的辅音系统

		双唇音	唇齿音	舌尖音	卷舌音	舌面音	舌根音
塞音	不送气	b [p]		d [t]			g [k]
	送气	p [pʰ]		t [tʰ]			k [kʰ]
塞擦音	不送气			z [ts]	zh [tʂ]	j [tɕ]	
	送气			c [tsʰ]	ch [tʂʰ]	q [tɕʰ]	
擦音			f [f]	s [s]	sh [ʂ]	x [ɕ]	h [x]
鼻音		m [m]		n [n]			ng [ŋ]
边音				l [l]			
通音					r [ʐ]		

汉语中辅音有22个，b [p]、p [pʰ]、m [m]、f [f]、d [t]、t [tʰ]、n [n]、l [l]、g [k]、k [kʰ]、h [x]、j [tɕ]、q [tɕʰ]、x [ɕ]、z [ts]、c [tsʰ]、s [s]、zh [tʂ]、ch [tʂʰ]、sh [ʂ]、r [ʐ]、ng [ŋ]。韩语中辅音有19个，ㅂ [p]、ㅃ [p']、ㅍ [pʰ]、ㅁ [m]、ㄷ [t]、ㄸ [t']、ㅌ [tʰ]、ㅅ [s]、ㅆ [s']、ㅈ [ts]、ㅉ [ts']、ㅊ [tsʰ]、ㄴ [n]、ㄹ [ɾ]、ㄱ [k]、ㄲ [k']、ㅋ [kʰ]、ㅇ [ŋ]、ㅎ [h]。两种语言中共有12个辅音发音相同：[p]、[pʰ]、[m]、[t]、[tʰ]、[ts]、[tsʰ]、[s]、[n]、[k]、[kʰ]、[ŋ]。

相对于韩语，汉语中独有的发音有：f [f]、h [x]、j [tɕ]、q [tɕʰ]、x [ɕ]、zh [tʂ]、ch [tʂʰ]、sh [ʂ]、r [ʐ]、l [l]。其中，卷舌音是汉语的一大特点。汉语中独有的发音在教学中要给予更多的重视，通过详细讲解和反复练习来帮助韩国学生形成母语中没有的发音习惯。

汉语中有而韩语中没有的辅音所引起的偏误主要有：唇齿音 f 误读为双唇音 b [p] 或 p [pʰ]；舌尖后音 zh、ch、sh 误读成舌面音ㅈ、ㅊ、ㅅ；卷舌音 r 误读成闪音ㄹ。

相对于汉语，韩语中独有的发音有：ㅃ [p']、ㄸ [t']、ㅆ [s']、ㅉ [ts']、ㄹ [ɾ]、ㄲ [k']、ㅎ [h]，其中，紧辅音是韩语的一大特点（又称"挤喉音"——喉部肌肉只是略略紧张并没有紧缩到形成阻碍闭住气流的程度），例如：b、d、g 不送气声母容易被误读为韩语中独有的紧辅音。韩语中的不送气音分为松音和紧音，其中松音与汉语中的不送气音是对应的。在韩语中松音和紧音不起区别意义的作用，韩国学生经常将松音和紧音替换使用。韩国学生在初学不送气声母的时候很容易将其发成韩语中的紧音，在调查中 b 和 d 的统计结果体现了这种偏误现象。

2. 汉字音差异导致的语音偏误

韩语的词汇大致可以分为两类：固有词和借词。借词大部分来源于中国。韩语中存在大量的汉字词。汉字在很久以前就传入了韩国，韩语与汉语有着十分密切的关系。在 1443 年之前，古朝鲜只有汉字，并没有自己的文字。韩国有了自己的文字之后，汉字的使用虽有所减少，但汉字词在韩语中仍占有很大的比例。汉字词被借入韩语大致可分为三个阶段：第一阶段，从朝鲜三国时代到 1443 年世宗大王创立训民正音[①]。在古朝鲜和我国的交流过程中，汉字词与汉文化大量地被借入，中国的书籍文物等被引进的同时，它们的概念也以汉字词的形式被命名。第二阶段，训民正音创立之后到甲午战争之前。主要是汉字词和韩语词同时使用。第三阶段，汉字在传往韩国的同时，也传入了日本，由于历史原因，一部分汉字词是由我国传入日本再传入韩国的。韩语词汇系统中，汉字词占了一半以上。它在书面上有两种写法：用汉字书写或用韩字书写。而韩语中的汉字词与汉语中的汉语词存在形式上与意义上的差异。作为人类最重要的交际工具，语言是随着时间的推移而变化着的。虽然来源相同，但经过长期发展演变，被借入韩语的汉字词随着韩国社会的发展而发生了一定的变化，不仅表现在词义上，也表现在语音上。

现代汉语和韩语中的汉字词是同源的，随着社会的发展、时代的变迁而发生了改变。语言是人类最重要的交流工具，是一种特殊的社会现象。汉语与韩语在两个不同的社会体系中发展变化着，必然反映着各自的社会现象，语音也自然地发生变化。韩语长期受汉语的影响，汉字借词在韩语里十分发达，利用这些借词经过组合可以创造出新的词汇。由于汉字的表意性，每个词汇都具有一定的意义，为成为造词词素提供了条件。汉字词根据韩语的构词方法，与其他词合成或派生出新的词汇。例如："出"和"产"在古代汉语中都有"生育"的意思。韩语将这两个词借入之后形成"出产"一词，"出产"在韩语中是"生孩子"的意思，吸收"出"和"产"两个词的意义而组合成了一个新的词。被直接借入韩语的汉字词以及被改造后的汉字词，大部分都是中古时期借入的，虽然随着韩语和汉语的发展变化，很多音素的读音与现代韩语和汉语中有很大的差异，但是两种语言仍然存在很明显的对应关系。下面以汉语借词为媒介来分析汉语和韩语的辅音对应关系（见表 5）。

---

① 训民正音（现称 Hangul）是韩语所使用的字母，为朝鲜（1418—1450 年）第四代皇帝——世宗大王所创造，于 1446 年 10 月发表。古时的训民正音有 28 个字母，而现代韩语一共有 24 个字母，其中，14 个为子音（声母）字母，10 个为母音（韵母）字母。韩语的语音结构比印欧语系简单，每个韩文字代表一个音节，每个音节最多有 4 个音素；而每个字最多由 5 个字母组成，拼成方块字的模样，以便与汉字同时使用。

表5　汉语与韩语的辅音对应关系

汉语中辅音发音	韩语中辅音发音	例子（韩语中的汉语借词）
p	p	辩明［p］변명［p］　白色［p］백색［p］
p^h	p^h	平安［p^h］편안［p^h］　抛弃［p^h］포기［p^h］
	p	分配［p^h］분배［p］　批评［p^h］비평［p］
f	p	发展［f］발전［p］　方法［f］방법［p］
	p^h	丰富［f］풍부［p^h］　风景［f］풍경［p^h］
m	m	目标［m］목표［m］　美人［m］미인［m］
t	t	到达［t］도착［t］　担当［t］담당［t］
	t^h	嫉妒［t］질투［t^h］　诞生［t］탄생［t^h］
	ts	地方［t］지방［ts］　电子［t］전자［ts］
t^h	t^h	投资［t^h］투자［t^h］　通过［t^h］통과［t^h］
	t	挑战［t^h］도전［t］　代替［t^h］대신［t］
	ts	提问［t^h］질문［ts］　调节［t^h］조절［ts］
	ts^h	体育［t^h］체육［ts^h］　天才［t^h］천재［ts^h］
n	n	南方［n］난방［n］　农场［n］농장［n］
l	ɾ	娱乐［l］오락［ɾ］　游览［l］유람［ɾ］
	n	劳动［l］노동［n］　浪费［l］낭비［n］
	零声母	理解［l］이해［ø］　理由［l］이유［ø］
k	k	工夫［k］공부［k］　告状［k］고소［k］
k^h	k^h	愉快［k^h］유쾌［k^h］
	k	空气［k^h］공기［k］　肯定［k^h］긍정［k］
	h	包括［k^h］포함［h］　状况［k^h］사황［h］
x	h	和平［x］화평［h］　华丽［x］화려［h］
tɕ	k	机会［tɕ］기회［k］　结论［tɕ］결론［k］
	h	解决［tɕ］해결［h］　解雇［tɕ］해고［h］
	ts	将来［tɕ］장래［ts］
$tɕ^h$	k	期待［$tɕ^h$］기대［k］　空气［$tɕ^h$］공기［k］
	ts	全部［$tɕ^h$］전부［ts］　全体［$tɕ^h$］전체［ts］
	ts^h	青年［$tɕ^h$］천년［ts^h］　亲戚［$tɕ^h$］친척［ts^h］

（续上表）

汉语中辅音发音	韩语中辅音发音	例子（韩语中的汉语借词）
ɕ	s	西［ɕ］서［s］　详细［ɕ］자세［s］
	h	现代［ɕ］현대［h］　香水［ɕ］향수［h］
ts	ts	增加［ts］증가［ts］　自己［ts］자기［ts］
	t^h	选择［ts］선택［t^h］
ts^h	ts^h	草原［ts^h］초원［ts^h］
	ts	天才［ts^h］천재［ts］
s	s	散步［s］산책［s］　思考［s］사고［s］
tʂ	tʂ	化妆［tʂ］화장［tʂ］　注意［tʂ］주의［tʂ］
	ts^h	祝贺［tʂ］축하［ts^h］
$tʂ^h$	ts^h	差异［$tʂ^h$］차이［ts^h］　汽车［$tʂ^h$］기차［ts^h］
	s	成功［$tʂ^h$］성공［s］　诚实［$tʂ^h$］성실［s］
ʂ	s	胜利［ʂ］승리［s］　省略［ʂ］생략［s］
ʐ	ø	日记［ʐ］일기［ø］　入口［ʐ］입구［ø］

韩语中大量存在的汉字词对于韩国学生来说，有正、负迁移两方面的影响。韩语和普通话中的汉字读音有一定的对应规律。

（1）读音完全一样。这样的声母偏误率比较低。如：［n］—［n］，［m］—［m］。

（2）读音部分一样。普通话中一个辅音对应韩语中的几个辅音，如：［k^h］—［k］，［k^h］—［h］，［k^h］—［k^h］。送气音和不送气音在韩语和汉语中是不对应的，所以韩国学生很难分清送气音与不送气音。

（3）读音完全不一样。例如：韩语中没有［f］这一辅音。根据音韵学的知识，轻唇从重唇中分化出来是从唐代中期开始的，在唐代以前的古代汉语中没有［f］这个辅音，汉字远在唐代以前就已传入韩国，所以现代韩语中的汉字词的发音中也没有f这个辅音，而汉语中则保留了［f］这一辅音。因此，在韩语中，与f相对应的辅音是与f发音位置相同、发音方法不同的［p^h］、［p］。在韩国学生中，［f］的偏误率是非常高的，而且在现代汉字的形声字中，双唇和唇齿的谐声关系是混乱的，例如以“非”为声旁的字中就有“菲”“斐”“啡”等声母为f的，又有“裴”声母为p的，以及“悲”声母为b的。［f］发音本身不是很难，上齿接近下唇，气流从上齿与下唇之间的缝隙摩擦而出。韩国学生掌握不好这个发音的主要原因是汉字词的负迁移作用，经常把声母 f 误读为 b 或 p。

（4）声母为 r 的汉字词在韩语中对应的是零声母，所以韩国学生经常将声母为 r 的汉字音读成零声母，例如“热”“人”“日”等。l 和 r 这两个声母也是韩国学生容易发错的音，韩语中没有卷舌音 r，所以很多韩国学生便用闪音来代替，经常将“然后”误读为“lanhou”。韩语中的ㄹ［ɾ］在发音时先将舌尖和上齿龈接近，然后使气流通过口腔；而汉语中的 l 在发音时舌尖卷起，然后抵住上齿龈，让气流通过舌头的两边出来，可以根据发音方法的不同来区别和学习这两个音。

（5）以舌尖音 zh、ch、sh 为声母的汉字在韩语中，其声母多数是舌叶音ㅈ、ㅊ、ㅅ，所以韩国学生在读 zh、ch、sh 时经常将它们误读成舌叶音。松音ㅅ发音的时候，舌尖抵住下齿的背面，舌面前部尽可能接近硬腭，让气流从舌面前部和硬腭之间的空隙挤出，是摩擦音；ㅈ发音的时候，舌尖抵住下齿的背面，舌头接近上齿龈和硬腭阻住气流，然后让气流冲破阻碍摩擦成声；送气音ㅊ发音时发音部位与方法与松音基本相同，只是发音器官相对更紧张，使气流在喉部已经受到阻碍，出现挤喉的现象。韩语中的ㅈ、ㅊ、ㅅ与汉语中的 z、c、s 听起来相似，不过韩语中的ㅈ、ㅊ、ㅅ在发音的时候舌位要更后一些，介于舌面前和舌尖后之间，因此韩国学生在学习汉语声母 zh、ch、sh 和 z、c、s 时，母语ㅈ、ㅊ、ㅅ的干扰作用很大。

（三）教学对策

外国学生学习汉语一般是在母语已经掌握到一定程度以后才开始的，所以在学习汉语的过程中必然受母语的影响。在对外汉语教学活动中，教师要引导学生恰当地运用母语，发挥母语的正面影响，加速汉语学习的过程。

1. 对照记忆，反复训练

对汉语和韩语的辅音系统以及中韩汉字音的对应关系作简单解析，总结出规律，让韩国学生在学习之前了解到两种语言体系之间的联系与不同点，以及哪些辅音相似，哪些辅音相同，这样可以区别记忆。比如，zh、ch、sh、f、q、x 这些音比较容易出错，在教学过程中要提醒韩国学生注意这些音的发音部位和方法，还可以通过仔细观察、反复比较，找出两种语言相似或相近的内容，辨别语音差异，寻找实现正迁移的主体关联内容，利用韩国学生原有的知识来促进新语言知识的学习。z、c、s 与 zh、ch、sh 是韩国学生经常出现偏误的声母，是拼音教学中的难点，要反复练习。教师读含有声母 z、c、s 的音节，学生立即改读为 zh、ch、sh 的声母，声调不变。例如：

教师读	学生读
$zang^{55}$	$zhang^{55}$
$ceng^{35}$	$cheng^{35}$
san^{214}	$shan^{214}$

（1）唇齿音 f 出现偏误主要是韩语中没有这个辅音，学生倾向于用双唇音 p 来代替而造成的，比较合适的教学对策是利用图片给学生做唇形示范，提示 b、p 是双唇紧闭而 f 是下唇和上齿相接近，然后通过塞音和擦音的发音训练让学生体会到两者的差别，让学生感受到 f 的持阻时间较长，气流从唇齿间缓缓流出，而 p 是气流爆破而出，没有受阻和持阻的过程。

（2）舌尖前音 z、c、s 和舌尖后音 zh、ch、sh 与舌面音 j、q、x 的偏误主要是受韩语中ㅈ、ㅊ、ㅅ的影响而产生的。所以在教学时除了要讲解发音部位上的不同，还要重视听力训练，学生只有在听觉上先正确地分辨这三组辅音，才能正确地发音。所以针对这三组辅音，要加强辨别方面的练习。可以采用对比练习和字形类推法（见表 6），例如：

对比练习

zhaojiu　zaojiu　　　　zha ji　za ji
照旧—造就　　　　札记—杂技
zhizhu　zi zhu　　　　chucao　cucao
支柱—资助　　　　出操—粗糙
chitang　ci tang　　　　chunzhuang　cunzhuang
池塘—祠堂　　　　春装—村庄

表 6　字形类推法

代表字		类推字	
曾	zeng	增（增加 zengjia）	赠（赠送 zengsong）
宗	zong	综（综合 zonghe）	粽（粽子 zongzi）
祖	zu	租（出租 chuzu）	阻（阻止 zuzhi）
专	zhuan	砖（砖头 zhuantou）	转（转达 zhuanda）
折	zhe	哲（哲学 zhexue）	浙（浙江 zhejiang）
直	zhi	植（植物 zhiwu）	殖（繁殖 fanzhi）
曹	cao	嘈（嘈杂 caoza）	槽（木槽 mucao）
采	cai	彩（彩色 caise）	菜（蔬菜 shucai）
崔	cui	催（催促 cuicu）	摧（摧残 cuican）
叉	cha	汊（河汊 hecha）	杈（树杈 shucha）
昌	chang	唱（唱歌 changge）	倡（提倡 tichang）
垂	chui	锤（锤炼 chuilian）	捶（捶打 chuida）

2. 利用“排除记忆法”

通过对比分析汉字词在汉韩两种语言中的读音，找出汉韩两种语言中汉字音的差异，为避免受到韩语汉字音的干扰而打上预防针，从而为掌握正确的汉语读音奠定理论上的基础。教师应引导学生正确地看待偏误，建立正确的学习态度。对偏误的本质要有全面深刻的认识，应该看到偏误的积极意义，偏误是学习者学习过程中的正常现象，是对学习者学习信息的一种反馈，既是不可避免的，也是十分必要的。偏误反映了学习者中介语的发展过程，为之后的学习提供了一个参照标准。

教学中可以采用“排除记忆法”，由于声母为 z 和 c 的汉字比声母为 zh 和 ch 的字少得多，我们根据“记少不记多”的原则，只记忆 z、c 声母字。表 7、表 8 列举了常见的 z、c 声母字。

表 7 常见的 z 声母字

拼音	例子
za	扎绳、杂乱
zai	灾难、栽花、记载 、再见、在意
zan	咱们、暂时、赞扬
zang	肮脏、西藏
zao	糟糕、枣子、肥皂、干燥
ze	责任、选择、原则
zei	盗贼
zen	怎么
zeng	增加、曾、赠送、憎恨
zi	仔细、子女、自己、文字
zong	宗教、综合、总理、放纵
zou	走路、奏乐
zu	出租、足球、民族、组织、阻止
zuan	钻研
zui	嘴巴、最、罪犯
zun	尊敬、遵守
zuo	昨天、左右、作业、坐下、做工

表8 常见的c声母字

拼音	例子
ca	擦洗
cai	猜测、才能、材料、彩色、菜场
can	参加、残酷、悲惨、灿烂
cang	仓库、苍白、躲藏
cao	操场、嘈杂、草地
ce	厕所、小册子
ceng	层面
ci	磁力、词典、此外、伺候
cong	聪明、匆忙、从容
cou	凑巧
cu	粗细、吃醋、促进
cuan	逃窜
cui	催促、崔、脆弱、翠绿
cun	村庄、存在、尺寸
cuo	搓洗、措施、错误

3. 预先了解，正确示范

利用对比分析和偏误分析理论，教师可以预先了解学生可能产生的偏误及偏误的来源，以便在教学过程中掌握主动，从一开始就给出正确的示范，让学生正确地模仿、记忆和运用，并帮助学生克服偏误。在纠正学生的偏误时，不要笼统地对其进行纠错，要先对偏误的性质有个清楚的认识：是理解的偏误还是表达的偏误，是一时性的偏误还是“化石化”的偏误？这样才可以根据不同的偏误类型制订有效的指导方案，而且纠错的方法要恰当，不要影响到学生的积极性和自尊心。“可能由于受西方教育理念的影响，韩国学生的观念中记忆与形式操练、交际与功能操练这两者是相互对立的。”① 我们对这种现象不能听之任之，在对韩汉语教学中，应该阐明这两种观念影响下的学习方法的特点和用途，从而化解韩国学生头脑中这两种观念的矛盾对立状态，引导韩国学生在不同的学习阶段、学习情景中，对不同的学习内容、学习任务采取与之相应的学习方法，使得韩国学生成为这两种学习观念的成功实践者。语言学习

① 钱玉莲．韩国学生汉语学习策略研究．北京：世界图书出版公司北京公司，2007：11．

观念对学生有普遍而重要的影响，所以我们在进行语言教学之前，就应该帮助学生树立正确的语言学习观念，尽量消除由于学习观念的不正确而可能造成的不良影响。

二、韩国学生汉语声调偏误分析及其教学对策

（一）理论基础及实验方法

1. 理论基础

世界上的语言可分为声调语言和非声调语言两大类。所谓非声调语言，并不是音节没有高低起伏的音高变化，只是这种音高的变化不起区别意义的作用。汉语属于汉藏语系，汉语普通话最突出的一个特点就是有声调，每个字都有声调，而且声调起着区别意义的作用。韩语属于非声调语言，没有字调，只有句调，所以对于韩国学生来说，汉语声调的学习是一个难点。汉语声调在交际中发挥着重要作用，所以在汉语的学习过程中应该对声调给予足够的重视。语音学习是语言学习的基础，直接影响语言的表达能力。“言语的传递过程大致可以分为三个阶段：发音—声波—听觉。首先是发音，这是一种生理活动；其次是声波，发音器官动作的结果造成了空气的振动，也就产生了振动的波，这是一种物理现象；然后是听觉，声波在空气中传播，到达听话人的耳朵，通过神经系统传达到大脑，形成了听觉，这是一种生理活动。”① 汉语的音节中可以没有辅音，但不可或缺的两个要素为元音和声调，声调在汉语学习中是非常重要的。“汉语的声调是贯穿音节的、区别词义的高低升降变化。有三层含义：作为音段的上加成素，汉语的声调主要是覆盖在音节之上的，而不是像非洲语言的声调那样覆盖在词之上；它主要是起区别词汇意义的作用，这跟其他的韵律成分的功能有所不同；它的声学表现是在一个音节内部的高低变化，可以表现为平、升、降或曲折。”② 声调是汉语语音的一大特点，外国学习者大部分母语中没有声调，那么声调对于母语为非声调语言的学习者来说，是很难掌握的内容，所以“洋腔洋调”的现象很普遍，甚至一些外国学习者失去了进一步学好声调的信心，认为声调不太准确对交际的影响也不大，或者出现了声调“化石化”的现象。声调既是汉语语音学习的基础，也是灵活运用汉语进行交际的基本要素。“声调是汉语普通话语音教学内容之一，学习起来是比较困难的；但它又很重要。如果一个初学汉语普通话的人，声韵母的准确程度差一些，可是掌握了声调，他的话就好懂多了。没有一个词能离开声调，所以一开口便会被人听出你掌握的程度。因此，声调简直可以看成是汉语普通话语音的‘门面’。”③

习得第二语言的过程就是要改变甚至放弃原有的语言习惯而形成新的语言习惯的

① 王理嘉，林焘．语音学教程．北京：北京大学出版社，1992．

② 毛世桢．对外汉语语音教学．上海：华东师范大学出版社，2008：72．

③ 徐世荣．汉语普通话声调练习．北京：文字改革出版社，1963．

过程，在新的语言形成的过程中，原有的语言习惯对新的语言习惯的形成有着一定的影响。如果是负迁移会对学习产生干扰，这种干扰又分为两种情况：一种是阻碍性的干扰，指目的语中需要掌握的内容是学习者第一语言中没有的，这部分知识对于学习者来说具有一定的难度，在学习时就会受到阻碍。韩国学生在学习汉语普通话声调时，就会受到这种阻碍性干扰的影响，汉语普通话有四个声调，而韩语是非声调语言，所以对于韩国学生来说，声调概念的掌握是一个难点。另一种是介入性的干扰，即第一语言中的某一部分在目的语中没有，但是在目的语学习的过程中要介入。

人在说话时声带震动，产生基音的频率通常叫基频，用 F_0 表示。语音的物理属性包括音高、音长、音强和音色。其中，音高是描述声调的重要参量。声调的音高变化主要是由声带振动所产生的基频决定的。声调调型的物理基础是语音的基频变化轨迹，即 F_0 曲线，它是随着时间和基频高低而不断变化的。“每秒振动的次数叫频率，振幅的大小决定声音的轻重，频率的多少决定声音的高低，振动时间的长短决定声音的长短。”① 基频的声学定义是声带单位时间内周期性基本震动的次数，声调的音高变化主要是由声带震动所产生的基频来决定的，声带震动产生的频率由小到大变化时，人的听觉会感受到与此相对应的由低到高的变化。因此基频是声音的物理数值，而音高是人的听觉所感受到的心理数值，是人对外部声音信号的一种感知过程。声调是语言学范畴的一个概念，“声调的性质主要决定于音高。音高的分别，是由于发音时声带的松紧。发音时声带越紧，在一定时间内颤动的次数越多，声音就越高；声带越松，在一定时间内颤动的次数越少，声音就越低。在发音过程中，声带可以自始至终保持一定的松紧度，也可以先松后紧，或先紧后松，也可以松紧相间，这样造成的种种不同的音高变化，就构成各种不同的声调。”② 虽然人们的调域是不同的，基频的绝对值也有着一定的差异，但是可以根据人们的听感将调域抽象地分为相对的五度，这种表示声调的方法就是赵元任提出的五度值标调法，这种方法既符合人们听感上高调和低调的变化，也和基频 F_0 曲线的弧度走向大致相当，因此 F_0 曲线对应的音高升降变化的形态便是声调的调型。调值是对音高升降变化的具体描写。汉语普通话有四个声调，也就是说汉语普通话有四个调类，即阴平高平调［55］、阳平中升调［35］、上声低降调［214］和去声高降调［51］。

除了基频所代表的音高之外，时长也对声调的感知有重要的影响。声调是一段持续的声音，所以每个声调都有一定的时长（duration）。声音的震动需要一定的时间，如果声音持续的时间太短，是很难分清声调的高低走势的，人的听觉对声调的反应也是需要一定的时间的，因此声调让人感知到需要一定的时间，即要有一定的时长。一般来说，普通话中的四个声调在单字中，去声最短，上声最长，阴平比阳平稍微短一

---

① 叶蜚声，徐通锵．语言学纲要．北京：北京大学出版社，1997：49.

② 胡裕树．现代汉语．上海：上海教育出版社，1995：70.

些。综上所述，影响声调的主要音素有基频、时长、音强等，这些因素不仅是声调语音属性的依据，也是我们判断第二语言学习者声调习得情况的重要依据，同时也是本节通过语音软件主要研究的问题。韩语和汉语不一样，没有汉语这样复杂的声调，只在语流中有一定的语调。所以韩国学生在学习汉语时对声调的把握也是难点之一。

2. 实验方法

本文对声调方面的研究采取语音实验的方法，利用Praat软件进行一些数据分析。Praat软件是一款跨平台的多功能语音学专业软件，主要用于对数字化的语音信号进行分析、处理和合成等实验，同时生成各种语图和文字报表。“上个世纪90年代以前，作语音学方面的试验往往只能借助于一些昂贵的、笨拙的专门仪器来完成。随着电脑计算速度的飞速发展，许多计算量比较大的算法都可以用软件来实现，这为语音分析电脑化提供了硬件基础。Praat软件便是一个成功的范例。其目标是：用电脑来作语音学试验。Praat功能强大，几乎包罗了与语音学有关的方方面面。”① 本文主要从基频和时长两个方面来对比分析中国学生与韩国学生在汉语普通话声调方面的不同，找出韩国学生声调偏误的类型及原因，以便有效纠正其偏误发音。

（1）测试材料。

从汉语水平考试大纲（初、中级）中选出口语中常用的字和词。实验的目的不是考察发音人的语音知识，所以调查字表都标有声调。

①单字（8个）：低、敌、底、地、搭、达、打、大。

②双音节词（32个）：今天、飞机、中国、生词、开始、铅笔、鸡蛋、吃饭、国家、读书、学习、食堂、牛奶、集体、白色、迟到、老师、打车、可能、语言、水果、手表、跑步、打字、后天、面包、姓名、地图、报纸、代表、电视、毕业。

（2）调查对象。

①韩国学生。发音人为韩国首尔市立大学中文系一年级的10名学生（5男5女），学习汉语的时间为一年左右，他们在上大学之前没有学习过汉语，也没有到中国进修过汉语。

②中国学生。发音人为普通话水平测试成绩在90分以上的10名中国大学生（5男5女）。

（3）录音设计。

录音之前，让发音人先熟悉一下测试材料，练习几遍。如果有不会读的字、词，调查人向发音人解释清楚并示范一遍，然后在安静的环境下直接使用笔记本电脑进行录音。

（4）实验程序。

用Praat软件进行声学分析，所要测试的声调是音节的韵母部分，所以在音长的

---

① 王士元，彭刚．语言、语音与技术．上海：上海教育出版社，2006：232.

截取方面也是截取韵母的部分，主要考察的是声调的基频和时长，然后对所得数据进行统计分析。

（二）偏误情况调查分析

1. 单字声调的偏误分析

（1）调型分析。

单字调是声调的静态形式，是在词组和句子中动态变化的基础。语音的物理属性包括音高、音强、音长和音色，其中音高和音长是描述声调的重要参数。“声调的音高变化主要是由声带振动所产生的基频决定的。”声调调型的基础是语音的基频变化曲线，即 F_0 曲线。我们用 Praat 软件提取韩国学生单字音四个声调 10 个采样点的原始基频值，然后将原始基频值导入 Excel 中，分别求出韩国男学生和韩国女学生单字调各声调基频的平均值，然后根据基频平均值画出四个声调的 F_0 曲线图。（见图 1 ~ 图 8）

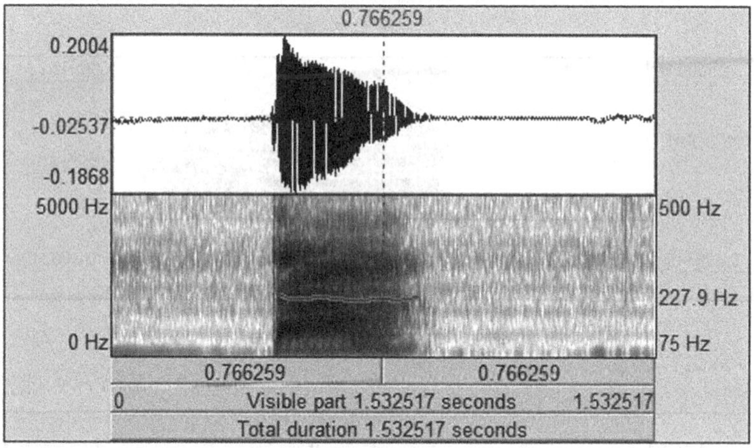

图 1　阴平调的调型图

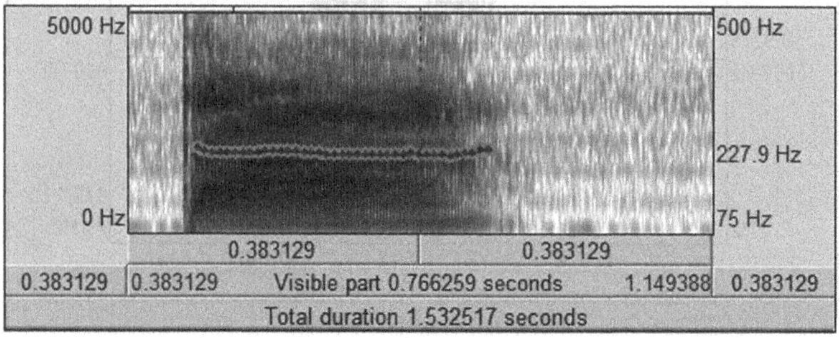

图 2　阴平调的 F_0 曲线图

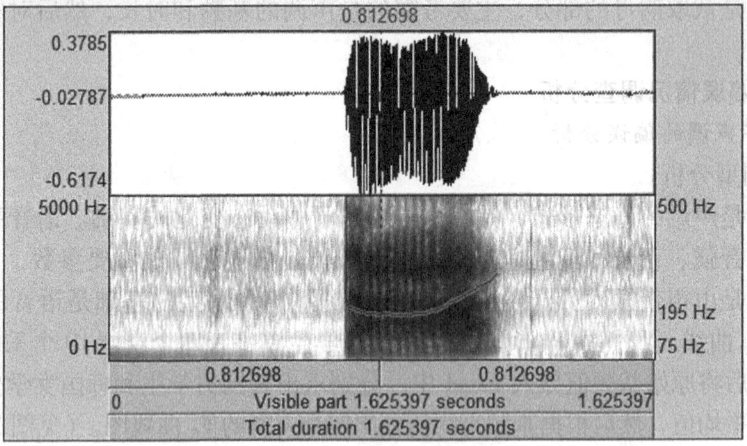

图 3　阳平调的调型图

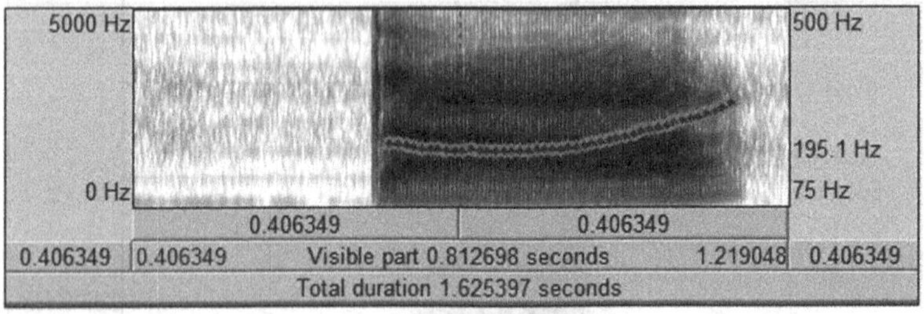

图 4　阳平调的 F_0 曲线图

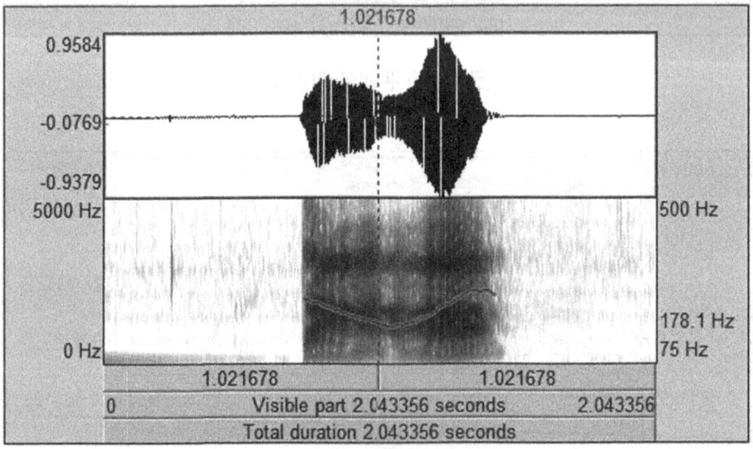

图 5　上声调的调型图

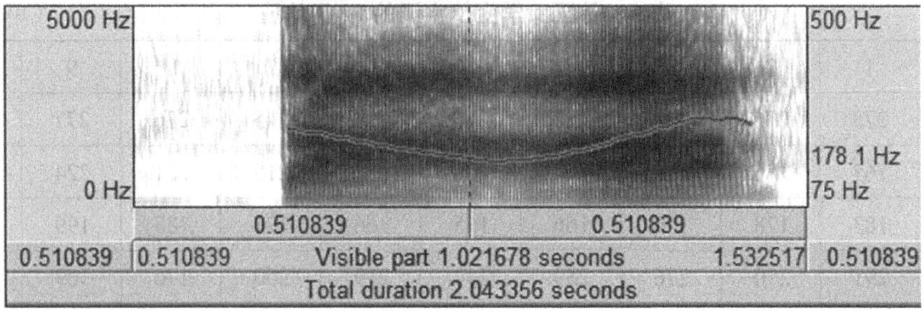

图 6　上声调的 F_0 曲线图

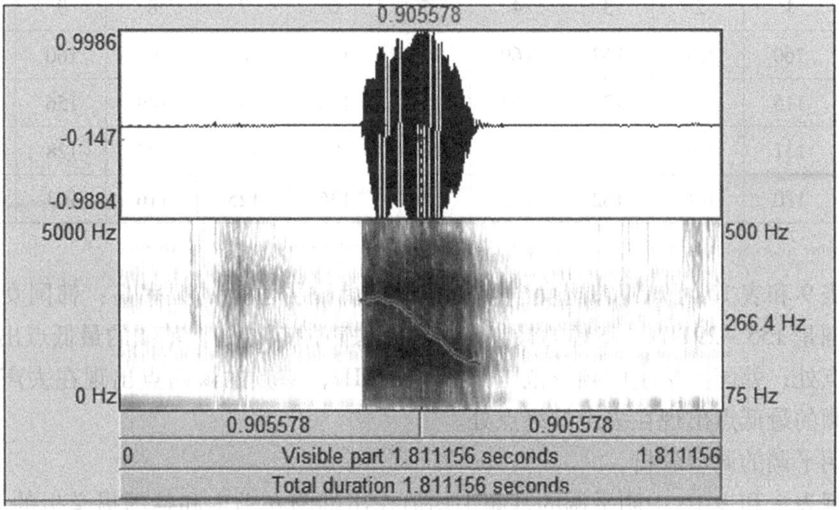

图 7　去声调的调型图

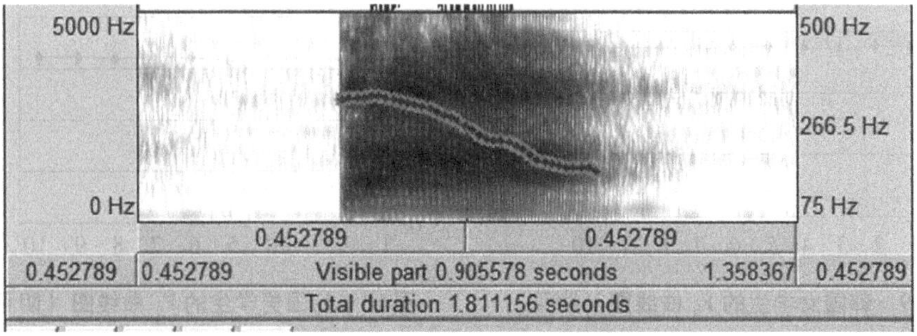

图 8　去声调的 F_0 曲线图

表 9　韩国女学生单字调的 F_0 平均值　　（单位：Hz）

	1	2	3	4	5	6	7	8	9	10
阴平	275	276	274	275	276	274	275	276	277	275
阳平	167	186	198	203	208	210	215	221	224	236
上声	183	178	170	166	165	166	177	188	199	210
去声	291	290	276	259	244	219	200	176	169	155

表 10　韩国男学生单字调的 F_0 平均值　　（单位：Hz）

	1	2	3	4	5	6	7	8	9	10
阴平	160	161	162	160	161	163	162	161	160	164
阳平	115	117	121	124	131	135	139	149	156	163
上声	111	108	103	104	104	109	117	122	128	139
去声	170	166	162	155	146	136	125	116	103	94

由表 9 和表 10 可知，韩国女学生的频率比韩国男学生的频率高：韩国女学生的频率范围是 155～291Hz，基频的最高点出现在去声的起点处，基频的最低点出现在去声的终点处；韩国男学生的频率范围是 94～170Hz，基频的最高点出现在去声的起点处，基频的最低点出现在去声的终点处。

①阴平调的调型分析。

根据表 9 和表 10 中阴平调的基频平均值作出韩国女学生和韩国男学生的 F_0 曲线图，如图 9、图 10 所示。

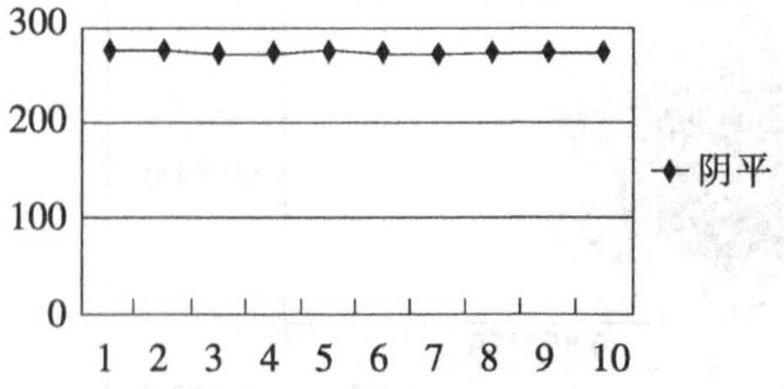

图 9　韩国女学生的 F_0 曲线图（阴平）

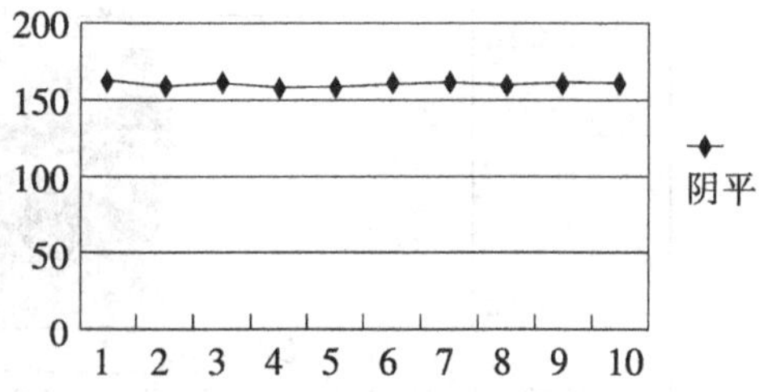

图 10　韩国男学生的 F_0 曲线图（阴平）

韩国女学生和韩国男学生的阴平调 F_0 曲线基本上是一条水平曲线，与汉语阴平调的 F_0 曲线基本一致，韩国女学生的频率在 274～277Hz，韩国男学生的频率在 160～164Hz。

②阳平调的调型分析。

根据表 9 和表 10 中阳平调的基频平均值作出韩国女学生和韩国男学生的 F_0 曲线图，如图 11、图 12 所示。

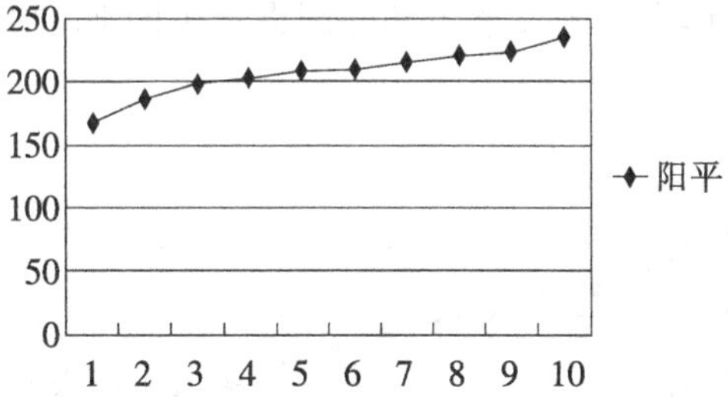

图 11　韩国女学生的 F_0 曲线图（阳平）

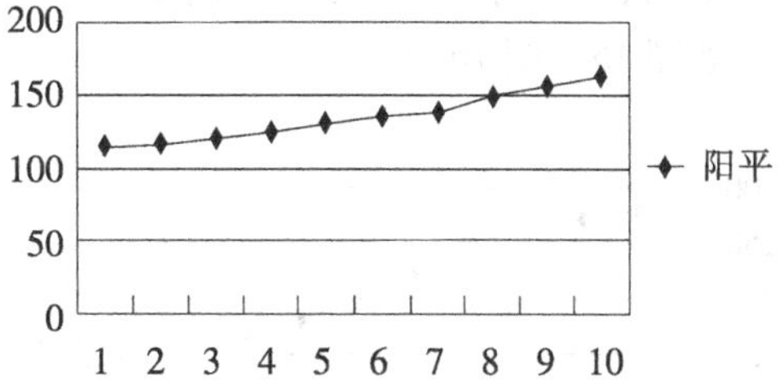

图 12　韩国男学生的 F_0 曲线图（阳平）

韩国女学生和韩国男学生的阳平调 F_0 曲线是一条上升的曲线，但升幅不大，没有汉语阳平调的升幅明显。韩国女学生的 F_0 曲线前一小段的升幅比后一段的升幅大，起点最低为 167Hz，随后逐渐上升，在终点处频率达到最大，为 236Hz，整条曲线的升幅为 69Hz；韩国男学生的 F_0 曲线起点频率为 115Hz，随后逐渐上升，至终点频率达到最大值 163Hz，整条曲线的升幅为 48Hz，不如韩国女学生，上升调的特点不明显。

③上声调的调型分析。

根据表 9 和表 10 中上声调的基频平均值作出韩国女学生和韩国男学生的 F_0 曲线图，如图 13、图 14 所示。

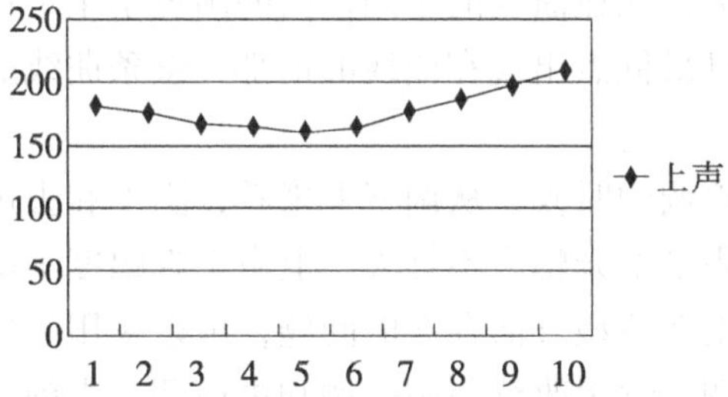

图 13　韩国女学生的 F_0 曲线图（上声）

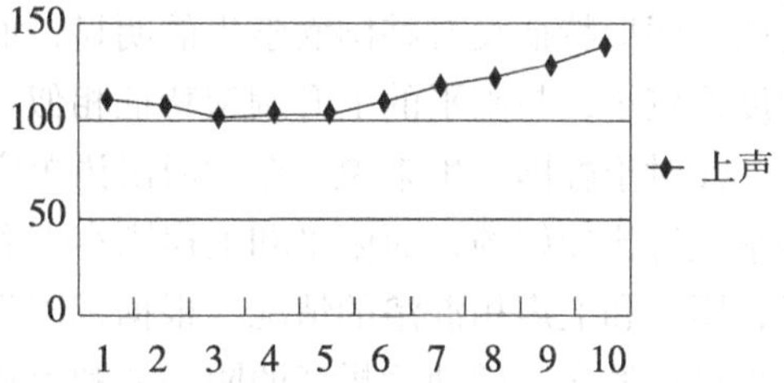

图 14　韩国男学生的 F_0 曲线图（上声）

韩国女学生和韩国男学生的上声调 F_0 曲线呈凹形，韩国女学生的起点频率为 183Hz，最低点为位于中部的第五个采样点，频率为 165Hz，然后逐渐上升，终点的频率值达到最大，为 210Hz；韩国男学生的 F_0 曲线凹度较小，起点频率为 111Hz，最低点出现在第三个采样点，频率为 103Hz，然后逐渐上升，终点的频率值为 139Hz，整条曲线的凹度很小，与阳平调的上升调型特征相似，没有体现出上升调下降后再上升的特点。

④去声调的调型分析。

根据表 9 和表 10 中去声调的基频平均值作出韩国女学生和韩国男学生的 F_0 曲线图，如图 15、图 16 所示。

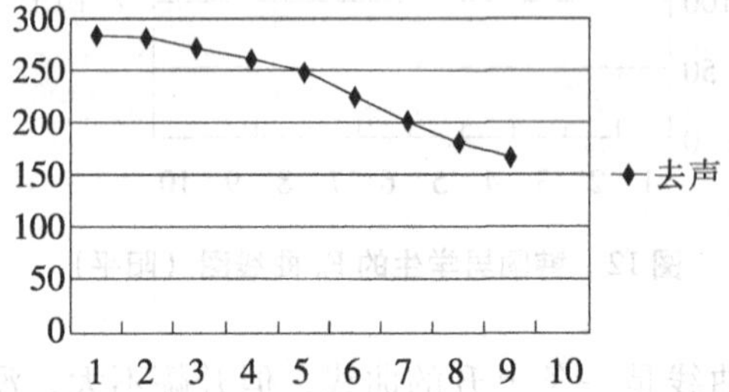

图 15　韩国女学生的 F_0 曲线图（去声）

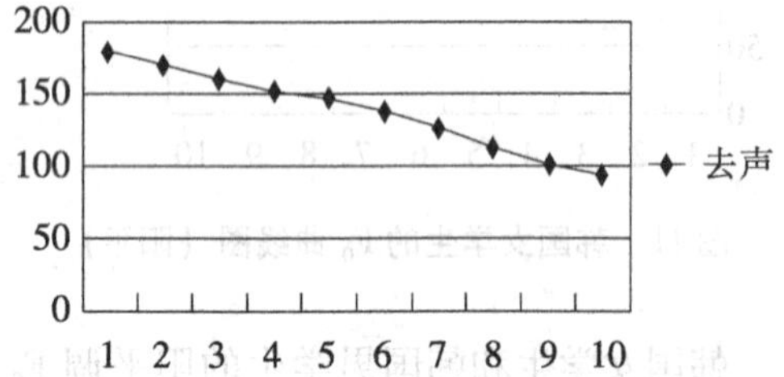

图 16　韩国男学生的 F_0 曲线图（去声）

韩国女学生和韩国男学生的去声调为一条下降的曲线，韩国女学生的频率范围在 155 ~ 291Hz；韩国男学生的频率范围在 94 ~ 170Hz，韩国男学生和韩国女学生的去声调在调型上基本符合汉语去声调的调型。

综合以上分析可知，在韩国学生的单字调中：

①阴平和去声的 F_0 曲线较为接近汉语的调型。

②阳平的 F_0 曲线虽然是一条上升的曲线，但是上升的幅度不大，韩国男学生的 F_0 曲线的上升幅度小于韩国女学生的 F_0 曲线。

③韩国女学生上声的曲线是凹形，最低值出现在曲线的中间，而韩国男学生上声的曲线凹形特征没有韩国女学生的明显，而且最低点出现在曲线的前部，整条曲线的凹度比较小，与阳平的上升调型特征相似。

④对于韩国学生来说，在学习汉语单字声调的时候，从调型上来看，阴平和去声是掌握得比较好的，而阳平和上声则存在着阴平上升幅度不够大，上声下降幅度不明显，阳平和上声相混淆的情况。根据韩国学生在调型方面存在的问题，可以采用替换法来进行教学，教师读拼音的阴平调和上声调，学生改读为阳平调和去声调，声韵母都不变，如表 11 所示：

表 11 替换法示例

教师读		学生读	
xiao^{55}	xiao^{214}	xiao^{35}	xiao^{51}
huang^{55}	huang^{214}	huang^{35}	huang^{51}
quan^{55}	quan^{214}	quan^{35}	quan^{51}

（2）调域分析。

调域也是影响声调准确与否的重要因素之一，下面将对中国学生和韩国学生的调域进行比较，力图发现韩国学生声调偏误的原因。

①阴平的调域。

从调型上看，阴平的基频线基本上是一条水平曲线，通过对韩国学生调型的分析可知，韩国学生对阴平的掌握情况还是比较好的，只有一名韩国男学生的语音图有些不平滑。这里对阴平的调域不作分析。

②阳平的调域（见图 17）。

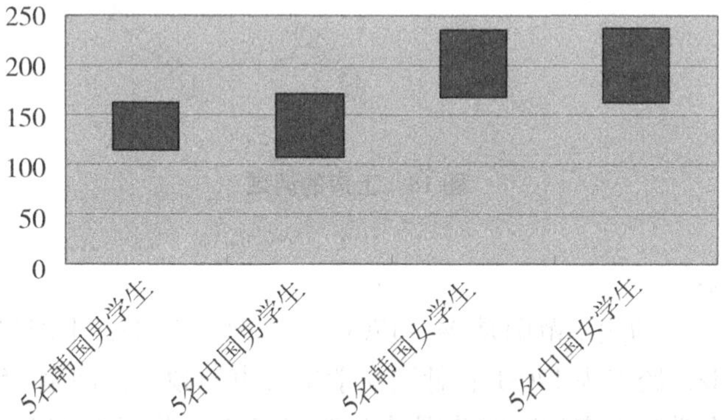

图 17 阳平的调域

韩国男学生阳平的频率范围是 115～163Hz，跨度为 48Hz；中国男学生阳平的频率范围是 108～172Hz，跨度为 64Hz；韩国女学生阳平的频率范围是 167～236Hz，跨度为 69Hz；中国女学生阳平的频率范围是 163～238Hz，跨度为 75Hz。总体上，韩国学生的调域明显小于中国学生的调域，尤其是韩国男学生和中国男学生在调域上差距比较大。

③上声的调域（见图 18）。

韩国女学生上声调起点为 183Hz，最低点为 165Hz，终点为 210Hz；中国女学生上声调起点为175Hz，最低点为146Hz，终点为280Hz；韩国男学生上声调起点为111Hz，最低点为103Hz，终点为139Hz；中国男学生上声调起点为109Hz，最低点为75Hz，终点为196Hz，韩国女学生和韩国男学生的上声的调域表现为起点不够低，最低点也没有达到上声调降下去的原则，从起点到最低点的跨度远远小于中国学生的跨度，中国女学生和韩国男学生从起点到最低点的跨度分别为29Hz和34Hz，韩国女学生和韩国男学生从起点到最低点的跨度分别为18Hz和8Hz，从调域上可以看出，韩国学生上声调的问题主要表现在没有降下去。

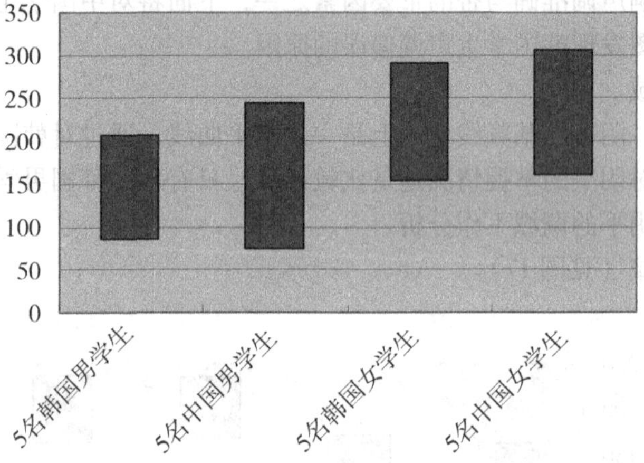

图18　上声的调域

④去声的调域。

韩国男学生去声的频率范围是94～170Hz，跨度为76Hz；中国男学生去声的频率范围是75～245Hz，跨度为170Hz；韩国女学生去声的频率范围是155～291Hz，跨度为136Hz；中国女学生去声的频率范围是160～307Hz，跨度为147Hz。总体上，韩国女学生去声的调域比较接近中国女学生的调域，韩国男学生和中国男学生在调域上差距比较大，主要表现在去声的起点比较低。

由以上分析可以看出在调域方面，韩国学生和中国学生除了阴平的调域差距比较小，阳平、上声和去声的调域都有着比较大的差距。中国学生的调域跨度大于韩国学生的调域跨度，而且韩国男学生和中国男学生之间的跨度要大于韩国女学生和中国女学生之间的跨度，在声调的调域方面韩国女学生的掌握情况要好于韩国男学生。根据韩国学生调域方面存在的问题，需要加强韩国学生对汉语普通话声调调域这一概念的认识，结合五度标值法，将汉语声调的调值制作成类似于五线谱的卡片，形象地给韩国学生演示，使他们对四个声调的调域有一个直观的理解，然后可以通过单声连读和四声连读练习法，使韩国学生对四个声调的调域有更好的认识。

单声连读：

第一声：春天　　春天花开
第二声：民族　　民族团结
第三声：选举　　选举总统
第四声：注重　　注重教育

四声连读：

山河美丽　　花红柳绿　　英雄好汉
心灵手快　　真情表露　　多读几遍

学生可以分为两组，根据单声连读和四声连读的材料，每组出一个人在黑板上写出教师读的拼音，然后再将拼音读出，如果写出的拼音和读出的发音都正确，则留下继续写，若有错误，则回到座位，换第二个人继续比赛，最后哪个组剩下的“后备力量”多则哪个组胜出。拼音的声调教学是相对枯燥的，用这样的方法可以更好地吸引学生的注意力，以达到训练学生听辨声调的能力和正确书写拼音的能力。

（3）时长分析。

除了调型和调域以外，时长也是衡量声调准确与否的一个重要因素，下面将对韩国学生和中国学生的时长进行比较分析。

表 12　韩国学生和中国学生的时长　　（单位：s）

	阴平	阳平	上声	去声
韩国男学生平均时长	0.42	0.41	0.50	0.29
中国男学生平均时长	0.40	0.48	0.64	0.28
韩国女学生平均时长	0.47	0.42	0.52	0.35
中国女学生平均时长	0.46	0.49	0.61	0.33

由表 12 可以看出：

①韩国学生和中国学生在阴平调的时长上差距不是很大，女学生的时长要大于男学生的时长。

②韩国学生和中国学生在阳平调的时长上差距是比较大的，无论是韩国男学生还是韩国女学生，其阳平调的时长都小于中国学生的时长。

③韩国学生和中国学生在上声调的时长上差距也比较大，韩国学生的平均时长小于中国学生的平均时长，而且韩国男学生和中国男学生之间的差距大于韩国女学生和中国女学生之间的差距。

④韩国学生和中国学生在去声调的时长上差距不是很大。韩国学生阴平调和去声调的时长与中国学生的时长比较接近，阳平调和上声调的时长明显小于中国学生的时长。

2. 双音节词声调的听辨与发音偏误分析

美国语言教育家克拉申（Krashen）强调：听力活动对第二语言习得是非常重要的一个环节，语言习得最初是通过听力理解来实现的，而不是通过“说”获得的，他举出的例证是有些儿童在第二语言的新环境中生活，常常有很长一段时间保持沉默，不能流利地运用第二语言来表达自己的思想，他们是在利用可理解的输入——“听”来形成自己的理解力，而随着这种理解力的形成，他们就开口说话了。从只是听的沉默期到开口说话的表达期是学习者对语言不断接纳吸收的过程。传统语言教学理论认为“听”是输入，只是一种被动的接受，而“说”是输出，是主动的表达，忽视了“听”是“说”的基础。“听”也是一种主动的行为，“听”和“说”是密不可分的，人与人之间运用语言来交流实际上是说话者将信息传递给听话者，听话者通过“听”来获得信息，并对信息进行积极主动的加工理解，然后作出相应的反馈，这才是一个完整的交流过程。

为对韩国学生学习双音节词的情况有一个全面的了解，我们针对双音节词设计了以下测试分析程序：

（1）汉语中双音节词四声的搭配情况有 16 种类型（不考虑轻声和变调的情况），根据这 16 种声调搭配的情况，每种情况选择了 2 组词，共 32 组词作为测试用字。

（2）对双音节词的测试分为两部分。

①第一部分为听辨声调，将下面的 32 组双音节词无规则排列，然后将测试表发给韩国学生，要求韩国学生给听到的双音节词标声调，测试录音的发音人是汉语普通话一级一等的中国学生，最后统计分析听辨声调的结果。

②第二部分为发音测试，让 10 名韩国学生读出下面 32 组双音节词并进行录音，然后根据录音，由 3 名中文系的研究生一起判断声调的正确与否以及偏误情况，同时将韩国学生的录音输入 Praat 软件中进行声学方面的分析，以更直观地了解韩国学生在声调方面的问题。

双音节词 32 个：

今天	飞机	中国	生词	开始	铅笔	鸡蛋	吃饭
国家	读书	学习	食堂	牛奶	集体	白色	迟到
老师	打车	可能	语言	水果	手表	跑步	打字
后天	面包	姓名	地图	报纸	代表	电视	毕业

测试结果总结如下：

（1）阴平在前的双音节词声调组合。

①阴平 + 阴平组合的听辨与发音偏误情况（见表 13）。

表 13　阴平 + 阴平组合的听辨与发音偏误情况

阴平 + 阴平	偏误数量
听辨	4
发音	3

在阴平 + 阴平的声调组合中，听辨的偏误出现了 4 例，其中，将阴平 + 阴平误听为阴平 + 去声的有 2 例，误听为阴平 + 阳平的有 1 例，误听为去声 + 阴平的有 1 例；发音的偏误出现了 3 例，其中，将阴平 + 阴平误读为阴平 + 阳平的有 1 例，误读为阳平 + 阴平的有 1 例，误读为去声 + 阴平的有 1 例。在阴平 + 阴平的组合中，听辨的偏误主要表现为阴平 + 去声，发音的偏误则没有明显的规律。

②阴平 + 阳平组合的听辨与发音偏误情况（见表 14）。

表 14　阴平 + 阳平组合的听辨与发音偏误情况

阴平 + 阳平	偏误数量
听辨	5
发音	4

在阴平 + 阳平的声调组合中，听辨的偏误出现了 5 例，其中，将阴平 + 阳平误听为阳平 + 上声的有 3 例，误听为去声 + 上声的有 1 例，误听为去声 + 阳平的有 1 例；发音的偏误出现了 4 例，其中，将阴平 + 阳平误读为阴平 + 阴平的有 2 例，误读为阳平 + 上声的有 1 例，误读为去声 + 阳平的有 1 例。在阴平 + 阳平的组合中，听辨的偏误主要表现在阳平 + 上声，发音的偏误主要表现在阴平 + 阴平。

③阴平 + 上声组合的听辨与发音偏误情况（见表 15）。

表 15　阴平 + 上声组合的听辨与发音偏误情况

阴平 + 上声	偏误数量
听辨	7
发音	3

在阴平＋上声的声调组合中，听辨的偏误出现了7例，其中，将阴平＋上声误听为阳平＋上声的有3例，误听为去声＋去声的有1例，误听为阴平＋阳平的有1例，误听为上声＋阴平的有1例，误听为去声＋阳平的有1例；发音的偏误出现了3例，其中，将阴平＋上声误读为去声＋上声的有1例，误读为阴平＋阳平的有1例，误读为阳平＋上声的有1例。在阴平＋上声的组合中，听辨的偏误主要体现在阳平＋上声，发音的偏误则没有明显的规律。

④阴平＋去声组合的听辨与发音偏误情况（见表16）。

表16　阴平＋去声组合的听辨与发音偏误情况

阴平＋去声	偏误数量
听辨	6
发音	5

在阴平＋去声的声调组合中，听辨的偏误出现了6例，其中，将阴平＋去声误听为去声＋去声的有3例，误听为阳平＋去声的有1例，误听为去声＋阴平的有1例，误听为阴平＋阴平的有1例；发音的偏误出现了5例，其中，将阴平＋去声误读为阳平＋去声的有2例，误读为阴平＋阴平的有1例，误读为阴平＋阳平的有1例，误读为去声＋去声的有1例。在阴平＋去声的组合中，听辨的偏误主要体现在去声＋去声，发音的偏误主要体现在阳平＋去声。

（2）阳平在前的双音节词声调组合。

①阳平＋阴平组合的听辨与发音偏误情况（见表17）。

表17　阳平＋阴平组合的听辨与发音偏误情况

阳平＋阴平	偏误数量
听辨	8
发音	6

在阳平＋阴平的声调组合中，听辨的偏误出现了8例，其中，将阳平＋阴平误听为阳平＋去声的有3例，误听为阳平＋阳平的有2例，误听为阴平＋阴平的有1例，误听为上声＋阴平的有1例，误听为上声＋阳平的有1例；发音的偏误出现了6例，其中，将阳平＋阴平误读为阴平＋阳平的有2例，误读为阳平＋去声的有2例，误读为阴平＋去声的有1例，误读为阴平＋上声的有1例。在阳平＋阴平的组合中，听辨的偏误主要体现在阳平＋去声，发音的偏误主要体现在阴平＋阳平和阳平＋去声。

②阳平 + 阳平组合的听辨与发音偏误情况（见表 18）。

表 18　阳平 + 阳平组合的听辨与发音偏误情况

阳平 + 阳平	偏误数量
听辨	9
发音	5

在阳平 + 阳平的声调组合中，听辨的偏误出现了 9 例，其中，将阳平 + 阳平误听为阳平 + 上声的有 3 例，误听为阴平 + 阳平的有 1 例，误听为上声 + 阳平的有 2 例，误听为上声 + 阴平的有 1 例，误听为阴平 + 上声的有 2 例；发音的偏误出现了 5 例，其中，将阳平 + 阳平误读为阳平 + 阴平的有 2 例，误读为阴平 + 阴平的有 1 例，误读为上声 + 阳平的有 1 例，误读为上声 + 阴平的有 1 例。在阳平 + 阳平的组合中，听辨的偏误主要体现在阳平 + 上声，发音的偏误主要体现在阳平 + 阴平。

③阳平 + 上声组合的听辨与发音偏误情况（见表 19）。

表 19　阳平 + 上声组合的听辨与发音偏误情况

阳平 + 上声	偏误数量
听辨	10
发音	6

在阳平 + 上声的声调组合中，听辨的偏误出现了 10 例，其中，将阳平 + 上声误听为上声 + 阳平的有 4 例，误听为上声 + 上声的有 2 例，误听为阴平 + 上声的有 1 例，误听为阳平 + 阳平的有 1 例，误听为阳平 + 去声的有 1 例，误听为阴平 + 阳平的有 1 例；发音的偏误出现了 6 例，其中，将阳平 + 上声误读为去声 + 上声的有 2 例，误读为阴平 + 上声的有 2 例，误读为阳平 + 去声的有 1 例，误读为阴平 + 去声的有 1 例。在阳平 + 上声的组合中，听辨的偏误主要体现在上声 + 阳平，发音的偏误主要体现在去声 + 上声和阴平 + 上声。

④阳平 + 去声组合的听辨与发音偏误情况（见表 20）。

表 20　阳平 + 去声组合的听辨与发音偏误情况

阳平 + 去声	偏误数量
听辨	7
发音	5

在阳平 + 去声的声调组合中，听辨的偏误出现了 7 例，其中，将阳平 + 去声误听为上声 + 去声的有 3 例，误听为阴平 + 去声的有 2 例，误听为阳平 + 阴平的有 1 例，误听为阳平 + 阳平的有 1 例；发音的偏误出现了 5 例，其中，将阳平 + 去声误读为阴平 + 去声的有 3 例，误读为阳平 + 去声的有 1 例，误读为阳平 + 上声的有 1 例。在阳平 + 去声的组合中，听辨的偏误主要体现在上声 + 去声，发音的偏误主要体现在阴平 + 去声。

（3）上声在前的双音节词声调组合。

①上声 + 阴平组合的听辨与发音偏误情况（见表 21）。

表 21　上声 + 阴平组合的听辨与发音偏误情况

上声 + 阴平	偏误数量
听辨	9
发音	6

在上声 + 阴平的声调组合中，听辨的偏误出现了 9 例，其中，将上声 + 阴平误听为上声 + 阳平的有 4 例，误听为阳平 + 阴平的有 3 例，误听为阴平 + 去声的有 1 例，误听为去声 + 阴平的有 1 例；发音的偏误出现了 6 例，其中，将上声 + 阴平误读为阳平 + 阴平的有 3 例，误读为阳平 + 阳平的有 2 例，误读为去声 + 阴平的有 1 例。在上声 + 阴平的组合中，听辨的偏误主要体现在上声 + 阳平，发音的偏误主要体现在阳平 + 阴平。

②上声 + 阳平组合的听辨与发音偏误情况（见表 22）。

表 22　上声 + 阳平组合的听辨与发音偏误情况

上声 + 阳平	偏误数量
听辨	11
发音	9

在上声 + 阳平的声调组合中，听辨的偏误出现了 11 例，其中，将上声 + 阳平误听为阳平 + 阳平的有 5 例，误听为阴平 + 阳平的有 2 例，误听为阳平 + 上声的有 2 例，误听为阳平 + 阴平的有 1 例，误听为上声 + 上声的有 1 例；发音的偏误出现了 9 例，其中，将上声 + 阳平误读为阳平 + 阳平的有 6 例，误读为上声 + 阴平的有 1 例，误读为去声 + 阳平的有 1 例，误读为去声 + 去声的有 1 例。在上声 + 阳平的组合中，听辨的偏误主要体现在阳平 + 阳平，发音的偏误也主要体现在阳平 + 阳平。

③上声 + 上声组合的听辨与发音偏误情况（见表 23）。

表 23　上声 + 上声组合的听辨与发音偏误情况

上声 + 上声	偏误数量
听辨	5
发音	7

在上声 + 上声的声调组合中，不考虑变调的问题，发音人在录音时没有变调。这组声调组合听辨的偏误出现了 5 例，其中，将上声 + 上声误听为上声 + 阳平的有 3 例，误听为阳平 + 阴平的有 1 例，误听为去声 + 阳平的有 1 例；发音的偏误出现了 7 例，其中，将上声 + 上声误读为阳平 + 阳平的有 4 例，误读为去声 + 阴平的有 1 例，误读为阴平 + 上声的有 1 例，误读为去声 + 去声的有 1 例。在上声 + 上声的组合中，听辨的偏误主要体现在上声 + 阳平，发音的偏误主要体现在阳平 + 阳平。

④上声 + 去声组合的听辨与发音偏误情况（见表 24）。

表 24　上声 + 去声组合的听辨与发音偏误情况

上声 + 去声	偏误数量
听辨	8
发音	8

在上声 + 去声的声调组合中，听辨的偏误出现了 8 例，其中，将上声 + 去声误听为去声 + 去声的有 4 例，误听为上声 + 阴平的有 1 例，误听为上声 + 阳平的有 2 例，误听为阳平 + 去声的有 1 例；发音的偏误出现了 8 例，其中，将上声 + 去声误读为阳平 + 去声的有 4 例，误读为阴平 + 去声的有 3 例，误读为去声 + 去声的有 1 例。在上声 + 去声的组合中，听辨的偏误主要体现在去声 + 去声，发音的偏误主要体现在阳平 + 去声。

（4）去声在前的双音节词声调组合。

①去声 + 阴平组合的听辨与发音偏误情况（见表 25）。

表 25　去声 + 阴平组合的听辨与发音偏误情况

去声 + 阴平	偏误数量
听辨	7
发音	4

在去声+阴平的声调组合中，听辨的偏误出现了7例，其中，将去声+阴平误听为去声+去声的有3例，误听为阴平+去声的有2例，误听为阳平+阴平的有1例，误听为阳平+去声的有1例；发音的偏误出现了4例，其中，将去声+阴平误读为阴平+阴平的有2例，误读为阴平+阳平的有1例，误读为上声+阴平的有1例。在去声+阴平的组合中，听辨的偏误主要体现在去声+去声，发音的偏误主要体现在阴平+阴平。

②去声+阳平组合的听辨与发音偏误情况（见表26）。

表26　去声+阳平组合的听辨与发音偏误情况

去声+阳平	偏误数量
听辨	9
发音	8

在去声+阳平的声调组合中，听辨的偏误出现了9例，其中，将去声+阳平误听为去声+上声的有5例，误听为阴平+阳平的有2例，误听为去声+阴平的有1例，误听为去声+去声的有1例；发音的偏误出现了8例，其中，将去声+阳平误读为阴平+阳平的有5例，误读为去声+阴平的有2例，误读为去声+上声的有1例。在去声+阳平的组合中，听辨的偏误主要体现在去声+上声，发音的偏误主要体现在阴平+阳平。

③去声+上声组合的听辨与发音偏误情况（见表27）。

表27　去声+上声组合的听辨与发音偏误情况

去声+上声	偏误数量
听辨	8
发音	8

在去声+上声的声调组合中，听辨的偏误出现了8例，其中，将去声+上声误听为去声+阳平的有3例，误听为去声+阴平的有2例，误听为阳平+去声的有1例，误听为上声+阳平的有1例，误听为上声+上声的有1例；发音的偏误出现了8例，其中，将去声+上声误读为去声+阳平的有3例，误读为上声+阴平的有1例，误读为上声+阳平的有2例，误读为去声+去声的有1例，误读为去声+阴平的有1例。在去声+上声的组合中，听辨的偏误主要体现在去声+阳平，发音的偏误也主要体现在去声+阳平。

④去声 + 去声组合的听辨与发音偏误情况（见表28）。

表28　去声 + 去声组合的听辨与发音偏误情况

去声 + 去声	偏误数量
听辨	7
发音	5

在去声 + 去声的声调组合中，听辨的偏误出现了7例，其中，将去声 + 去声误听为阴平 + 去声的有3例，误听为阳平 + 去声的有1例，误听为去声 + 阴平的有1例，误听为去声 + 阳平的有1例，误听为去声 + 上声的有1例；发音的偏误出现了5例，其中，将去声 + 去声误读为阴平 + 去声的有2例，误读为阳平 + 去声的有1例，误读为去声 + 阳平的有1例，误读为去声 + 阴平的有1例。在去声 + 去声的组合中，听辨的偏误主要体现在阴平 + 去声，发音的偏误也主要体现在阴平 + 去声。

3. 偏误小结

（1）双音节词声调组合的偏误情况统计分析。

表29　听辨偏误统计

	阴平	阳平	上声	去声	总计
阴平	4	5	7	6	22
阳平	8	9	10	7	34
上声	9	11	5	8	33
去声	7	9	8	7	31

从表29可以看出：声调组合的听辨中，偏误出现比较多的组合是上声 + 阳平、阳平 + 上声、阳平 + 阳平、上声 + 阴平、去声 + 阳平；偏误出现比较少的组合是阴平 + 阴平、阴平 + 阳平、上声 + 上声，阴平在声调组合的前面时出现偏误的情况相对少些。

表30　发音偏误统计

	阴平	阳平	上声	去声	总计
阴平	3	4	3	5	15
阳平	6	5	6	5	22

（续上表）

	阴平	阳平	上声	去声	总计
上声	6	9	7	8	30
去声	4	8	8	5	25

从表30可以看出：声调组合的发音中，偏误出现比较多的组合是上声+阳平、去声+上声、上声+去声、去声+阳平，偏误出现比较少的组合是阴平+阴平、阴平+阳平、阴平+上声、去声+阴平，可见阴平在声调组合的前面时出现偏误的情况相对少些。韩国学生听辨的偏误要多于发音的偏误，在听辨方面，阳平位于前面时偏误出现的次数最多；在发音方面，上声出现在前面时偏误出现的次数最多。

（2）双音节词主要的调型偏误（见表31）。

表31 双音节词主要的调型偏误

		阴平	阳平	上声	去声
阴平	听辨	阴平+去声	阳平+上声	阳平+上声	去声+去声
	发音		阴平+阴平		阳平+去声
阳平	听辨	阳平+去声	阳平+上声	上声+阳平	上声+去声
	发音	阴平+阳平 阳平+去声	阳平+阴平	去声+上声 阴平+上声	阴平+去声
上声	听辨	上声+阳平	阳平+阳平	上声+阳平	去声+去声
	发音	阳平+阴平	阳平+阳平	阳平+阳平	阳平+去声
去声	听辨	去声+去声	去声+上声	去声+阳平	阴平+去声
	发音	阴平+阴平	阴平+阳平	去声+阳平	阴平+去声

（3）小结。

①对韩国学生而言，在学习汉语单字声调的时候，阴平和去声比较好掌握。

②韩国学生对阳平和上声的掌握情况不理想，具体表现为：阳平上升幅度不够大，上声下降幅度不明显，阳平和上声常常混淆。

③在双音节词声调组合的听辨中，偏误出现比较多的组合是上声+阳平、阳平+上声、阳平+阳平、上声+阴平、去声+阳平；在发音上，偏误出现比较多的组合是上声+阳平、去声+上声、上声+去声、去声+阳平，声调听辨偏误与发音偏误没有明显的对应关系。从总体上来看，在双音节词声调组合中，韩国学生对阳平和上声的掌握情况比较不理想。

（三）教学对策

1．明确声调的偏误类型，采用对比法来学习声调

韩国学生在说汉语时，总是带着他们母语的语调和语气，显得有点格格不入。由于定的基调比较低，高平调的基频不够高，以致高平调高不上去，降调下不来，上扬声调不明显，过于平缓，这些问题都严重影响交际及口语表达能力。声调是汉语的一大特点，我们小时候习得母语时都已经深深地刻印在脑海中，但对于韩国学生来说，要建立起这样的语言意识并不容易，所以需要通过有针对性的练习来改善声调的掌握情况。教师应根据韩国学生在声调上经常出现的偏误类型，集中讲解，加强练习，帮助韩国学生逐渐建立起声调意识，尤其是阳平和上声这两个声调更要多听多练。“上声教学向来最复杂，已引起人们的注意，人们已经总结出一些规律，留学生掌握起来并不难。不过，这些规律只限于上声音节在词前或词语中，至于三声音节在词语末尾的读法，人们却不大理会。‘你好’是留学生学的第一句汉语，但是，在很长一段时间内，他们却说不好这两个字，就是因为他们只注意到‘两个三声连读时第一个三声读二声’的变调规律，却没有掌握‘好’的声调的正确读法。三声在后一般也不读标准的全三声 214，而是读 212 或 21，如果三声在后一定要读满 214，势必带几分洋腔洋调。”① 可根据韩国学生声调偏误类型，采用对比的方法来学习声调。阴平为高平调，去声为高降调，在对两个声调的调型和调域进行讲解之后，可以采用对比法来加深对阴平和去声的认识。阳平和上声是韩国学生经常混淆的两个调，所以这两个调的对比练习有利于韩国学生学习、纠正声调的偏误。例如：

阴平和去声对比：

杯^{55}子 — 被^{51}子　　刀^{55}子 — 稻^{51}子
出家^{55} — 出嫁^{51}　　客机^{55} — 科技^{51}
信^{51}任 — 新^{55}任　　用^{51}户 — 拥^{55}护
重^{51}要 — 中^{55}药　　半^{51}价 — 搬^{55}家

阳平和上声对比：

完^{35}了 — 晚^{214}了　　题^{35}材 — 体^{214}裁
集^{35}合 — 几^{214}何　　留^{35}条 — 柳^{214}条
边远^{214} — 边缘^{35}　　染^{214}料 — 燃^{35}料
主^{214}子 — 竹^{35}子　　努^{214}力 — 奴^{35}隶

① 孟国．对外汉语实况教学研究．北京：线装书局，2008：207．

2. 采用读卡听写的方法，加强听力训练

美国语言教育家克拉申 1985 年在其著作《输入假说：理论与启示》中提出输入假说：人类获得语言的唯一方式是对信息的理解，也就是通过吸收可理解的输入习得语言知识。人们的注意力集中在输入的信息本身，而不是语言形式上。当他们理解输入的信息，而且让输入多少包括一点超过他们能力的语言时，语言结构也就习得了，语言结构也是在自然的语言交际过程中习得的。如果信息没有意义，或者由于某种原因学习者不理解，就不可能产生学习的效果。输入的信息既不要过于难也不要过于简单，克拉申用“i+1”来表示，i 表示学习者目前的语言水平，也就是在自然顺序上所处的某一阶段，i+1 则是下一阶段应达到的语言水平，即稍稍高出学习者目前的语言水平。听在人们日常生活的口头交际活动中作用很大，小孩子在第一语言的学习过程中首先是通过单纯的听来学习语言的，听是他们接触语言的第一渠道，其后才慢慢开口说话。在听、说、读、写四项技能中，听是最基本的，也是最重要的。乔姆斯基（Chomsky）在《语言和知识问题》一书中曾对语言输入作过论述：“必须要有丰富的环境刺激才能保证遗传决定的发育过程按照其预定的方式进行。我们把这称为‘触发’，一个系统的功能取决于它的结构。不过，要使它的功能起作用，必须有正确的触发音素。”① 乔姆斯基所说的“触发”和克拉申的语言输入都强调自然环境下语言输入的重要性。第二语言教学中更应该注重培养学生的听力理解能力。“我们应该改变一些传统的教学观念。平时在教学时，老师们总是不厌其烦地对学生说要‘多听’。我们的研究结果表明，在听力的学习中‘听大意’的策略比‘多听’和‘完全听懂’的策略要有效得多。”②所以在教学中不能笼统地告诉学生要多做听力练习，而是应该有针对性地选择听力材料，让学生了解有效的练习听力的方法。在以正规、自觉的课堂学习为主的情况下，将自觉学习和自然习得相结合，不断培养交际能力。为此必须强化汉语学习环境，加大汉语的输入，加强课外活动与社会语言实践，并把它们与课堂上丰富多彩的教学活动结合起来，给学生提供更多的运用汉语的机会，形成课上课下、学习与习得相结合的教学体系。可以采用读卡听写的方法来加强声调学习。教师预先在卡片上写出一些双音节词的拼音（可以只写拼音不写汉字），这些双音节词最好是学生尚未接触过的。先请第一位同学抽取一张，同时让该同学的同桌走到黑板前，根据同学的读音在黑板上写出这个双音节词的拼音。如果写错了，教师可以进行分析评判；如果读音不准确，教师可以纠正读音并重读一遍，让该学生重写，写对了可以得 1 分，读错者无分。如果读对了，则读者得 1 分，写者无分，全班同学可以依次进行。针对韩国学生声调偏误方面的情况，在音节的选择上可以多选一些阳平和上声的双音节词作为测试材料。平时学生习惯了教师或者录音带的发音，采用学生自己

① CHOMSKY N. Language & problems of knowledge. Cambridge: The MIT Press, 1988: 172.

② 钱玉莲. 韩国学生汉语学习策略研究. 北京：世界图书出版公司北京公司，2007：89.

发音自己记录的方式，既有助于学生的听力练习和发音练习，教师也可以检查出学生对拼音的掌握情况，进而改进双音节词的声调教学。练习材料如下所示：

fei^{55}chen^{35}　hui^{55}chen^{35}	hun^{55}qian^{35}　fen^{55}qian^{35}
飞　尘　—灰　尘	婚　前　—分　钱
fei^{51}hua^{51}　hui^{51}hua^{51}	gong^{55}hui^{51}　gong^{55}fei^{51}
废　话　—会　话	工　会　—公　费
fu^{51} li^{51}　hu^{51} li^{51}	kai^{55}hua^{55}　kai^{55}fa^{55}
富　丽　—互　利	开　花　—开　发

3. 利用语音软件学习声调，听自己说汉语，自己纠错

大多数对外汉语教师在教授汉语声调时，主要用卡片、录音机等教学工具来辅助讲解。这些教学模式多具有单向性，学生始终处于被动的接收模式。第二语言的学习是一个需要不断输入的过程，在这个过程中学生学习的主动性也是十分必要的，需要不断地对已学知识进行检验，以了解学习效果。Praat 软件可以在这方面起到作用，它可以对声音文件进行分析处理，显示出声调的基频和时长等数据，学生通过这些语音图和数据可以直观清楚地了解自己的声调习得情况，也可以将自己的发音录下来分析，通过直观的声调曲线，学生可以了解到是调型方面的问题还是时长方面的问题。这样的信息反馈过程既可以提高学生学习的积极性又可以达到自我纠错的效果。Praat 软件简单易学，是比较容易掌握的一种语音软件，所以具有可推广性。“既然成年人学习汉语是一种自觉的、有意识的认知活动，那么他们采取何种方式、何种策略去学习就成为其学习能否成功的关键因素之一。”① 教师可以选择一段两人的对话，要求学生两人一组进行对话练习，然后分组录音，录音后放给全班听，给予评判，指出优缺点。过一两个月以后，再分别录一次同样的对话，然后把两次录音播放给学生听，分析其是否有进步，还存在什么问题。通过这样的方法可以帮助学生找出发音声调方面的问题，使学生能够自觉地注意纠正自己的发音问题。

每种语言的语音系统都有一定的系统性，这种系统性使不同语言之间的语音对比成为可能，所以第二语言的学习者和教学者都应该充分地利用语言中的语音对应规律来学习和组织教学。

三、结语

本文针对韩国学生学习汉语时的语音问题，在声母方面，通过对比分析汉语和韩语的辅音体系及韩语中汉字词的影响，总结了偏误的类型，分析了偏误的原因：汉韩

① 吴勇毅. 汉语“学习策略”的描述性研究与介入性研究. 世界汉语教学，2001（4）：69－74.

语音系统差异引起声母偏误，汉字音差异导致语音偏误。提出了解决偏误的教学对策：①对照记忆，反复训练。②利用“排除记忆法”。③预先了解，正确示范。

此外，还调查了韩国学生在单字和双音节词组合方面的发音情况并运用 Praat 软件从调型、调值、时长等方面对声调进行了分析，发现：在韩国学生的单字调中，阴平和去声的 F_0 曲线较接近普通话的调型。阳平的 F_0 曲线虽然是一条上升的曲线，但是上升的幅度不大，并且韩国男学生的 F_0 曲线的上升幅度小于韩国女学生的 F_0 曲线；韩国女学生上声的 F_0 曲线是凹形，最低值出现在曲线的中间，而韩国男学生上声的 F_0 曲线凹形特征没有韩国女学生的明显，而且最低点出现在曲线的前部，整条曲线的凹度比较小，与阳平的上升调特征相似。对于韩国学生而言，在学习汉语单字声调的时候，阴平和去声比较好掌握，阳平和上声的掌握情况则不理想，阳平上升幅度不够大，上声下降幅度不明显，阳平和上声常常混淆。声调组合的听辨中，偏误出现比较多的组合是上声 + 阳平、阳平 + 上声、阳平 + 阳平、上声 + 阴平、去声 + 阳平；偏误出现比较少的组合是阴平 + 阴平、阴平 + 阳平、上声 + 上声。声调组合的发音中，偏误出现比较多的组合是上声 + 阳平、去声 + 上声、上声 + 去声、去声 + 阳平，偏误出现比较少的组合是阴平 + 阴平、阴平 + 阳平、阴平 + 上声、去声 + 阴平。韩国学生听辨的偏误要多于发音的偏误，在听辨方面，阳平位于前面时偏误出现的次数最多，在发音方面，上声出现在前面时偏误出现的次数最多。在教学中可以采取下列教学对策：①明确声调的偏误类型，采用对比法来学习声调。②采用读卡听写的方法，加强听力训练。③利用语音软件学习声调，听自己说汉语，自己纠错。

本研究的局限性体现在：

（1）研究视野的局限性。由于笔者能力有限，对国内外关于此领域的研究掌握得不够全面细致，只能做一管窥，理论深度不够。

（2）研究方法的局限性。本研究选择的调查对象为学习了一年汉语的韩国学生，没有对不同水平的韩国学生进行汉语普通话的语音调查及访谈，但从学习策略研究的角度来考虑，语音学习策略是随着汉语水平的提高而发生变化的，将来可以从动态的视角出发，探讨不同学习阶段的韩国学生的发音情况。

（3）研究结论的局限性。由于研究视野与研究方法的局限性，一些结论有失偏颇，不够严密，甚至会有重大漏洞，恳请读者批评指正。

参考文献

[1] 毛世桢. 对外汉语语音教学. 上海：华东师范大学出版社，2008.

[2] 钱玉莲. 韩国学生汉语学习策略研究. 北京：世界图书出版公司北京公司，2007.

[3] 王理嘉，林焘. 语音学教程. 北京：北京大学出版社，1992.

[4] 王士元，彭刚. 语言、语音与技术. 上海：上海教育出版社，2006.

[5] 朱志平. 汉语第二语言教学理论概要. 北京：北京大学出版社，2008.

［6］陈昌来．对外汉语教学概论．上海：复旦大学出版社，2005．
［7］徐子亮．对外汉语教学心理学．上海：华东师范大学出版社，2008．
［8］张灵芝．对外汉语教学心理学引论．厦门：厦门大学出版社，2006．
［9］赵金铭．作为第二语言的汉语概说．北京：北京大学出版社，2009．
［10］王建勤．汉语作为第二语言的习得研究．北京：北京语言文化大学出版社，1997．
［11］赵永新．汉外语言文化对比与对外汉语教学．北京：北京语言文化大学出版社，1997．
［12］周小兵，朱其智．对外汉语教学习得研究．北京：北京大学出版社，2006．
［13］洪小熙．汉韩双向语言教学解难．济南：山东大学，2008．
［14］余诗隽．韩国人学习汉语语音的偏误分析及其对策．武汉：华中师范大学，2007．
［15］崔玉波．汉韩语音对比和汉字音分析及对韩汉语语音教学研究．长春：吉林大学，2007．
［16］王宇．韩国学生在汉语学习中常出现的语音问题与中韩语音的差异．首都师范大学学报（社会科学版），2001（A3）．
［17］王秀珍．韩国人学汉语的语音难点和偏误分析．世界汉语教学，1996（4）．
［18］郭宏．韩国学生汉语学习中语音偏误例析．西南民族大学学报（人文社科版），2007，28（7）．
［19］文钟哲．韩国语字母发音和汉语拼音的比较研究．辽宁财经学报（社会科学版），2004（A3）．
［20］禹嘉英．韩汉辅音对比及对外汉语语音教学的启示．北京：北京语言文化大学，2001．
［21］李泉．对外汉语教学理论思考．北京：教育科学出版社，2005．
［22］奇化龙．韩语中的汉字词．山东教育学院学报，1999（6）．
［23］甘瑞瑗．韩中同形异义汉字合成词的对比分析．广东社会科学，2002（4）．
［24］孟柱亿．试论语音教学中的误导问题//《第六届国际汉语教学讨论会论文选》编辑委员会．第六届国际汉语教学讨论会论文选．北京：北京大学出版社，2000．
［25］孟国．对外汉语实况教学研究．北京：线装书局，2008．
［26］叶蜚声，徐通锵．语言学纲要．北京：北京大学出版社，1997．
［27］徐世荣．汉语普通话声调练习．北京：文字改革出版社，1963．
［28］刘湘忆．留学生语音学习策略研究．上海：华东师范大学，2009．
［29］韩振乾．新世纪韩汉词典．合肥：安徽科学技术出版社，2005．
［30］刘沛霖．韩汉大词典．北京：商务印书馆，2004．
［31］姜信道．精选韩汉汉韩词典．北京：商务印书馆，2001．
［32］袁晖．新编古今汉语词典．太原：山西人民出版社，1994．

从越南留学生口语测试中看语音偏误形式及习得规律

口语测试录音材料与语音测试材料相比更接近自然语料，语音偏误是在自然的语流中出现的，因此更有研究的价值。但是由于口语测试的题型以师生对话和学生围绕某一话题说话为主，因此收集到的语料的随意性比较大，不像语音测试材料那样每个受试者都是同样的语音题目，因此，口语测试录音语料内容的相似度远没有语音测试语料内容的相似度大。口语测试录音时长平均每人 6 分钟。

此外，由于口语测试中会出现老师和学生的对话，学生有时候在即刻回答时受老师的影响而没有发生偏误，但是继续往下说时，就又发生了偏误。此情况有时会在初级阶段出现。如：

T：我（wo）想去中山大学，不知道怎么去，应该怎么说？
S：我（wo）想去中山大学，请问怎么走？……我（wɑ）可以这样说吗？……

一、语料来源及筛选方法

本次考察所使用的语料来自中山大学国际汉语学院 2005—2009 年进修班和本科班越南留学生期中、期末口语测试的录音。

二、对象学习时间

初级学生学习汉语的时间一般为半年到一年；中级学生学习汉语的时间为一年到两年；高级学生学习汉语的时间为两年以上。

三、口语测试录音语料的筛选过程

（1）从 2005—2009 年的期中、期末口语测试录音中筛选出所有越南留学生的录音。

（2）再把筛选出来的录音按照班级分为：初级、中级、高级（含本科班），并且分别编号。

（3）利用 Excel 的随机函数，分别随机筛选出：初级 10 位，中级 10 位，高级 4 位（人数较少）。

四、语音分析步骤

（1）把筛选出来的初、中、高级共24位越南留学生的口语测试录音转写成文档。
（2）参照转写好的文档，听辨出发音偏误，并整理。
（3）把整理出来的发音偏误，用语音分析软件进一步进行语音分析。
（4）把最后的分析结果整理成表格并进行分析。

五、语音偏误分析及习得过程分析

（一）声母部分

声母偏误类型如表1所示。

表1　声母偏误类型

声母	初级偏误类型	中级偏误类型	高级偏误类型	初级偏误例子	中级偏误例子	高级偏误例子
p［bʰ］	b、f	f	b	漂 biao、朋 feng	朋 feng	普 bo
t［tʰ］	d	d		听 ding	庭 ding	
d			t			第 ti
l	n	r		六 niu、冷 neng	力 ni	乐 re
g［k］		k			该 kai	
k［kʰ］	g	g		块 guai、课 ge	看 gan	
j		q、c			节 qie、健 qian 酒 qiu、久 qiu 角 qiao、间 qian 金 qin、 假 cia、家 cia 加 cia	
q	j	j、x	j	七 ji、其 ji 奇 ji、起 ji 去 ji、球 jiu	请 jing、谦 ju 情 jing、歉 jian 球 jiu、前 jian 亲 jin、全 xuan 情 xing、穷 xong 前 xian	青 jin、区 ju 穷 jong、情 jing 钱 jian、去 ju
x		j、s			虚 ju、下 sa	

（续上表）

声母	初级偏误类型	中级偏误类型	高级偏误类型	初级偏误例子	中级偏误例子	高级偏误例子
z	j	j、c	j	早 jao	在 cai、走 cou 次 ji	总 jong
c	s	z、s、j	j	操 sao、错 suo 次 si	从 zom、才 sai 踩 jia	慈 jua
zh	z	z、ch	z	知 zi、住 zu 圳 zeng	知 zi、找 zao 州 chou	找 zao、赚 zuan 政 zeng、真 zen
ch	zh、z、c	zh、c、z	z、c	床 cang、场 cang 唱 cang、常 cang 床 zhan、常 zhan 抽 zhou、春 zun	愁 cou、差 ca 长 cang、场 cang 传 zhuan、程 zheng 差 za	常 cang、川 cuan 出 cu、穿 cuan
sh	s、ch	s、j	c	是 sui、识 se 说 suo、绍 sao 十 su、上 sang 沙 sa、顺 sun 生 seng、扫 sao 生 cheng	时 si、师 si 是 si、室 si 试 si、深 sen 说 suo、上 sang 顺 jun	善 can
－n	－ng、m	－ng、m	－ng、m	因 ying、音 ying 欢 huang、圳 zeng 班 bam 懒 lai、斤 ji	因 ying、音 ying 想 xiam	款 kuang、进 jing 进 jim
－ng	－n、m	－n、m	－n、m	景 jin、上 san 常 zhan 两 liam、场 cham 懂 dom 常 cha	帮 ban、样 yan 从 zom、刚 gam 想 xiam	形 xin 房 fam、方 fam

1. j和q的偏误形式、偏误原因及习得规律

表2　j、q的偏误形式

声母	初级偏误类型	中级偏误类型	高级偏误类型	初级偏误例子	中级偏误例子	高级偏误例子
j［tɕ］		q、c			节 qie、健 qian 酒 qiu、久 qiu 角 qiao、间 qian 金 qin、 假 cia、家 cia、加 cia	
q［tɕ^h］	j	j、x	j	七 ji、其 ji 奇 ji、起 ji 去 ji、球 jiu	请 jing、谦 ju 情 jing、歉 jian 球 jiu、前 jian 亲 jin、全 xuan 情 xing、穷 xong 前 xian	青 jin、区 ju 穷 jong、情 jing 钱 jian、去 ju

（1）从表2可以看出初级留学生把 j［tɕ］、q［tɕ^h］都发成了没有送气的 j［tɕ］。其原因之一为母语负迁移，在越南清化省以北的方言中，越南语 ch［c］被读成 j［ʈc］，所以，测试者（都是北方人）在学习汉语声母 q［tɕ^h］时，就自然受到母语方言的影响，将其发成 j［ʈc］。原因之二为越南语的语音系统中并没有送气音，对越南留学生而言送气音是比较难习得的，而且初级留学生一般受母语影响比较大，因此比较难发出送气音。

（2）到了中级阶段，我们发现留学生会把不送气的 j［tɕ］发成送气的 q［tɕ^h］和 c［ts^h］。其原因是到了中级阶段，留学生经过学习，已经能够感觉送气音，并且不断地努力练习发送气音，以至于过度泛化，把不送气的音也发成了送气音。这也印证了二语习得中介语变异研究中的扩散模式。扩散模式把中介语的发展分为两个阶段：习得阶段（两个自由变体无规律交替使用）和取代阶段（一个情景只用一种形式体，另一个情景两个形式体混用→不同的情景使用不同的形式）。中级阶段留学生处于习得阶段，把 j［tɕ］和 q［tɕ^h］两个音无规律交替使用；到了高级阶段则进入了取代阶段，高级阶段留学生的 j［tɕ］发音并没有出现偏误说明其几乎完全习得。而 q［tɕ^h］仍然存在偏误 j［tɕ］，其原因可能有以下几种：

①高级阶段留学生发生偏误的数量和偏误形式明显减少了，说明慢慢地进入了取代阶段，只是可能需要更长的时间才能完全习得。

②某些留学生并没有完全习得正确的发音方法并且到了中、高级阶段也没有纠正过来，以至于到最后出现“化石化”现象。

③到了中、高级阶段，留学生的重心转移到词汇和语法等非语音学习，因此对发音会表现得比较随意和懒惰。发送气音 q［tɕʰ］所动用到的口部器官比非送气音 j［tɕ］多，高级阶段的留学生由于随意和懒惰会把 q［tɕʰ］发成 j［tɕ］。

2. p、t、k、c、ch 的偏误形式、偏误原因及习得规律

表3　p、t、k、c、ch 五种送气音的偏误形式

声母	初级偏误类型	中级偏误类型	高级偏误类型	初级偏误例子	中级偏误例子	高级偏误例子
t［tʰ］	d	d		听 ding	庭 ding	
k［kʰ］	g	g		块 guai、课 ge	看 gan	
c［tsʰ］	s	z、s、j	j	操 sao、错 suo 次 si	从 zom、才 sai 踩 jia	慈 jɯa
ch［tʂʰ］	zh、z、c	zh、c、z	z、c	床 cang、场 cang 唱 cang、常 cang 床 zhan、常 zhan 抽 zhou、春 zun	愁 cou、差 ca 长 cang、场 cang 传 zhuan、程 zheng 差 za	常 cang、川 cuan 出 cu、穿 cuan

表4　越南字母 t、c、k、q、ch 与汉语拼音的对比

越南语字母	越南语发音		汉语发音	拼音
	河内音	西贡音		
t	[t]	[t]	[t]	d
c、k、q	[k]	[k]	[k]	g
ch	[c]	[c]		

从表3和表4可以看出，由于越南语字母中也有相同写法的 t、k，而且发音方法和汉语的 t、k 相比只缺少送气，因此越南学生容易受到越南字母 t［t］、k［k］的影响，在发汉语 t［tʰ］、k［kʰ］时将其发成非送气音 d［t］、g［k］。另外，越南语字母中也存在和汉语相同写法的 c、ch，不过其发音方法和汉语相差很大，汉语的 c、ch 需要送气而且要用塞擦的发音方法，这是越南语中没有的。受越南语发音的影响，越南留学生也容易混淆 c、ch 的发音。

另外，从表3可以看出受越南语字母写法影响的t［t^h］、k［k^h］的发音偏误只出现在初、中级阶段，到了高级阶段并没有出现偏误。由此可见，母语负迁移的情况常发生在初、中级阶段，随着学习时间的增加，受母语负迁移影响的情况会渐渐减少，尤其是和母语相差并不是很大的项目，母语负迁移的现象很有可能会完全消失，最终完全习得。

3. 前鼻音［-n］和后鼻音［-ŋ］的偏误形式、偏误原因及习得规律

表5　前鼻音［-n］和后鼻音［-ŋ］的偏误形式

辅音	初级偏误类型	中级偏误类型	高级偏误类型	初级偏误例子	中级偏误例子	高级偏误例子
-n	-ng、m	-ng、m	-ng、m	因 ying、音 ying 欢 huang、圳 zeng 班 bam 懒 lai、斤 ji	因 ying、音 ying 想 xiam	款 kuang、进 jing 进 jim
-ng	-n、m	-n、m	-n、m	景 jin、上 san 常 zhan 两 liam、场 cham 懂 dom 常 cha	帮 ban、样 yan 从 zom、刚 gam 想 xiam	形 xin 房 fam、方 fam

表6　越南语中的［-n］、［-ŋ］和［m］及与汉语拼音的对比

越南语字母	越南语发音		汉语发音	拼音
	河内音	西贡音		
m	［m］	［m］	［m］	m
n	［n］	［n］	［n］	n
ng，ngh	［ŋ］	［ŋ］		
nh	［ɲ］	［ɲ］		

从表5可以看出，前鼻音［-n］和后鼻音［-ŋ］的偏误存在于初、中、高级各个学习阶段中，并且每个阶段的偏误形式都相同，即［-n］→［-ŋ］/［-m］，［-ŋ］→［-n］/［-m］。虽然在偏误数量上，从初级到高级有逐渐递减的趋势，但是，越南留学生仍然分不清楚前鼻音［-n］和后鼻音［-ŋ］，并且还跟母语越南语中的［m］混在一起，无规律交替使用。

那么为什么会出现这种情况呢？我们从表6中可以看到越南语中除了有和汉语一样的［n］和［ŋ］外，还有一个［m］。这三个辅音在越南语中既可以放在元音的前面，也可以放在元音的后面，也就是可以充当“声母”和“鼻音”。如越南语中当［m］放在元音后面时，也就是充当“鼻音”时有这些例子：贪 tham、参 tham 和三 tam 等。这样一来，对越南留学生来说，目的语汉语中有［-n］和［-ŋ］，而母语越南语中却有［-n］、［-ŋ］和［-m］。

另外，在越南语中当［n］、［ŋ］和［m］放在元音后面时，是可以起区别意义作用的，也就是说它们各自分别是不同的音位，而不是同一音位的变体。而且从表6来看其对应得比较整齐，和汉语相比只是多了一个［-m］。我们可以理解越南留学生把［-n］、［-ŋ］发成［-m］的偏误形式，但是［-n］和［-ŋ］，在越南语中有与其相对应的音且区别意义的情况下，还出现无规律交替使用的偏误形式，却有待探究。

（二）单韵母部分

单韵母偏误类型如表7所示。

表7　单韵母偏误类型

单韵母	初级偏误类型	中级偏误类型	高级偏误类型	初级偏误例子	中级偏误例子	高级偏误例子
o［o］	［ɑ］	［ɑ］		我［wɑ］、佛［wɑ］		
e［ɤ］	［e］ ［ɛ］	［e］	［ɛ］	色［se］、热［re］ 色［sɛ］、二［e］ 越［jɛ］、舍［sɛ］	乐［le］	这［zɛ］
i［i］	［ɯ］ ［e］	［ɯ］［e］	［ɯ］	思［se］/［sɯ］ 是［se］/［sɯ］ 试［sɯ］ 时［se］	识［sɯ］、日［re］ 是［se］ 吃［cɯ］、市［sɯ］ 实［sɯ］、资［zɯ］	是［se］、司［se］ 士［se］、之［ze］ 子［ze］、食［se］ 实［se］、释［se］ 吃［$tɕ^hɯ$］ 自［zɯ］ 失［sɯ］
ü［y］	［ɯi］ ［i］	［i］	［i］	语［ɯi］ 去［tɕi］、橘［tɕi］	去［tɕi］	女［nɯi］ 许［ɕi］、需［ɕi］

o［o］发成［ɑ］：单元音o［o］在越南语和汉语中同时存在，但是越南留学生

会把［o］发成［ɑ］的原因可能有两种：第一，越南留学生在思考的时候喜欢说［ɑ］，那么进行口语测试时受试者往往要思考如何回答问题，经常会出现“我……啊，喜欢篮球。”当中间停顿的时间比较短时，可能把“我［wo］+啊［ɑ］”发成“我［wɑ］”。第二，受母语负迁移影响把“我［wo］”发成越南语的双元音“uo［uɑ］”。(越南语中有三个双响元音，uo［uɑ］是其中一个)

e［ɤ］发成［e］或［ɛ］：这是受到母语负迁移的影响，越南语中 e 的发音有两种，分别是舌面前展唇半高元音［e］和舌面前展唇半低元音［ɛ］，并且这种情况出现在初级阶段比较多，到了中、高级阶段出现的偏误很少。如果在教学时提醒留学生注意不要受母语负迁移的影响，可能初级阶段出现偏误的情况也会减少。

i［i］发成［e］或［ɯ］：在越南语中［e］是舌面前展唇半高元音，而［ɯ］是舌面后展唇高元音。从偏误的例子中可以看出，偏误几乎都是和声母 sh、ch、z、s 相拼时发生的。在汉语中，和 zh、ch、sh 相拼时，i 应该是舌尖后展唇元音［ʅ］；而和 z、c、s 相拼时，i 应该是舌尖前展唇元音［ɿ］。因此，越南留学生感觉到 i 和 sh、ch、z、s 相拼时并不是［i］，所以只能采取母语语音系统中比较相近的［e］和［ɯ］来代替。此类偏误贯穿于越南留学生的初、中、高级阶段，所以是越南留学生比较难以习得的语音，教学应作为重点，并且结合偏误例子进行对比，让留学生注意避免发生母语负迁移。

ü［y］发成［ɯi］或［i］：ü［y］发成［i］是因为学生没有拢圆唇，只要教学时强调，并且多做发音练习应该就可以克服。而［ɯi］这种偏误形式是错误的发音教学方法导致的。由于很多国家的语音系统中都没有 ü［y］这个音，但有 i［i］和 u［ɯ］/［u］这两个音，例如日本、韩国和越南。一些教材、教师和电子词典都会以发 u 过渡到 i 这个方法来教留学生发 ü［y］这个音。这两种偏误形式，都可以通过改善教学的方法而得以消除。

参考文献

［1］傅氏梅，张维佳．越南留学生的汉语声母偏误分析．世界汉语教学，2004(2)．

［2］周小兵．对外汉语教学入门．广州：中山大学出版社，2009．

语法偏误篇

留学生汉语概数助词“多”“来”“把”的习得状况研究

一、本课题的研究情况、研究范围、研究方法与研究目标

现代汉语中“多”“来”“把”与数量名结构的结合是一种较为常见的表达概数的方法，有关它们的本体研究前人已做了详细的工作，如数词改为助词的词性研究，“多”“来”“把”与数量名结构的搭配研究等，但是，对外汉语教学方面的研究则相对欠缺，对外汉语教材把这些词标注为数词，对其应用条件没有详细阐明，以致留学生产生习得困惑。本文在前人研究的基础上，总结了二十种“多”“来”“把”与数量名结构搭配的类型，并对这些类型进行调查，统计分析留学生的习得偏误，寻找偏误产生的原因，最后结合原因提出教学对策。

（一）概数助词的本体研究状况

概数助词是现代汉语助词下表示概数的一个小词类。国内关于此类词的研究成果较为丰富，但仍存在着称谓不统一、分类不明确、研究不系统的问题。

1. 称谓不统一

早期的语法专著中没有概数助词这一说法。黎锦熙《新著国语文法》中称之为“数量形容词”。目前语法学界对助词的研究范围比较广，程度比较深，但对概数助词的研究尚不透彻。关于数量名结构中的“多”是什么词，语法专著中的观点大致可以分为三种：第一种观点认为“多”为数词或概数词，如吕叔湘《现代汉语八百词》中将其划为数词，朱德熙在《语法讲义》中将其划入概数词之列；第二种观点认为“多”是“表示概数的词”，如刘月华在《实用现代汉语语法》中说“多”是“表示概数的词”；第三种观点则认为“多”为助词，如邢福义在《词类辨难》中认为“多”是助词，张谊生在《助词与相关格式》中将助词分为“表数助词及列举助词”。近些年的研究成果更趋于把“多”归为概数助词。张谊生在《概数助词“来”和“多”》一文中指出“‘来’和‘多’是现代汉语中最常用的两个概数助词”。此后的学术论文对这一类词的定位日渐清晰。很多文章都认为“来”“多”和“把”是概数助词。

2. 分类不明确

我们暂且不论这些称谓究竟孰优孰劣，但是名目繁多不利于系统地研究概数助词。同时，不同的称谓使这类词的分类也不够明确。汉语中表示概数的方法有两种，一种是两个数词连用，一种是用某类词与数词连用。这类词包括：①“余”“来”

“多”“把”；②“许多”“好多”“好几”“很多”；③“大约”“约”“约摸”“大抵”“大致”“大概”“也许”“将近”“左右”“上下”等。虽然以上三类词都有协助数词表达一个大概的量的语法功能，但是它们的词性并不相同。其中，第一类属于概数助词，它们有很强的黏着性，表现在不能独立运用、语法位置固定、具有助加功能。第二类属于形容词，而第三类主要为副词。本文要研究的是第一类：“来”“多”“把”这三个词。由于“余”带有文言性质，且对外汉语教材中基本上没有出现过，因此暂不对它进行研究。

3. 研究不系统

目前尚无专文或专著对概数助词做过系统全面的探讨，只有针对某个概数助词或几个概数助词的探讨。研究情况总结如下：

（1）“多”的研究。杨德峰的《表示概数的“多”和“来”的全方位考察》对“多”和“来”能进入的数量名结构中的数词和量词进行了详细的考察，并以十个公式总结出“多”和“来”的分布情况。张谊生《概数助词“来”和“多”》从相似、相异、交叉三个角度比较、考察“来”和“多”的分布情况，总结了“来”和“多”的表义辖域和语用倾向。

（2）“来”的研究。杨德峰的《表示概数的“多”和“来”的全方位考察》对“多”和“来”能进入的数量名结构中的数词和量词进行了详细的考察，并总结了十个公式，公式对能进入结构中的数词有较为详细的分类，在量词方面则不够详细，有些量词，如集合量词，能进入结构，但是没有体现出来。张谊生的《概数助词“来”和“多”》从相似、相异、交叉三个角度比较、考察“来”和“多”的分布情况，总结了“来”和“多”的表义辖域和语用倾向。王改改的《概数词“来”的语义调查和研究》通过客观的调查来了解现代中国人对“来”与数词组合的结构所表示的数目的理解，调查对象从区域上分为老北京人、新北京人、官话区人和方言区人，在年龄上分为老、中、青三代，调查发现不同地域的人对“来”的理解不同，老、中、青三代的观点也存在着差异。这与目前学术界的观点类似，有人认为“来”与数量结构结合时表示比前面的数词所表达的数量略少，也有人认为比前面的数词多一点。杜晓艺的《概数助词“来”的句法分布》总结出“来”能出现在“数词＋来＋量词”“数词1 ＋ 来＋ 数词2 ＋ 量词”“数词＋量词＋来＋形容词”“数词＋来＋二＋数词＋量词”四种结构中，并用一部分例句分析了这四种结构中数词的情况，但是对数词及量词的分类还不够具体，并没有交代清楚能进入这四种结构中的数词与量词的情况。江蓝生的《概数词“来”的历史考察》从历时角度考察了“来”表示概数的历史过程、表示概数的范围以及在表数结构中的位置。文章着重考察“来”表示概数的历史进程，对能与“来”组合进入表数结构的数词、量词的具体情况没有做深入的分析归纳。

（3）“把”的研究。肖牡丹的《概数词“把”的历史考察》从历时的角度探究了“把”在历史发展过程中的使用情况，考究了“把”早期出现的时代，分析了能进入

"量把"结构中的数词和量词的制约条件。张谊生的《试说概数助词"把"》从"把"的分布特征、表义方式两个角度描写了"把"的搭配限制和句法位置，考察了"把"对数词和量词的选择。张爱民、吴剑锋的《概数助词"把"的语法分析》依据"把"的词类特点、意义特征与数词和量词的对立，凭借它与助词在助加功能方面的平行性，认定"把"是助词，进而论述了它对量词的选择，考察了"量把"的语法功能。杜晓艺的《概数助词"把"的分布状况刍议》对"把"的分布状况作了分析，概括了"把"的格式，归纳出了它的分布特征和适用格式。

作为教学者与研究者，首先要对自己母语里概数助词的性质、功能与搭配条件有清晰的理解与熟练的掌握，如果自身存在认知上的局限，教学就难以展开，教学效果更难以保证。

（二）留学生习得概数助词的研究状况

汉语本体研究已有一些研究成果，但关于概数助词在对外汉语教学中的研究却很少见，目前所见的有杨瑜的《试谈对外汉语教学中概数词"多"的教学》，文章从数词角度来考察"多"在数量名结构中的位置，对这样的结构表示的区间做了初步的说明，并从总结公式、创造合适的语境两方面为对外汉语教学提供了教学策略。该文关于"多"的基本研究都有所涉及，但是还不够深入，如文章把"多"当作概数词，而学界认同把"来""多""把"归为概数助词；对"多"进入数量名结构中的受限条件尚未总结出具体的规律，关于这一知识点在对外汉语教学中的教学策略略显单薄。

（三）本课题的研究范围

汉语中表示概数的方法有很多，概数助词与数词组合只是其中的一种。由于目前学界对概数助词的研究尚不成系统，对它的下位词界定也没有明确的说法，本课题只选取目前公认的三个概数助词："多""来""把"。这三个词与不同类型的数词和量词搭配可以组合出很多不同的类型，由于对外汉语教学大纲及对外汉语教材中选取的结构类型比较有限，我们只对那些学生可能接触到的结构进行研究，教材及大纲中未涉及的结构，我们暂不做讨论。本课题要考察的语法结构详见表1：

表1　待考察的语法结构

结构	类型
1. 数＋量＋多＋名	1. 系数词＋度量衡量词＋多
	2. 系数词＋容器量词＋多
	3. 系数词＋时间量词＋多
	4. 系位构造＋度量衡量词＋多
	5. 系位构造＋时间量词＋多

（续上表）

结构	类型
2. 数＋多＋量＋名	6. 系位构造＋多＋度量衡量词
	7. 系位构造＋多＋容器量词
	8. 系位构造＋多＋时间量词
	9. 系位构造＋多＋个体量词
3. 数＋多＋位数词＋量	10. 系位组合＋多＋度量衡量词
	11. 系位组合＋多＋时间量词
	12. 系位组合＋多＋个体量词
4. 数＋来＋量	13. 系位构造＋来＋度量衡量词
	14. 系位构造＋来＋时间量词
	15. 系位构造＋来＋个体量词
5. 数＋量＋来	16. 系数词＋度量衡量词＋来
	17. 系位构造＋度量衡量词＋来
6. 数＋把＋量	18. 百＋把＋量词
	19. 千＋把＋量词
	20. 万＋把＋量词

（四）本课题的研究方法

1. 问卷调查法

我们的调查对象是深圳大学国际交流学院中级班和文学院高级班的留学生。我们选择这两个年级的学生作为调查对象的理由是：在深圳大学学习汉语的留学生，不管是单纯来进修汉语的语言生还是汉语专业的本科生，学校均以他们入学前的汉语水平以及他们的 HSK 考试等级作为分班标准，选择这两个年级的学生作为调查对象具有一定的客观性。

首先，在参考前人研究的基础上，我们把概数助词分成二十个语法项目，并将此作为考察留学生概数助词习得情况的范围。其次，针对这二十个语法项目设置题目，调查问卷有客观题也有主观题，主观题的比重偏大，以便获得更多我们需要的信息。再次，运用统计的方法，总结出不同语言水平的留学生习得概数助词的情况。在设计调查问卷时，客观题尽量选择不超大纲、来自教材的句子，主观题则注意诱导留学生使用这些结构，从而获得更多的有效数据，增强说服力。

2. 定量分析法

在统计和分析的基础上，结合偏误的情况，总结留学生习得概数助词的特点。从错序、混用等角度对搜集到的偏误语料进行分类，并从现代汉语本体研究的视角进行分析，探讨偏误出现的原因。统计调查问卷中搜集到的语料以及中介语语料库中的语料，分析中介语中概数助词的正确用例和偏误用例情况，充分利用本体研究的成果，结合具体情况分析留学生使用概数助词时所产生的偏误，并对偏误产生的原因做出一定的解释。

3. 比较法

借助汉语本体研究的成果，对概数助词“多”“来”“把”的研究成果进行总结，并对比这三个词分别与数词、量词、名词搭配的不同，列出搭配表格。将搜集到的偏误用例按“多”“来”“把”进行分类，并对这三个大类进行对比。

（五）本课题的研究目标

针对概数助词本体研究不足、习得研究奇缺的状况，本课题力图通过对不同语言水平的留学生进行问卷调查，获取可靠语料，对之进行定性与定量分析，总结出偏误类型，对影响留学生习得效果的因素进行探讨，力求在对外汉语教学大纲的制定、教材的编写、教师的教学等方面提供建设性意见，并在此基础之上确定语法项目的难易，进而进行科学的分级，使教学能够循序渐进。

二、“多”“来”“把”的区别

“多”“来”“把”三个概数助词中，“多”与数量名结构的组合最为自由，能与它搭配的数词、量词[①]的范围最广；数词、量词与“把”组合时受限条件较多；数词、量词与“把”组合时最不灵活。

（一）“多”的搭配规律

（1）当数词为系数词或者个位非零的系位构造时，“多”能出现在结构“数 + 量 + 多 + 名”中，此时的量词多为可以拆分成更小单位的量词，如度量衡量词、容器量词、时间量词等。

（2）当数词为个位为零的系位构造时，“多”能出现在结构“数 + 多 + 量 + 名”中，此时的量词类型最多，度量衡量词、容器量词、时间量词、个体量词、集合量词、动量词全都可以出现在该结构中。

（3）当数词为较为复杂的系位组合时，“多”既不能紧挨量词的前面，也不能紧挨量词的后面，只能放在系位组合内部，此时的量词与上一结构的情况一样，但由于前面的数词表示的数量过大，加上这一结构的口语性质较强，与它组合的量词比较固

---

① 现代汉语中的量词有单音量词、复音量词、复合量词三种，由于能与概数助词结合进入数量名结构中的一般为单音量词，因此本文所说量词均为单音量词，部分复音度量衡量词除外，如“公里”等。

定，出现得较多的是个体量词中的“人、元”，度量衡量词，以及时间量词中的“年”等。

（二）“来”的搭配规律

（1）当数词为系数词或者个位非零的系位构造时，“来”能出现在结构“数 + 量 + 来 + 名”中，此时的量词只能为度量衡量词及表钱的“元”等。

（2）当数词为个位为零的系位构造时，“来”能出现在结构“数 + 来 + 量 + 名”中，此时任何量词都可以进入这个结构中。

（3）当数词为较为复杂的系位组合时，“来”既不能紧挨量词的前面，也不能紧挨量词的后面，它和“多”一样只能放在系位组合内部，此时的量词可以为任意一种，但由于系位组合表示的数量通常较大，进入此结构的量词一般较为常见的是个体量词中的“人、元”，度量衡量词，以及时间量词中的“年”等。

（三）“把”的搭配规律

与“多”“来”相比，“把”的受限性较强。能进入结构“数 + 把 + 量”中的位数词只有“百、千、万”，且这三个位数词前一般不能再加系数词，其前面默认的系数词为“一”；能进入此结构的量词也非常有限，以度量衡量词与个体量词居多。

（四）总结

综上所述，“多”“来”“把”出现在数量名结构中的情况如表 2 所示：

表 2　“多”“来”“把”出现在数量名结构中的情况

	结构	数词	量词
多	数 + 量 + 多 + 名	系数词或者个位非零的系位构造	度量衡量词、容器量词、时间量词
	数 + 多 + 量 + 名	个位为零的系位构造	度量衡量词、容器量词、时间量词、个体量词、集合量词、动量词
	数 + 多 + 位数词 + 量	系位组合	度量衡量词、容器量词、时间量词、个体量词、集合量词、动量词
来	数 + 量 + 来 + 名	系数词或者个位非零的系位构造	度量衡量词
	数 + 来 + 量 + 名	个位为零的系位构造	度量衡量词、容器量词、时间量词、个体量词、集合量词、动量词
	数 + 来 + 位数词 + 量	系位组合	度量衡量词、容器量词、时间量词、个体量词、集合量词、动量词
把	数 + 把 + 量	百、千、万	度量衡量词、个体量词

三、概数助词出现在数量名结构中的分类依据

我们对概数助词出现在数量名结构中的用法进行分类的主要依据是吕叔湘的《数量词后的来、多、半》，同时还参考了杨德峰的《表示概数的“多”和“来”的全方位考察》和张谊生的《试说概数助词“把”》。我们对概数助词在数量名结构中的用法进行了如下分类（见表3）：

表3　概数助词在数量名结构中的用法

结构	例句
1. 数+量+多+(名)	现在学校的围墙都有一米多。
2. 数+多+量+(名)	这次迎亲队伍一共有三十多辆车。
3. 数+多+位数词+量	十多亿公顷的森林变成了平地和沙漠。
4. 数+量+ 来	玩了一天身上只剩下十块来钱。
5. 数+ 来+ 量	一个一百来人的公司打算让我做经理。
6. 百/千/万+把+类别量词/度量衡量词	百把斤的猪了，不卖还留着做什么？

需要说明的是，出现在数量名结构中的概数助词与数词和量词的类型密切相关。数词不同，概数助词出现的位置不同；量词不同，概数助词出现的位置也不同，有些甚至不能出现。因此我们把数词分成系数词①、系位构造②以及系位组合③三种类型，量词分为个体量词、容器量词、度量衡量词、集合量词、时间量词五种类型。每一类数词分别与这五类量词搭配所组成的结构，便构成了我们要调查的类型，但是这三类数词不是能与所有的量词搭配再加上“多、来、把”的，所以最后总结出二十种类型，详见表4。

① 系数词指1~9的整数，以及个位为1~9的整数。

② 系位构造指由系数词和位数词组合而成的数词，且个位为零，如三千五百、一百五十等。

③ 系位组合指几个系位构造按照位数由大到小的顺序排列组成的数词结构，如一亿八千万等。

表4　概数助词在数量名结构中的具体类型

结构	类型	例句
1. 数+量+多+名	1. 系数词+度量衡量词+多	她一顿只吃二两多饭。
	2. 系数词+容器量词+多	喝一瓶多酒没问题。
	3. 系数词+时间量词+多	这项工程只用了一年多就完成了。
	4. 系位构造+度量衡量词+多	天安门离这儿只有二十五里多路。
	5. 系位构造+时间量词+多	总理一件衣服穿了二十年多。
2. 数+多+量+名	6. 系位构造+多+度量衡量词	这条河的出海口有三千五百多米宽。
	7. 系位构造+多+容器量词	他们宿舍一个学期要喝二十多桶水。
	8. 系位构造+多+时间量词	一年三百六十多天，天天都有新闻。
	9. 系位构造+多+个体量词	山本有两百多本中文书。
3. 数+多+位数词+量	10. 系位组合+多+度量衡量词	那个国家的面积才一亿八千多万平方公里。
	11. 系位组合+多+时间量词	新发现的恐龙化石距今一亿四千多万年。
	12. 系位组合+多+个体量词	目前我国一共有两千多万名在校大学生。
4. 数+来+量	13. 系位构造+来+度量衡量词	我想租一千来亩地来搞个度假村。
	14. 系位构造+来+时间量词	巴士底狱早在两百来年前就让人民给拆了。
	15. 系位构造+来+个体量词	该地区目前仅剩下一百二十来棵古树了。
5. 数+量+来	16. 系数词+度量衡量词+来	我们常在海滩上捡到一尺来长的鱼。
	17. 系位构造+度量衡量词+来	我今天在街上买了十二米来长的布。
6. 数+把+量	18. 百+把+量词	钱锺书那百把页的《旧文四篇》值得一读。
	19. 千+把+量词	他们县玉米产量有千把吨。
	20. 万+把+量词	我单位的小图书馆藏有万把册图书。

四、留学生概数助词习得情况考察

学习者在学习第二语言的语法结构的过程中存在着一定的习得顺序。为了解留学生习得概数助词的情况，并从中发现他们的习得规律，我们先通过调查问卷取得一定的语料，再对这些语料进行分析和统计，计算出留学生使用概数助词的正确率。它在一定的程度上可以说明留学生的习得顺序，即正确率越高，说明该结构越容易，习得越快；正确率越低，说明该结构越难，习得越慢。

（一）有关测试的情况说明

1. 调查问卷的设计

调查问卷由句型转换题、选词填空题两个部分组成。每种题型均有二十道题，每种题型代表一种结构类型。句型转换题中，关于“多”的题目有十二道，关于“来”的题目有五道，关于“把”的题目有三道。表格的左边给出一个含有带下划线的数量名结构的句子，要求学生把画线部分换成一个概数的表达形式，填在表格的右边。我们主要是想通过句型转换来考察留学生使用概数助词的实际情况。选词填空题要求学生选择一个恰当的概数助词填入句子中的括号内，使句子意思完整。通过选词填空，我们将了解留学生正确运用概数助词的能力以及对这三个概数助词出现位置的掌握程度。总之，侧重语用能力的考察。

每一个题目类型都给出了相关例句，并提示学生需要用到的概数助词为“多”“来”“把”。调查问卷中的句子部分来自《汉语教程》《博雅汉语》《汉语会话301句》《新实用汉语课本》《现代汉语高级教程》等教材，部分来自和概数助词有关的论著和百度网的搜索。调查问卷要求学生独立完成，可以查阅词典，没有时间限制。

2. 调查对象

我们的调查对象是在深圳大学学习汉语的留学生。根据他们的汉语水平分为两组，一组是中级水平的学生，他们的 HSK 考试成绩为 4 ~ 8 级；一组是高级水平的学生，他们的 HSK 考试成绩为 9 ~ 11 级，划分中、高级时还参考了他们所使用的课本的适用对象。之所以没有选择初级水平的学生作为我们的测试对象，是因为初级水平的学生还没学过我们所调查的结构，而且测试的题量较大，涉及的词汇量较多，对于他们来说有一定的难度，所以我们予以排除。通过对中、高级水平的留学生进行问卷调查可以统计出留学生对哪个词使用较多、准确率较高；哪些结构使用较少，掌握情况不够理想，从而总结出留学生习得各个结构的情况，得出一个习得顺序。

3. 语料的确定

我们在深圳大学进行调查，发出调查问卷六十份，收回五十份，其中有效问卷四十份。中级和高级各二十份。调查问卷中的错误用例将用于偏误情况统计与偏误分析。

（二）测试结果与分析

在统计调查结果的基础之上，我们根据调查问卷的三大组成部分，用分项的方式来分别作统计，运用图表展示调查结果，并给予适当的说明。通过下面一系列表格，便可清晰地看出留学生习得和使用概数助词的情况。

1. 测试结果

（1）句型转换题测试结果。

句型转换题测试结果如表5所示。正确率＝正确使用人数/答题的总人数。

表5　句型转换题测试结果

结构	类型	题号	正确率	正确率排序
1. 数＋量＋多＋名	1. 系数词＋度量衡量词＋多	3	53%	7
	2. 系数词＋容器量词＋多	2	52%	8
	3. 系数词＋时间量词＋多	1	90%	1
	4. 系位构造＋度量衡量词＋多	5	73%	4
	5. 系位构造＋时间量词＋多	6	30%	15
2. 数＋多＋量＋名	6. 系位构造＋多＋度量衡量词	7	83%	2
	7. 系位构造＋多＋容器量词	8	34%	13
	8. 系位构造＋多＋时间量词	9	80%	3
	9. 系位构造＋多＋个体量词	10	61%	5
3. 数＋多＋位数词＋量	10. 系位组合＋多＋度量衡量词	11	60%	6
	11. 系位组合＋多＋时间量词	12	17%	18
	12. 系位组合＋多＋个体量词	4	50%	9
4. 数＋来＋量	13. 系位构造＋来＋度量衡量词	13	41%	12
	14. 系位构造＋来＋时间量词	14	17%	18
	15. 系位构造＋来＋个体量词	17	50%	9
5. 数＋量＋来	16. 系数词＋度量衡量词＋来	15	47%	11
	17. 系位构造＋度量衡量词＋来	16	33%	14
6. 数＋把＋量	18. 百＋把＋量词	18	17%	18
	19. 千＋把＋量词	19	20%	17
	20. 万＋把＋量词	20	21%	16

表5第一列是考察的六种结构。第二列是每一种结构的具体类型，共二十类。第三列是每个类型对应在调查问卷上的题目序号，每个类型都有一道题。第四列是根据调查问卷统计出的正确率，部分题目的正确率相同。第五列是根据正确率的高低得出的排序，正确率相同的题目排序相同，但其后的排序顺推。

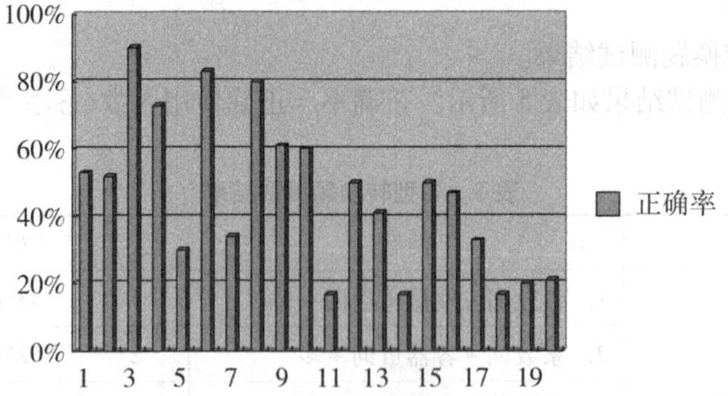

图 1　句型转换题各类型正确率

从图 1 中我们可以看到这三个概数助词句型转换题的正确率排序。其中较难习得的是类型 11（系位组合 + 多 + 时间量词）、类型 14（系位构造 + 来 + 时间量词）、类型 18（百 + 把 + 量词）和类型 19（千 + 把 + 量词），正确率均在 20% 及以下。较易习得的是类型 3（系数词 + 时间量词 + 多）、类型 4（系位构造 + 度量衡量词 + 多）、类型 6（系位构造 + 多 + 度量衡量词）和类型 8（系位构造 + 多 + 时间量词），正确率均在 70% 以上，这四个都是与“多”相关的类型，可见在句型转换题中概数助词“多”是三个概数助词中留学生掌握得最好的一个。

（2）选词填空题测试结果。

表 6　选词填空题测试结果

结构	类型	题号	正确率	正确率排序
1. 数 + 量 + 多 + 名	1. 系数词 + 度量衡量词 + 多	1	76%	3
	2. 系数词 + 容器量词 + 多	2	79%	1
	3. 系数词 + 时间量词 + 多	3	62%	6
	4. 系位构造 + 度量衡量词 + 多	4	24%	15
	5. 系位构造 + 时间量词 + 多	5	79%	1
2. 数 + 多 + 量 + 名	6. 系位构造 + 多 + 度量衡量词	6	62%	6
	7. 系位构造 + 多 + 容器量词	7	69%	4
	8. 系位构造 + 多 + 时间量词	8	69%	4
	9. 系位构造 + 多 + 个体量词	9	41%	10

（续上表）

结构	类型	题号	正确率	正确率排序
3. 数＋多＋位数词＋量	10. 系位组合＋多＋度量衡量词	10	52%	9
	11. 系位组合＋多＋时间量词	11	38%	11
	12. 系位组合＋多＋个体量词	12	59%	8
4. 数＋来＋量	13. 系位构造＋来＋度量衡量词	13	34%	13
	14. 系位构造＋来＋时间量词	14	14%	19
	15. 系位构造＋来＋个体量词	15	17%	18
5. 数＋量＋来	16. 系数词＋度量衡量词＋来	16	37%	12
	17. 系位构造＋度量衡量词＋来	17	30%	14
6. 数＋把＋量	18. 百＋把＋量词	18	21%	16
	19. 千＋把＋量词	19	14%	19
	20. 万＋把＋量词	20	21%	16

表6是选词填空题的测试结果。第一列是考察的六种结构。第二列是每一种结构的具体类型，共二十类。第三列是每个类型对应在调查问卷上的题目序号，每个类型都有一道题。第四列是根据调查问卷统计出的正确率，部分题目的正确率相同。第五列是根据正确率的高低得出的排序，正确率相同的题目排序相同，但其后的排序顺推。

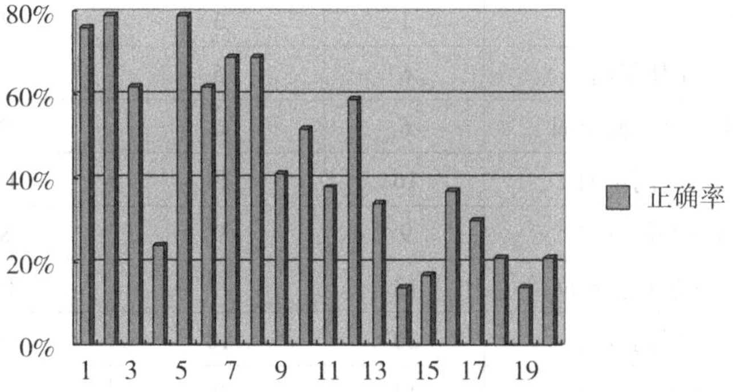

图2　选词填空题各类型正确率

从图2中我们可以看到三个概数助词选词填空题的正确率排序。其中较难习得的是类型14（系位构造＋来＋时间量词）、类型15（系位构造＋来＋个体量词）和类型

19（千+把+量词），正确率均在20%以下。较易习得的是类型1（系数词+度量衡量词+多）、类型2（系数词+容器量词+多）、类型5（系位构造+时间量词+多）、类型7（系位构造+多+容器量词）和类型8（系位构造+多+时间量词），正确率均在69%及以上，这五个都是与“多”相关的类型，可见在选词填空题中概数助词“多”是三个概数助词中留学生掌握得最好的一个。

（3）综合统计结果。

根据以上测试结果，我们把所得的各结构类型的正确率次序数相加，例如：类型1（系数词+度量衡量词+多）在句型转换题中的正确率排序是7，在选词填空题中的正确率排序是3，这二者的综合排序（也即次序和）是7+3=10，其他的类型也按照此方法计算，按照结果大小重新排序，便得出一个更为客观的习得顺序，见表7：

表7 综合统计结果

类型	习得顺序	句型转换题正确率排序	选词填空题正确率排序	次序和
1. 系数词+度量衡量词+多	5	7	3	10
2. 系数词+容器量词+多	4	8	1	9
3. 系数词+时间量词+多	1	1	6	7
4. 系位构造+度量衡量词+多	11	4	15	19
5. 系位构造+时间量词+多	8	15	1	16
6. 系位构造+多+度量衡量词	3	2	6	8
7. 系位构造+多+容器量词	9	13	4	17
8. 系位构造+多+时间量词	1	3	4	7
9. 系位构造+多+个体量词	6	5	10	15
10. 系位组合+多+度量衡量词	6	6	9	15
11. 系位组合+多+时间量词	16	18	11	29
12. 系位组合+多+个体量词	9	9	8	17
13. 系位构造+来+度量衡量词	13	12	13	25
14. 系位构造+来+时间量词	20	18	19	37
15. 系位构造+来+个体量词	14	9	18	27
16. 系数词+度量衡量词+来	12	11	12	23
17. 系位构造+度量衡量词+来	15	14	14	28
18. 百+把+量词	18	18	16	34

（续上表）

类型	习得顺序	句型转换题正确率排序	选词填空题正确率排序	次序和
19. 千+把+量词	19	17	19	36
20. 万+把+量词	17	16	16	32

为了更加清晰地展现这二十个类型的综合排序，我们把得到的数据放入坐标图中，如图3所示：

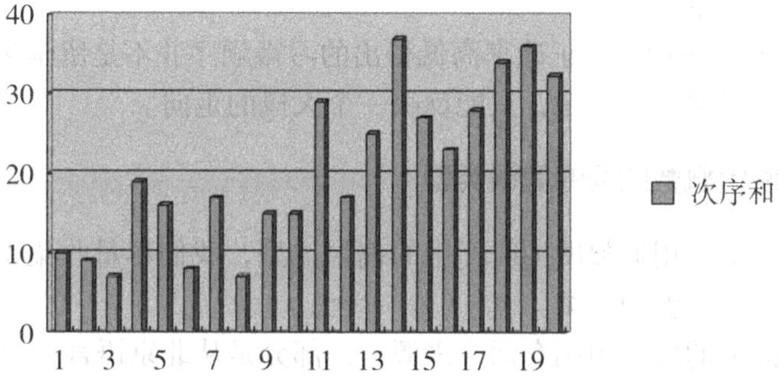

图3　各类型正确率综合排序

图3是这二十个类型的正确率的综合排序，纵坐标轴的数值越小，说明这个类型的次序和越小，也就是说留学生越容易习得这一类型，如图3中类型3（系数词+时间量词+多）和类型8（系位构造+多+时间量词）的次序和均为7，数值最小，这说明这两个类型是留学生最易习得的，其他较易习得的类型有：类型6（系位构造+多+度量衡量词）、类型2（系数词+容器量词+多）和类型1（系数词+度量衡量词+多）。较难习得的类型是：类型14（系位构造+来+时间量词）、类型18（百+把+量词）、类型19（千+把+量词）和类型20（万+把+量词）。

2. 测试结果的比较分析

（1）对比表5和表6，我们可以看出：不论是句型转换题还是选词填空题，“把”的正确率都明显偏低。“来”次之，“多”最高。这是因为留学生在习得过程中最早接触“多”，且“多”在教材中出现率较高，而“来”和“把”的出现率要低得多，留学生由于对这些词的使用没有把握，因此会选择词汇意义区别不太大的“多”来代替。

（2）调查结果清楚地显示，同样是数量结构与“多”组合而成的类型，“多”在量词前面的组合系列比“多”在量词后面的组合系列正确率要高得多；常见量词比不常见量词正确率要高，数词小的比数词大的正确率要高。

（3）从表7中可以看出：某些结构类型的正确率在不同的题型中占据不同的位置，如类型3、6、8、4、9、10在句型转换题中排序靠前，但在选词填空题中排序靠前的却是类型2、5、1、7、8、6。同一个结构类型在不同的题型中有不同的正确率排序。如类型3在句型转换题中正确率居第一位，在选词填空题中则居于第七位。再者，某些结构类型差异较大，但是正确率却是相同的，如在句型转换题中，类型12和类型15的正确率相同，但是类型12中的数词结构是系位组合，而类型15中的数词结构是系位构造。在选词填空题中，类型2和类型5均居第一位，但这两个结构的数词不同，量词也不同，类型2的数词是系数词，量词是容器量词；类型5的数词是系位构造，量词是时间量词。

（4）总的来说，我们根据正确率高低得出的习得顺序并不是留学生习得顺序的精确反映，也不是绝对的习得顺序，只能反映一个大概的走向。

五、留学生使用概数助词的偏误类型

为了归纳留学生使用概数助词时产生的偏误类型，我们尽量收集留学生自然语料中的偏误，并对其进行整理归类。

本文中概数助词的偏误用例有两个来源：一部分是从北京语言大学的HSK留学生高等作文语料库①中选出来的，这部分的偏误用例不多。另一部分来自问卷中的病句。经过分析和整理，共得到125例，其中“多”的偏误用例有62例，“来”的偏误用例有21例，“把”的偏误用例有42例。这里有两点情况需要说明：

一是问卷中同一道题不同的人选用不同的概数助词作答，在分析统计的时候可以分析为几个偏误情况，分别放在不同的概数助词中作分析，如：

＊这个吊坠重3多克。

＊这个吊坠重3来克。

这两个句子来自句型转换题，题目要求留学生把句子画线部分转换成概数表达形式，并提示有可能用到概数助词“多”“来”和“把”，留学生在作答时选用的概数助词并不统一，我们把它们分别放在“多”和“来”的偏误类型中作分析，故记作两例。

二是一个偏误用例可能有两种或两种以上的偏误类型，在分析统计时可以分析为几种偏误情况就记为几例，分别放在不同的偏误类型中作分析，如：

① 本文所选语料均来自这个语料库，后面的例句将不再作注说明。

＊我也许能借个一万两多银子给你。

＊我也许能借个一万两银子多给你。

这两个句子来自选词填空题，题目要求留学生选择合适的概数助词填在句子中的合适位置，留学生在作答时把“多”放在不同的位置，这两个用例的偏误类型并不相同，第一个用例属于“多”与量词的错序，第二个用例属于“多”与名词的错序，故记作两例，分为两种情况进行分析。

我们对收集到的偏误用例先按照“多”的偏误、“来”的偏误和“把”的偏误分为三大类，再对三大类的具体偏误进行分析，具体情况如下：

（一）“多”的偏误

1. 错序

汉语是一种形态变化不发达的语言，形态上的变化主要靠虚词和语序来体现。错序指的是语言成分在表达中的顺序不合目的语的规则而造成的偏误。[①]“多”在数量名结构中有两种形式，一种是在数词的后面，一种是在量词的后面。什么时候放在数词的后面，什么时候放在量词的后面，由前面的数词和量词共同决定。错序偏误是留学生概数助词偏误中最为常见的类型之一，从调查问卷的情况来看，留学生对于“多”在句子中该放在什么位置上有较强的随意性，我们对搜集到的偏误用例进行如下归类：

（1）把“多”误放在量词之后。

当数词为个位非零的系位组合或系位构造时，“多”能进入结构“数＋多＋量＋名”中，此时量词的适用条件最为宽松，可以是能细分为更小单位的度量衡量词，也可以是不能细分为更小单位的个体量词、容器量词、动量词和集合量词。留学生由于对这一语法点的掌握程度不高，还是会出现一些偏误，偏误用例如下：

①爸爸一直从事警察工作，已经过了三十年多了。

②他死后已经过了十年多了。

③我们爬了20分钟多就爬到了山顶。

④出世一百天多的小孩就那么会摆动作。

⑤背着三十斤多重的行李爬山真累人。

⑥全年利润才三十亿元多。

⑦干了整整三年，他才挣了四千五百块多钱。

⑧当年玉米产量从每月一千吨多上升到五千吨。

---

① 鲁健骥．外国人学汉语的语法偏误分析//刘珣，张旺熹，施家炜．对外汉语教学论文选评：第2集（1991—2004）．北京：北京语言大学出版社，2008：228.

⑨我也许能借个一万两多银子给你。

⑩考试完，他的复习资料卖了一千多三百元。

⑪能把这一百袋多米都卖出去真是件美事。

⑫这么多所学校加起来也就容纳一万人多。

⑬马上就要离开了，最后亏本处理一百双多鞋。

⑭敲了二十下多里面也没反应。

⑮办个事真不容易，都跑了十趟多了。

⑯这次旅游我们拍了一百张多照片。

⑰他所认识的两百个多女孩子里边，就数她最特别。

⑱这儿少说也有一万匹多马。

⑲这个书包花了我五十块多钱。

⑳一百双多眼睛注视着周教授。

㉑山本有两百本多中文书。

上述例句中，数词为个位非零的系位组合或系位构造，量词有度量衡量词、集合量词、个体量词、动量词、时间量词等，“多”应放在量词的前面，而留学生却把“多”放在了量词的后面，不符合汉语的语法规则。

（2）把“多”误放在数词之后。

当数词为系数词或个位非零的系位构造时，“多”能进入结构“数＋量＋多＋名”中，但此时的量词应为能细分为更小单位的量词，如度量衡量词“斤”下面有可以细分的“两”，“米”下面还有“分米”“厘米”等；时间量词“年”下面有“天”，“小时”下面有“分钟”“秒钟”等。容器量词虽不如度量衡量词与时间量词那样具有相应的更小单位，但由于存在容器未满的情况，如“一瓶多”表示“比一瓶多，不够两瓶”，故容器量词也可进入此结构。而个体量词、动量词、集合量词修饰名词时，表示的量就是一个单位，不存在半个或零点几个单位的形式，很明显我们不能说“一个人多，一辆车多”，“人”与“车”以单个形式出现，不存在介于一和二之间的状态，因此这一结构中的量词不能为个体量词、动量词等。当“多”进入该结构时，整个结构表示比数词表示的数量大 1/10～1/2 个单位。如“1 米多”表示“1.1～1.5 米”。但留学生由于受之前已经习得的结构“数词＋多＋量词”的影响，容易过度泛化这一语法点，造成偏误，偏误用例如下：

㉒过去 35 多年的工作，它给父亲带来了什么呢？

㉓期末的时候，学生们有时一天要花 8 多个小时来复习功课。

㉔这只老母鸡下了一多篮鸡蛋。

㉕这个吊坠重 3 多克。

㉖刘翔跨110米栏只用了12多秒。
㉗淋湿的被子能拧出一多桶水。
㉘我们已经两多个月没见面了。
㉙春节期间很多蔬菜都卖到了8多块一斤。
㉚五十五多桌的酒席也算大规模了。
㉛最短的胡同只有9多米。
㉜天安门离这儿有二十五多里路。
㉝我们搬到这个城市有三十三多年了吧。
㉞一桶啤酒有23多杯。
㉟他们在上海买了72多公斤汽油。

上面例句中的数词均为系数词或者个位非零的系位结构，量词是可以细分为更小单位的度量衡量词、时间量词和容器量词，“多”应该放在量词的后面，而留学生却把“多”放在了数词的后面，造成了不符合汉语语法规则的偏误。

（3）把“多”误放在数量词之前。

“多”与数量结构组合，表示比数量结构所指的数量多时，“多”可以放在数词的后面，也可以放在量词的后面，但是绝不可以把“多”放在整个数量结构的前面。

㊱下午我们休息了多三个小时。
㊲爸爸已经多了六十岁，还是每天那样艰苦地工作，应该注意身体健康。
㊳他家离学校太远，多八百公里。

上面例句中的“多”均放在了整个数量结构的前面。

（4）“多”在系位结构内部的错序。

当数词为个位为零的系位组合时，此时的数词结构相对系数词和单一的系位构造来说要复杂些，“多”进入这样的结构时，不能放在量词的后面，应放在系位结构中最后一个位数词的前面。

㊴新发现的恐龙化石距今一亿多四千万年。
㊵据推测，地球已经存活了40亿多年。
㊶丰田召回问题汽车八多百万辆。
㊷12多亿公顷的森林变成了平地和沙漠。
㊸上次雪灾共发放三百多二十万包方便面。
㊹东京市区一共有八百万多人口。
㊺全国有一千万多亩农田种新型农作物。

㊻丰田召回问题汽车八百万多辆。
㊼火狐已经有两百万多次下载量。
㊽全年利润才三十亿多元。
㊾考试完，他的复习资料卖了一千多三百元。

上述例句中，例㊶把“多”直接放在系数词的后面，例㊴、㊸把“多”放在第一个位数词的后面，例㊹、㊺均把“多”放在最后一个位数词的后面，留学生对看似复杂的系位结构没有直观的认识，所以容易产生这样的偏误。

（5）“多”与名词的错序。

“多”与数量结构组合，表示比数量结构所指的数量多时，“多”可以放在数词的后面，也可以放在量词的后面，但是绝不可以把“多”放在名词的后面。

㊿我也许能借个一万两银子多给你。

这样的偏误不多，只有一例，但为求分析的全面，也在此列出。

2. 误加

误加多发生在这样一些语法形式上：在这些语法形式中，通常情况下可以/必须使用某个成分，但当这些形式发生了某种变化时，又一定不能使用这个成分。这时，初学汉语的外国学生就常常由于不了解这种条件的变化而仍然使用这个成分，因而出现偏误。① 概数助词“多”的误加偏误主要有以下几种情况：

（1）与其他表示不定数的副词混用。

汉语中表示概数的形式有多种，可以借助“大约、差不多、大概”等表示概数的副词，也可以借助“多”“来”“把”等概数助词。用其中任何一个结构都可以表示一个不确定的数，而留学生在使用的时候经常会同时使用两种结构，从而导致偏误。表示概数的“差不多、大约、大概”都是副词，后面加定数表示对数量、时间的不很精确的估计。数量词后面加“多”也表示不确定的数量、时间，只是有所偏重，偏向比数量结构所表示的数量、时间要多。在表达不确定的数量或时间时，只需要用这两种中的一种即可。

51从我的学校南门到那个出租车公司大约三十多米。
52他在大约四十多年的教学中，培养了许多著名学者、专家、有名人士等。
53她是我的小学老师，现在已经大约七十多岁了。

---

① 鲁健骥．外国人学汉语的语法偏误分析//刘珣，张旺熹，施家炜．对外汉语教学论文选评：第2集（1991—2004）．北京：北京语言大学出版社，2008：228．

㊹在一起差不多二十多年了，感觉还真挺好的！

㊺差不多一个多月才习惯。

㊻原来代沟的时间差异是大约三十多年。

上面的例句，例㊶、㊷、㊸、㊻中，既有副词“大约”，又有“多”与数量名结构的组合，造成语义重复，要么删去“大约”，要么删去“多”。例㊹、㊺既有“差不多”，又有数量名结构的组合，要么删去“差不多”，要么删去“多”。

（2）与“几”混用。

“几”表示的数量范围是“大于一而小于十”的一个不定整数词，后面接“量+名词”或者直接接名词，还可以用在“十、百、千、万、亿”等表示位数的词之前，表示一个不确定的数。而“多”是一个概数助词，与数量结构结合也可以表示一个不定量，因此这两种用法不能同时混用在一个数目当中。下面的例句中，“几”加位数词后无须再加“多”来增加数字的不确定性。

㊼这里离我奶奶家还有几十多里路。

㊽我现在只有几十多块钱，不够买一件皮大衣。

㊾况且，我也曾担任过中文学会里的主席，曾经管理过几十多名会员。

上面的例句把表概数的“几”当成了表确数的数词，后面再加“多”与数量结构，造成了语义的重复。

（二）“来”的偏误

1. 把“来”误放在数词后

结构“数+量+来+名”要求数词为系数词或个位非零的系位构造，量词为可以细分为更小单位的度量衡量词，如尺、斤、两、里等。

㊿我们常在海滩上拾到1来尺长的大海鱼。

(61)春节期间，很多蔬菜都卖到了八来元一斤。

(62)今天走了五来里路，累死我了。

(63)这箱葡萄有十二来斤重。

(64)很多女生一餐吃一来两饭。

(65)五十五来桌的酒席也算大规模了。

(66)这只老母鸡下了1来篮鸡蛋。

(67)天安门离这儿有二十五来里路。

(68)这个吊坠重3来克。

上述例句中的数词均是系数词或个位非零的系位构造，但部分量词不符合要求，如例⑯的量词为容器量词“篮”、例㉑的量词为个体量词“元”、例⑮的量词为集合量词“桌”，这些量词是不能进入这个结构的。此外，“来”的位置有误，应该在量词的后面，而上面例句中的“来”都放在了数词的后面。

2. 把“来”误放在量词后

结构“数+来+量+名”要求数词为个位为零的系位组合或系位构造，对量词的要求则比较宽松，度量衡量词、容器量词、时间量词、个体量词、集合量词、动量词均可以出现。但“来”后面不能空缺，必须有其他成分。这与“多”的情况不一样，“多”后面可以省略其他成分。如可以说“这箱葡萄有十二斤多”，但不能说“这箱葡萄有十二斤来”。要想用“来”表示概数，得在后面加上表度量的形容词“重”。

⑲玉龙雪山海拔五千米来。

⑳这儿少说也有一万匹来马。

㉑马上就要离开了，最后亏本处理一百双来鞋。

㉒能把这一百袋来米都卖出去真是件美事。

㉓这条河的出海口有4 000米来宽。

㉔上海用地需求量大，每年还要用十万亩来的土地。

㉕这个小池塘竟然能养一万斤来鱼。

㉖就连我单位的校图书馆也藏有一万册来书。

㉗至今全球已经进行了三千次来航天发射。

㉘我们搬到这个城市三十年来了吧。

上述例句中的数词均是个位为零的系位组合或系位构造，量词为度量衡量词、个体量词等，但是“来”的位置有误。“来”应该在数词的后面而不是量词的后面。

3. “来”在系位结构内部的错序

当数词为个位为零的系位组合时，此时的数词结构相对系数词和单一的系位构造来说要复杂些，“来”不能放在量词的后面，应放在系位结构中最后一个位数词的前面，而不是在整个系位组合的后面。

㉙新发现的恐龙化石距今一亿四千万年来。

㉚全年利润才三十亿来元。

上面的例句均把“来”放在了最后一个位数词的后面，造成了偏误。

（三）“把”的偏误

1. 不该用“把”而用“把”

我们所搜集到的留学生使用概数助词“把”的偏误用例中，不该用“把”而用“把”的偏误最多。不该用“把”而用“把”的偏误类型是指根据汉语的语法规则不能用“把”，留学生却用了“把”。“把”与数量名结构组合成一个表不确定数量的结构时，数词只能是前面不能加其他位数词的“百、千、万”，其他的数词都不能进入这个结构。留学生在学习汉语的初、中级阶段就已经学习过“多”和“来”，且“多”和“来”有很大的相似性，由于他们对出现在“数＋把＋量”中的数词和量词缺乏深刻的认识，很容易泛化已经学习过的语言规则，认为同样是概数助词的“把”和“多”“来”一样，能和多种类型的数词搭配。因此常常会产生以下偏误。

㉛一转眼，他已经是个二十把岁的青年了。
㉜他一个人喝了二十把杯酒。
㉝情人节最好卖的就是情侣装了，一天能卖九十把套。
㉞这九十把车粮食要是有个三长两短我实在是担当不起啊。
㉟他结束了五十把年的外交生涯。
㊱他活了二十把年，连个女朋友都没有。
㊲一个月跑二十把趟，真难为他了。
㊳乌龟最多时能生十把窝蛋。
㊴我写过20把篇短篇小说。
㊵最短的胡同只有十把米。
㊶他们在上海买了70把公斤汽油。
㊷这个书包花了我五十块把钱。

上面的例句中数词不符合要求，均不能用“把”，但用“多”或“来”既能符合结构要求，又能清楚表达意义。出现这一情况的原因主要是留学生没有掌握好什么时候该用“把”。

㊸12亿把公顷的森林变成了平地和沙漠。
㊹据推测，地球已经存活了45亿把年。
㊺印度一年的粮食产量只有2亿把吨。
㊻全球三大品种粮食有三亿把吨库存量。
㊼东京市区有八百万把人口。
㊽此次丰田全球召回问题汽车八百把万辆。
㊾中秋节单位要发放两百盒把月饼。

⑩一年三百六十把天，天天都有新闻。
⑩建那个厂只花了5 300把万元。
⑩语言大学有15 800把名学生。
⑩九月九日那天，有1 200对把新人登记结婚。

从形式上看，上面的例句都符合“数+把+量”的结构要求，但是这个结构对数词的要求比较高，只能是不带系数词的“百、千、万”，而上面例句中的数词多为比较复杂的系位结构，系数词或个位非零的系位结构均不能进入“数+把+量”结构。

⑩很多女生一餐吃一两把饭。
⑩你的对联确实难对，我对了9把对，满意的也只有两对。
⑩这个吊坠3克把重。
⑩淋湿的被子能拧出一把桶水。
⑩五十五把桌的酒席也算大规模了。

2. 数词前面多加系数词

“把”与“多”和“来”的一个很大的区别就是出现在“把”前面的数词很少，只有“百、千、万”，且“百、千、万”前不能再出现系数词，它前面默认“一”为系数词，但“一”通常都不写出来。下面的病句中，要么是加了系数词“一”，要么是加了其他系数词。

⑩曾发表过一百把篇文章的李军颇有一些文人洒脱。
⑩我这有一百把盒磁带，有人要买吗？
⑪中秋单位要发两百把盒月饼。
⑫玉龙雪山海拔五千把米。
⑬至今全球已经进行了三千把次航天发射。
⑭他这一生中一共写了一千把首歌。

上面例句中的数词是“百”和“千”，但前面加了系数词，不合汉语的语言习惯。

3. 把“把”误放在量词后

概数助词“把”与数量名结构组合时，只有一种形式，即“数词+把+量词+名词”，与“多”“来”不同的是：“把”只能出现在数词的后面，不能出现在量词的后面。留学生没有掌握这一知识点，容易出现以下偏误：

⑮钱锺书那百页把的《旧文四篇》值得一读。

⑯这个小池塘竟然能养万斤把鱼。

⑰这座小山比那些著名的巨大山峰要矮千英尺把。

⑱出世百天把的小孩照相就那么会摆动作。

⑲我也许能借个万两把银子给你。

⑳能把这百袋把米都卖出去真是件美事。

上述例句中的数词符合“把”进入数量名结构中的要求，但是“把”出现的位置不对，都放在了量词的后面。

4. 把“把”误放在数词前

“把”进入数量名结构中，只能放在数词的后面。留学生由于不能很好地把握这一知识点，在使用的过程中比较随意，有的把“把”误放在数词的前面，这说明留学生对“把”的掌握情况很不理想，偏误用例如下：

㉑这么多所学校加起来也就容纳把万人。

㉒这儿少说也有把万匹马。

六、影响习得的因素

在汉语作为第二语言习得的过程中，任何一个语法点的习得都涉及教师的教、学生的学以及教学内容三个方面。因此，我们在探讨影响习得的因素时，也需要从这三个方面着手。根据留学生概数助词的习得情况，我们主要从目的语、教材、教师、学生等方面探讨影响留学生习得概数助词的因素。留学生在使用概数助词的过程中所产生的偏误并不是单纯的由某一个因素导致的，而是多个因素相互交叉影响的结果。因此我们下面的分析主要是针对偏误产生的原因来进行的。

（一）概数助词与数量名组合内部结构的难度

1. 数词的繁简程度

我们把数词分成系数词、系位构造、系位组合三类来分别做调查，就是想考察数词的不同对留学生的习得是否产生影响。从我们最后统计得出的两种题型正确率的综合排序可以看出数词的繁简程度对留学生的汉语习得具有一定的影响力。留学生在使用汉语的过程中较少用到结构很复杂的数词，因此结构单一的系数词比表示数量意义大的系位构造、系位组合，如“一亿三千四百万，六千七百万”等更容易习得。

2. 量词的常见程度

从对外汉语教材中的例句来看，出现在概数助词与数量名组合的结构中的量词以“米、斤”等度量衡量词最为常见，其次是“年”等时间量词。而在我们的调查问卷中这两类量词所在的结构的正确率相对其他量词来说要高得多。常见的量词，如“年、岁、斤”等，相对于不那么常见的量词，如“桶、盆、排”等比较容易习得。

3. 概数助词本身的复杂性

就概数助词的本体研究来说，概数助词进入数量名结构时具有一定的复杂性。首先，概数助词进入数量名结构中对数词有要求，对量词也有选择性，且区分比较细微。其次，“多”“来”“把”这三个概数助词之间也存在着差异，“多”对数词、量词的限制条件最少，“来”次之，“把”与数词、量词的搭配最不自由，数词只有“百、千、万”，量词局限在度量衡量词与部分个体量词上。由于这三个概数助词与数量名结构组合的形式比较相似，且有部分数词与量词均可以出现在它们与数量名结构的组合中，留学生区别起来很困难。中国学生不会用错，是因为他们是以汉语为母语的，有语感优势，但是如果要他们说明使用的原因，为什么“多”有时在数词的后面，有时在量词的后面，他们也说不清楚。可想而知，对留学生来说，要正确使用概数助词表达一个不确定的量是比较困难的。

（二）目的语知识的泛化

目的语知识的泛化是指学生把已学的有限的、不充分的目的语知识，运用类推的方法，不适当地套用到目的语中有类似结构的语言现象中，造成了偏误，也叫作目的语知识的负迁移或过度概括。这类偏误普遍存在于不同母语背景的学习者身上，且在中、高级阶段偏误非常明显。

从对外汉语教学大纲与教材中，我们发现概数助词“多”出现得最早，在初级阶段就有。经过调查，我们发现留学生使用最多的是“多”，掌握得最好的也是“多”。因此“多”对后面两个概数助词“来”和“把”的影响是巨大的。留学生在使用“来”和“把”的时候很容易把“多”的规则套用到“来”和“把”上，从而产生一系列偏误。

首先，留学生在初学概数助词“多”时，总会套用结构“数词 + 量词 + 多”，这是他们最早接触的结构。没有弄清楚这个结构对数词是有要求的，从而类推出如下句子：

这个吊坠重 3 多克。

刘翔跨 110 米栏只用了 12 多秒。

这两个例句出错的原因是留学生掌握了较为常见的结构“数词 + 量词 + 多”后，通过这一结构创造了这两个句子，但是他们并没有认识到这个结构对数词的要求是个位为零的系位结构，从而导致了偏误的产生。

其次，留学生在学习概数助词“来”和“把”时，通常已经学习过“多”，他们对“多”能进入的数量名结构中的数词和量词有了一定的了解，但是这种知识是有限的、片面的，在学习“来”和“把”时，就会利用这些有限的知识去推导、归纳，想当然地以为表示概数的“来”和“把”也同样适用于类似的数量名结构，那么出现下面的偏误也就很自然了。

这箱葡萄有十二来斤重。

一转眼，他已经是个二十把岁的青年了。

很明显，上述例句是已学的目的语知识对后学知识的一种错误渗透，是一种过度泛化。

（三）教材及大纲中的编写

教学大纲是教学活动的指导，教学大纲设置的语法项目是编者编写教材，教师组织教学、检查教学质量的基本依据。因此，要考察一个语法项目的习得情况，需要先考察这个语法项目在大纲中的地位，偏离大纲的语法项目不应成为教学的重点，而大纲中出现的语法项目应该是教学的重要内容，也是学生必须掌握的知识点。如果说教学大纲对教学起到了间接的指导作用，那么教材对教学内容的影响是不容忽视的，教材既是教师教的蓝本，也是学生学的范本。教材对语言点的解释直接影响着教师的教学与学生的学习。

因此，我们既要考察教学大纲对概数助词这一语法项目的设置，也要考察教材对这一语法项目的编排。我们主要考察的大纲有《高等学校外国留学生汉语言专业教学大纲》《汉语水平等级标准与语法等级大纲》《对外汉语教学初级阶段教学大纲》。我们主要考察的教材有《汉语教程》《博雅汉语》《汉语会话 301 句》《新实用汉语课本》《现代汉语高级教程》。

1. 教学大纲对概数助词的描述

我们考察了《高等学校外国留学生汉语言专业教学大纲》对概数助词的描述。此大纲包括词汇表和语法项目表两部分，词汇表把留学生要学习的词汇以词汇表的形式列出；语法项目表则对留学生需要习得的语法形式予以展现，并稍作解释，部分重要的语法点还附有例句。“多”“来”“把”在这两个表中的情况如下：

（1）词汇表对概数助词的描述。

教学大纲附件一的词汇表中，“多”“来”“把”都有出现，但是并不是以概数助词的词性出现的，虽有提到“多”的这一用法，却说它是数词。而“来”和“把”的这一词性根本未提及，连这一用法也被忽略掉了。

（2）语法项目表对概数助词的描述。

教学大纲附件二的语法项目表分别列出了一、二年级和三、四年级的教学语法项目。通过考察，我们发现“多”“来”“把”均出现在词类教学中的数词小类——概数，但它们在教学顺序上是有区别的，分别出现在不同的级别中，其中“多”出现在一年级的语法项目中，“来”出现在二年级的语法项目中，而“把”则出现在三、四年级的语法项目中。

①一年级语法项目设置情况。

在数词下的概数小类中列出了一些含“多”的结构，如“两个多小时、两年多、二十多天、一千二百多、六百多万”等，没有解释说明。

②二年级语法项目设置情况。

在数词下的概数小类中指出“数词后可加表示概数的词语”，如“来”“左右”“前后”“上下”“近”等。可说：十来个。同样没有解释说明。没有对能与“来”组合的数词和量词做更详细的区分，对“来”出现在量词之后的情况未做说明。

③三、四年级语法项目设置情况。

与“多”和“来”一样，“把”也出现在数词下的概数小类，并说明了“把”能与“百”“千”“万”连用。举出的例句有：“我身上只有百把块钱了。”“那个礼堂坐得下千把人呢。”但是这点简单的说明并不够，留学生在调查问卷中的正确率极低。

由此，我们可以看出教学大纲对这一语法点的设置并不合理。对个别语法点的强调提高了留学生使用时的正确率，对其余语法点的忽略也导致了留学生使用时偏误率过高。总的来说，词汇大纲的要求与语法项目的设置并不一致。“把”的概数助词属性也是需要留学生掌握的，但它在词汇大纲中并没有出现。另外，语法项目表对概数助词出现在数量名结构中的语法点的描述过于泛化，不够细致，举例式的列举也比较片面。教学大纲对教学活动应达到的目的和留学生的习得没有做出要求，也没有对这一语法点进行分级排序，零星的介绍不能引起教学上的足够重视，这容易导致教师在教学的时候无章可循，影响留学生的习得。

2. 教材对概数助词的描述

教材是课堂教学的直接依据，教材的编写对留学生习得的影响是十分直接的。留学生主要通过教师讲解教材上的内容来学习具体的语法知识，因此教材对留学生习得语法知识的影响最大。一部好的教材，是教学成功的前提。但是在教材的编写过程中，由于需要渗透给留学生的语言知识量是非常庞大的，某些语言点存在疏漏是很常见的，某些语法点的讲解不够细致，缺乏连贯性和整体性也是常有的事。我们先来考察一下目前使用比较广泛的几本教材中概数助词的编排情况，看看教材对概数助词的讲解是否能帮助留学生很好地习得这一语法点。因此，我们对所研究的二十种结构在相应教材中的出现情况做了一个统计，具体情况见表 8：

表 8　教材中概数助词的编排情况

类型	《汉语教程》	《博雅汉语》	《汉语会话 301 句》	《新实用汉语课本》	《现代汉语高级教程》	合计
1. 系数词 + 度量衡量词 + 多	√	/	/	√	/	2
2. 系数词 + 容器量词 + 多	/	/	/	√	/	1
3. 系数词 + 时间量词 + 多	√	/	√	√	√	4
4. 系位构造 + 度量衡量词 + 多	/	/	√	/	/	1
5. 系位构造 + 时间量词 + 多	√	/	√	√	/	3
6. 系位构造 + 多 + 度量衡量词	/	√	√	√	/	3
7. 系位构造 + 多 + 容器量词	/	/	/	√	/	1
8. 系位构造 + 多 + 时间量词	√	√	√	/	√	4
9. 系位构造 + 多 + 个体量词	√	√	√	/	√	4
10. 系位组合 + 多 + 度量衡量词	√	√	/	√	/	3
11. 系位组合 + 多 + 时间量词	/	/	/	√	/	1
12. 系位组合 + 多 + 个体量词	√	/	/	√	/	2
13. 系位构造 + 来 + 度量衡量词	√	√	/	/	√	3
14. 系位构造 + 来 + 时间量词	/	√	/	/	/	1
15. 系位构造 + 来 + 个体量词	√	√	/	/	√	3
16. 系数词 + 度量衡量词 + 来	√	√	/	/	√	3
17. 系位构造 + 度量衡量词 + 来	√	√	/	/	/	2
18. 百 + 把 + 量词	/	/	/	/	√	1
19. 千 + 把 + 量词	/	/	/	/	√	1
20. 万 + 把 + 量词	/	/	/	/	√	1
合计	11	9	6	9	9	

通过表 8 我们可以发现，教材中对概数助词的讲解主要存在以下几个问题：

（1）编排不系统，过于集中。

对外汉语教材种类繁多，每种教材对语法点的选用都不尽相同，从我们总结出来的这二十种结构来看，有的教材只选用了几个比较常用的结构，如结构3“系数词+时间量词+多”在4种教材中都出现过，而结构18“百+把+量”、结构19“千+把+量”和结构20“万+把+量”只在《现代汉语高级教程》中出现过。尽管不是每一本教材都出现了二十种结构，但是总体来看是全的。不过它们很多是以短语的形式直接在课文中出现，很少出现在课后的语法知识讲解里，没有一本教材对数词和量词进行分类，告诉留学生当“多”出现在数词之后时，前面的数词有哪些；当“多”出现在量词之后时，前面的数词应该为何种形式。笼统的概括对留学生的习得不利，不能具体实际地指导留学生的学习，最终导致产生各种不符合汉语语法规则的句子。

从表8中我们可以看出，教材中出现最多的结构为3、8、9，四种教材中都出现过；其次是5、6、10、13、15、16，有三种教材出现过。尽管如此，这些结构的掌握情况也并不是很理想。

（2）讲解过于简略。

教材对“多”“来”“把”这三个概数助词的讲解都过于简单。以《汉语教程》为例，“多”最早出现在第一册的第十五课，原文是“大概一百多个职员”，“多”作为生词出现，课文的标注是“数词”，课后的语法知识并没有详细介绍这一结构的具体用法，课后的练习只是出现在语音部分，要求留学生熟读几个含“多”的短语。在第一册下中再次提到“多”，有“多”出现在量词后的“五斤多”和“多”出现在数词后的“二百多块”，但是教材没有对这两种不同的结构进行详细的说明，没有介绍“多”何时出现在数词的后面，何时出现在量词的后面。《汉语教程》忽略了与“多”有类似功能的“来”和“把”。这样的情况不限于《汉语教程》，《新实用汉语课本》《汉语会话301句》也都只有“多”，《博雅汉语》中有“来”。

教材都把“多”“来”“把”当作数词，以生词的形式出现，课后的解释很简单，对概数助词进入数量名结构的细微区别，以及各自的限制条件基本没有涉及。如“来”与“多”的表义不同，搭配的数词、量词的区别根本就没有讲到，留学生在使用时，经常会出现偏误，连高级阶段的学生也会用错。

（3）缺乏课后练习。

表9　练习题题型

教材	练习题题型			
	朗读	句型替换	选择填空	看图说话
《新实用汉语课本》	+	+	—	—
《汉语会话301句》	—	—	—	—

（续上表）

教材	练习题题型			
	朗读	句型替换	选择填空	看图说话
《汉语教程：第一册下》	+	—	—	—
《博雅汉语：初级起步 2》	—	—	—	+
《博雅汉语：准中级 2》	—	—	+	—

朗读对教学比较有效，留学生可以通过不断的朗读培养对概数助词出现在数量名结构中的感性认识。但是从表 9 可以看出，只有一部教材采用了这种练习方式。上述教材对这一语法点的课后练习设计得非常少，这样的处理方式既不利于留学生对这个知识点的巩固和提高，也会造成教师对这一知识点的忽视。选择填空题能有效地反映出留学生能否把概数助词填入句子中的合适位置，留学生通过大量的练习可以熟练掌握概数助词在数量名结构中的位置，从而减少或避免一些明显不符合汉语规则的偏误出现。从表 9 中可以看到，只有一部教材采用了这种练习方式。而在调查问卷中，我们发现语序问题非常严重。因此，我们认为教材中练习题的涵盖面应该更加宽一些，不能仅局限在少数数词和量词上，也要涉及一些结构比较复杂的数位组合，以及留学生在使用汉语时可能会用到的一些结构，重复地使用少数结构类似的数词与部分常用量词，只会造成留学生对这一语法点的掌握产生偏颇。

总之，教材对概数助词的定位不清，处理方式过于简单，讲解过于简略，课后用来巩固学习的练习严重不足，导致留学生对这一语法点的习得情况不太乐观，影响了他们在交际与写作时的运用。要想较好地完成这一教学任务，让留学生更加全面地掌握这一语法点，教材的编写还要不断吸收本体研究的成果，加强课后练习的设计，让留学生在不断的练习中巩固这一语法点。

（四）教师的教学

汉语水平考试大纲中有用概数助词表概数的语法点，在汉语的实际运用中这也是一个非常常用的语言点，尤其是在口语中。但是由于教材对这一语法点的介绍非常有限，有些教材甚至没有对它作任何介绍，而大部分对外汉语教师在教学时都是按照教材上的解释和说明来进行教学的，当教材的编写不够充分，解释中存在不足之处，而教师本身也没有对这些语言点进行深入的研究时，就会造成教师在课堂教学中对它的忽视。语法知识的学习主要靠教师的讲解，如果教师仅仅告诉留学生这个结构表示的意义，而不对与它们搭配使用的数词和量词的种类以及在结构中的位置做说明，留学生在阅读的时候可能能明白这个结构的意思，但是在自己写作或与人交际时，就不太会用了，就算用了也会出现很多错误。我们的调查问卷显示，63.6% 的留学生认为教师没有详细地讲过这些结构，同时还有 54.5% 的留学生认为教材上的解释不够详细，过于简单。这些都很好地说明了教师在教学中存在的不足。

七、留学生的学习策略

回避指学习者在交际过程中，遇到困难时有意地忽略目的语规律而造成的偏误。如在我们的调查问卷中，在问到留学生要表示一个不确定的量时会怎么说，只有30%的人选择“多”加数量名结构。同样的，在我们检索的语料库中，出现这样偏误的句子并不多，且偏误类型比较单一，HSK考试是一个检验考生汉语水平的权威考试，留学生在考试中对于自己不是很确定的语言点不敢过多地使用，这正是他们回避心理的一个很好的表现。

从习得顺序可以看出，概数助词“来”对数词、量词的限制性更强，相对于“多”来说，要复杂些，留学生常用“多”代替“来”。“把”的限制条件更多，他们往往采取“回避”的策略，使用得很少。从我们的调查问卷中就可以看出（见表10）：

表10 留学生使用“多”“来”“把”的情况

这个小孩身高（ ）。	A. 大概/约一米	B. 一米左右	C. 一米多	D. 一米把高	E. 一米来高	F. 米把高
	0（0%）	19（65%）	8（27.5%）	1（3.4%）	1（3.4%）	
他的孩子都已经（ ）了。	A. 大概/约十岁	B. 差不多十岁	C. 十岁左右	D. 十来岁	E. 十多岁	F. 十把岁
	0（0%）	9（29%）	1（3.2%）	0（0%）	21（67.7%）	
足球俱乐部人非常多，（ ）。	A. 大概/约一百个人	B. 差不多一百个人	C. 一百个人左右	D. 一百来个人	E. 一百多个人	F. 百把个人
	6（18%）	8（25.8%）	4（12.9%）	1（3.2%）	12（38.7%）	
中国文化有（ ）的历史。	A. 五千多年	B. 五千年左右	C. 差不多五千年	D. 大概/约五千年	E. 五千来年	F. 五千把年
	21（65.6%）	5（15.6%）	2（6.2%）	1（3.1%）	3（9.3%）	

留学生在表示一个不确定的数量时，用“来”和“把”的都很少。

八、概数助词教学启示

在对偏误进行原因分析后，我们发现要让留学生更好地掌握这一知识点，既要从教的方面来进行改进，如教师既要熟悉这一结构，也要重视它在教学中的地位，并把汉语研究中的最新研究成果引进来；教材中的解释也应该更加全面、更加详细。同时，还要从学的方面进行提升，加强练习。

（一）深化本体研究，改进教材编写，细化语法解释

随着留学生学习的深入，他们必然会发现同是数词，为什么有的后面能加“多”，有的却不能，为什么“多”有时出现在数词之后，有时却只能放在量词之后。要弄清楚这些，就要加深“多”在数量名结构中的本体研究，把“多”出现在数量名结构中的限制条件一一列出，对于什么样的数词和量词其后可以加“多”应予以充分的说明。再把这些研究成果运用到教学中，而不是科研与教学脱节。目前的对外汉语教学中就存在着严重的科研与教学脱节的现象。近年的汉语研究中，越来越多的学者认为“多”在数量名结构中是一个表概数的助词，而我们的对外汉语教材中没有一本书有这样的说明，很多在一线从事教学工作的教师本身没有从事科研工作，对最新的研究成果也缺乏关注，留学生自然就不能从教材或教师那里获取正确的信息。

语言教学应及时吸收最新的研究成果，这样才能体现研究的价值。目前学界对“多”的研究日渐增多，学者们对“多”在数量名结构中的定位也日趋统一，认定它是一个表示概数的助词，关于“多”在数量名结构中的受限条件的论文也已经有几篇了。但目前通行的教材都一致把“多”当作数词，这无疑会给留学生的汉语学习带来负面影响。除此之外，教材对数量名结构中的数词、量词、名词、数量结构、量名结构等知识的安排过于零散，什么样的数词、量词、名词能进入这个结构，进入这个结构之后要怎么互相结合，搭配的规则是什么，我们在教材中鲜见答案，更别说配套练习了，这种种问题更增加了留学生学习的难度。

编排教材时要吸收相关的研究成果。同时教材对概数助词出现在数量名结构中的语法说明也应该细化。汉语毕竟不是留学生的母语，他们没有相应的语感做支撑，只能通过学习过的语言规则来创造句子。教材应在充分分析留学生偏误的基础上，写出有针对性的说明，如“多”表示比前面的数词代表的数量意义多一小部分，而“来”表示介于前面的数词的左右，可多一些也可少一些，“把”的表义范畴与“来”类似，但是能与“把”搭配的数词和量词不如“来”的多，它的受限条件最多。如果不把与概数助词搭配的数词、量词解释清楚，留学生就难以真正掌握它们的用法，也很难正确使用它们。

在教学活动中，教材占据着非常重要的地位。教材质量的高低反映教学研究的深浅，教材内容的分布在很大程度上决定教学内容的轻重。教材编写水平直接影响着留学生在教师之外获得语言知识的多寡，影响其交际能力的提升。

（二）教师主动弥补教材的不足

没有十全十美的教材，教材的编写总是会有不足的地方。教师应该及时弥补教材的缺陷，否则解释不周全、缺乏针对性容易导致留学生使用时产生偏误。现代汉语语法学界对某些语法难点的研究成果比较多，如“了”“把”，减轻了学习者的负担；

对某些语法点的研究还有所欠缺，如概数助词，目前的对外汉语教材都用数词来为它们做标注，这势必会影响学习者的习得，这时教师有责任主动补充教材不足的地方。若教师一味依赖教材上的现成知识，则会降低教学质量。

（三）分阶段教学，比较异同

现行教学大纲把“多”“来”“把”分别放在初、中、高级阶段，这样的分配是合理的，符合留学生的习得顺序。但是教材并没有同步，对“来”和“把”的讲解过于简单。我们通过考察推断出“系数词+时间量词+多”“系数词+容器量词+多”“系位构造+多+时间量词”相对而言使用较多、产生的偏误较少，适宜在初级阶段教；含“来”的结构难度有所加大，应放在中级阶段教授，但需注意它与“多”的区别，用法相同的部分可以少讲，重点应该放在二者不同的地方，对比教学可以让留学生清楚地明白“多”与“来”的不同，它们不能完全互相替换。使用较少、限制条件较多的“把”应放在高级阶段学习。高级阶段的学生已经学习过“多”和“来”，对概数助词与数量名结构组成的表概数的结构也有了一定的了解，此时教学时拿三者做比较即可。

（四）加强练习

教学相长，除了在教材中要引入新的相关研究成果外，在课后还要引入适当的练习，好的教学要结合大量的练习，而目前的教材几乎没有配套的练习让留学生及时巩固。但是，练习的设计不能只是为了练习，应该是有目的、有步骤的。在不同的学习阶段，练习的侧重点应有所不同。另外，教师在讲解这一知识点的时候也可以用平时搜集到的留学生的错误例句，把留学生的错句直接拿来有针对性地讲解，使留学生的印象更加深刻，遇到那些有普遍性的语法错误，可运用已有的研究成果做出简明而又细致的说明。

九、结语

本文在第二语言习得理论的指导下，运用问卷调查、定量分析和对比分析等方法，对留学生中介语系统中的概数助词的习得情况进行了研究。从错序、误加等方面总结了留学生的偏误类型。通过问卷调查对汉语概数助词二十个结构类型进行了定量研究，考察了概数助词二十个结构类型的习得顺序，通过正确率的高低来确定概数助词的习得顺序，正确率越高表明该结构越容易习得，其习得顺序越靠前。结合偏误类型，从五个方面进行了探讨。针对概数助词的习得情况，从深化本体研究，改进教材编写，细化语法解释；教师主动弥补教材的不足；分阶段教学，比较异同；加强练习等四个方面提出教学建议。根据以上研究，我们得出以下结论：

（1）留学生习得汉语概数助词的偏误类型主要有错序与误加两种。

（2）留学生在习得汉语概数助词二十个结构类型时，存在一定的顺序（见表7或图3），该顺序是一个相对的习得顺序。

（3）影响留学生习得汉语概数助词的主要因素有：概数助词与数量名组合内部结构的难度、目的语知识的泛化、教材及大纲的编写、教师的教学以及留学生的学习策略。

由于本人水平有限，对某些理论的理解不够深刻，使本研究存在一定的局限性，暴露了一些不足。

（1）调查对象有限，通过调查问卷获得的偏误用例也比较有限，这在一定程度上削弱了结论的说服力。

（2）调查问卷的设计有待进一步商榷。由于同类研究较少，调查问卷的题目设计有一定的试探性，与最全面、最科学的调查问卷存在差距。如果调查问卷的设计有一个量化的标准，得到的数据会更加可靠。

（3）由于本人教学经验有限，提出的教学对策不够深入有力，难免有所疏漏。

（4）研究语言习得顺序是一个复杂的过程，我们不能仅仅通过一次简单的调查就下定论，调查研究要反复修正。

（5）本研究的研究思路有待进一步打开，除了借助本体研究的成果，还要搜集更多国外相关研究资料，以获得更大的帮助与启发。

参考文献

［1］黄伯荣，廖序东．现代汉语．北京：高等教育出版社，1988.

［2］太田辰夫．中国语历史文法．蒋绍愚，徐昌华，译．北京：北京大学出版社，1987.

［3］向熹．简明汉语史．北京：高等教育出版社，1993.

［4］李宇明．汉语量范畴研究．武汉：华中师范大学出版社，2000.

［5］史有为．从语义信息到类型比较．北京：北京语言文化大学出版社，2001.

［6］黄氏昭鶵．越南学生汉语“数量名”结构偏误分析．桂林：广西师范大学，2008.

［7］张卫国，梁社会．概数的性质及语义解释．信阳师范学院学报，2003，23（3）.

［8］杨瑜．试谈对外汉语教学中概数词“多”的教学．科技信息，2008（20）.

［9］王改改．概数词“来”的语义调查和研究．汉语学习，2001（6）.

［10］尹海良．概数格式“数＋（量）＋来＋的”及“来的”词汇化．青海民族学院学报，2009（2）.

［11］杜晓艺．概数助词“来”的句法分布．高等函授学报（哲学社会科学版），2006（6）.

［12］马彪，王大新．数（量）词后的“来”表示多少——也从“五十来岁”谈起．汉语学习，2002（1）.

[13] 肖牡丹. 概数词“把”的历史考察. 语言应用研究，2008（30）.

[14] 杜晓艺. 概数助词“把”的分布状况刍议. 语文学刊，2005（5）.

[15] 张爱民，吴剑锋. 概数助词“把”字的语法分析. 徐州师范大学学报（哲学社会科学版），1999（1）.

[16] 张谊生. 试说概数助词“把”. 暨南大学华文学院学报，2001（3）.

[17] 杨德峰. 表示概数的“多”和“来”的全方位考察. 汉语学习，1993（3）.

[18] 张谊生. 概数助词“来”和“多”. 徐州师范大学学报（哲学社会科学版），2001（3）.

[19] 陈淑梅. 谈约量结构 X 把. 语言研究，2004，24（4）.

[20] 李晓飞. 现代汉语“来”及其语法化. 扬州：扬州大学，2009.

[21] 丛冰梅. 汉语约量的表达研究. 延吉：延边大学，2004.

[22] 彭玉兰. 现代汉语约量表达及相关问题研究. 南京：南京师范大学，2007.

[23] 吴世雄. 论从认知角度研究模糊语言的重要意义. 福建师范大学学报（哲学社会科学版），1996（1）.

[24] 于晶晶. 数量模糊表达方式的研究. 武汉：华中科技大学，2006.

[25] 杨娟. 现代汉语模糊量研究. 南京：南京师范大学，2007.

[26] 丛冰梅. 与约量表达相关的副词研究. 语文学刊，2010（3）.

[27] 张谊生. 助词与相关格式. 合肥：安徽教育出版社，2002.

[28] 冯雪燕. 古汉语数量结构研究. 重庆：西南师范大学，2001.

[29] 詹姆斯. 语言学习和语言使用中的错误：错误分析探讨. 北京：外语教学与研究出版社，2008.

[30] 哈切. 词汇、语义学和语言教育. 北京：外语教学与研究出版社，2003.

[31] 布朗. 语言学习与语言教学的原则. 北京：外语教学与研究出版社，2002.

[32] 周小兵. 对外汉语教学入门. 广州：中山大学出版社，2004.

附　录

调查问卷

性别：________　国籍：________　母语：________　年龄：________

汉语水平：非常好□　比较好□　一般□　不太好□　很不好□

学习汉语时间：______________　HSK 水平：______________级

1. 以下汉语表达，你学习过哪些？
   （1）七十二公斤多　（2）二十多岁　（3）五百多万度电
   （4）三千五百多米宽　（5）十来块钱　（6）十块来钱
   （7）二十来万个人　（8）十二米来长　（9）百把号人
2. 老师上课的时候详细讲过以上结构吗？
   A. 重点讲了　B. 一般　C. 讲了一点　D. 没讲
   E. 不清楚
3. 课本上的解释你觉得详细吗？
   A. 很详细　B. 一般　C. 不详细　D. 课本上没有
   E. 不清楚
4. 你觉得以上结构难学吗？
   A. 很难　B. 一般　C. 不难　D. 比较难
   E. 不清楚
5. 你平时说话或写作文的时候会用到这种结构吗？
   A. 经常用　B. 偶尔用　C. 很少用　D. 从来不用
   E. 不清楚
6. 你的母语中有类似的表达吗？
   A. 有　B. 没有　C. 不清楚
7. 如果有，那它和汉语中的表达一样吗？
   A. 一样　B. 大部分一样　C. 小部分一样　D. 不一样
8. 要表示一个不确定的数量时，你会怎么说？

（1）这个小孩身高______。

A. 大概/约一米　　B. 一米左右　　C. 一米多
D. 一米把高　　E. 一米来高　　F. 米把高

（2）他的孩子都已经______了。

A. 大概/约十岁　　B. 差不多十岁　　C. 十岁左右
D. 十来岁　　E. 十多岁　　F. 十把岁

（3）足球俱乐部人非常多，_____。

A. 大概/约一百个人　　B. 差不多一百个人　　C. 一百个人左右
D. 一百来个人　　E. 一百多个人　　F. 百把个人

（4）中国文化有______的历史。

A. 五千多年　　B. 五千年左右　　C. 差不多五千年
D. 大概/约五千年　　E. 五千来年　　F. 五千把年

测试卷

一、句型转换（把下面表格中左边句子的画线部分改成概数的表达形式，你可能会用到“多”）

例句：教室里有一百零五个人。改为：教室里有一百**多**个人。

教室里有一百零五个人。改为：教室里有一百**来**个人。

教室里有一百零五个人。改为：教室里有百**把**人。

原句	改为
1. 期末的时候，学生们有时一天要花8.3个小时来复习功课。	期末的时候，学生们有时一天要花（　　　）来复习功课。
2. 这只老母鸡下了1.5篮鸡蛋。	这只老母鸡下了（　　　　　）鸡蛋。
3. 这个吊坠重3.2克。	这个吊坠重（　　　　　　　）。
4. 如果一个人一天浪费一张纸，那全国一天会浪费13亿张。	如果一个人一天浪费一张纸，那全国一天会浪费（　　　　）张。
5. 他们在上海买了72.5公斤硫酸。	他们在上海买了（　　　　　　）硫酸。
6. 刘翔跨110米栏只用了12.87秒。	刘翔跨110米栏只用了（　　　　　）。
7. 这条河的出海口大约有3 531米宽。	这条河的出海口有（　　　　　　）宽。
8. 这110车粮食要安全送到县城。	这（　　　　　　　　）车粮食要安全送到县城。
9. 一年365天，天天都有新闻。	一年（　　　　　　　　　）天，天天都有新闻。
10. 语言大学有15 803名学生。	语言大学有（　　　　　　　）名学生。
11. 12亿公顷的森林变成了沙漠。	（　　　　　　　）的森林变成了沙漠。
12. 据推测，地球已经存活了44亿年。	据推测，地球已经存活了（　　　　　　）亿年。
13. 最短的胡同只有9.8米。	最短的胡同只有（　　　　　　）米。

（续上表）

原句	改为
14. 再过11天中小学就要开学了。	再过（　　　　　　）天中小学就要开学了。
15. 我们常在海滩上拾到0.8尺长的大海鱼。	我们常在海滩上拾到（　　　　　　）的大海鱼。
16. 我今天买了12.3米长的布。	我今天买了（　　　　　　）长的布。
17. 我写过18篇短篇小说。	我写过（　　　　　　）篇短篇小说。
18. 我这儿有98本书，有人要买吗？	我这儿有（　　　　　　）本书，有人要买吗？
19. 一本集邮册可以放998张邮票。	一本集邮册可以放（　　　　　　）张邮票。
20. 一个矿一年只产10 001吨煤。	一个矿一年只产（　　　　　　）吨煤。

二、选词填空（把概数助词“多”“来”“把”填在句子中合适的位置）

1. 很多女生一（　）餐（　）吃一（　）两（　）饭。
2. 淋湿的杯子能拧出（　）一（　）桶（　）水（　）。
3. 我们已经（　）两（　）个（　）月（　）没见面了。
4. 天安门离这儿有二（　）十（　）五（　）里（　）路。
5. 我们搬到这个城市有（　）三（　）十（　）三（　）年（　）了吧。
6. 背着（　）三（　）十（　）斤（　）重（　）的行李爬山真累人。
7. 中秋时学校要发（　）两（　）百（　）盒（　）月饼给学生吃。
8. 他（　）五（　）十（　）年（　）的外交生涯结束了。
9. 东京市区一共有（　）八（　）百（　）万（　）人口（　）。
10. 全国有一（　）千（　）万（　）亩（　）农田（　）种新型农作物。
11. 新发现的恐龙化石距今一（　）亿（　）四千（　）万（　）年（　）。
12. 丰田召回问题汽车（　）八（　）百（　）万（　）辆（　）。
13. 玉龙雪山海拔（　）五（　）千（　）米（　）。
14. 他活了（　）二（　）十（　）年（　），连个女朋友都没有。
15. 这个书包花了我（　）五（　）十（　）块（　）钱（　）。
16. 今天走了五（　）里（　）路，累死我了。
17. 这箱葡萄有十（　）二（　）斤（　）重。
18. 我也许能借个（　）万（　）两（　）银子（　）给你。
19. 当年玉米产量每月（　）千（　）吨（　）。
20. 钱锺书那本（　）百（　）页（　）的《旧文四篇》值得一读。

留学生汉语学习中“个”与时间词搭配的偏误分析

现代汉语中量词“个”与时间词搭配的名词性结构是一种较为常用的表达时间的方式，前人对“个”和时间词分别都进行过本体研究，但专门针对这一名词性结构的研究却相对欠缺。相关的偏误分析和对外汉语教学方面的研究也比较薄弱。研究方面的不足，导致教材的编排不科学和教学中缺乏足够的理论支撑，最终造成留学生在学习这一结构时产生困惑。我们在前人研究的基础上，总结了日常生活中常用的五大类“‘个’+时间词”的搭配，以初、中级韩国留学生为研究对象进行了问卷调查，并对偏误情况进行了统计分析，探寻偏误产生的原因，并结合原因给出科学有效的教学策略。

一、研究现状、研究理论基础、研究范围、研究思路、研究方法、研究目标

在与韩国留学生的日常交谈及其作业和考试卷中，我们不难发现这样的句子：

我学习汉语已经一个年的时间了。
上个周是运动会我们没有上课。
每个周天我都会去打高尔夫球。
…………

我们发现这些问题并非偶然出现，而是普遍存在于韩国留学生各个阶段的汉语学习当中，错误率很高，且屡修不改。鉴于此，我们认为有必要进一步探究韩国留学生在学习这一类表达时的具体情况以及造成这种错误的原因。

针对上述现象，我们对课堂教学、相关教材和相关研究做了初步调研，发现如下问题：

（一）研究现状

1．课堂教学方面

教学者没有对该问题进行追根溯源的思考，加上缺乏足够的理论支撑，故未能总结出切实有效的教学技巧。在课堂和作业中发现问题的时候，也仅限于提醒和纠正，甚至由于认为不影响交际而采取宽容的态度，最终导致留学生并没有弄懂、谙透这个问题，在书面和口头表达中依然会采取回避政策。

2．教材编排方面

教材大多根据话题内容进行编排，导致知识点的分布以零散罗列为主，缺乏系统

性，不利于教师科学地安排教学内容；配套练习题缺乏针对性，使留学生难以取得理想的练习效果；对相似知识点缺乏及时有效的归纳总结，无法帮助留学生理解和复习所学的内容。另外，对词义的解释比较模糊和简单，缺少比较辨析和语用功能方面的讲解，导致留学生对知识点的理解仅停留在了解的阶段。

3. *理论研究方面*

教学和教材当中出现的问题，很大程度上是因为没有足够的理论研究。事实上，一部分研究者已经关注到了这个问题，但由于本体研究中尚存在一些争议以及研究者缺乏教学实践，无法取得足够的语料，使得这一部分的研究显得相当薄弱。下面对本体研究和对外汉语方面的相关研究做简要总结：

（1）本体方面的研究。

①“个”的语源可以追溯到先秦时期，几百年来“个”的意义和用法都发生了很大变化，但学者们对“个”的研究从未停止。现代汉语中，对于量词“个”的语法功能已经研究得比较全面和透彻了，在此不一一赘述。最有代表性的量词研究专著是何杰的《现代汉语量词研究》[①]。

②目前，关于汉语时间词的研究尚存在一些争议，主要表现在：第一，在以吕叔湘的《中国文法要略》[②]、邢福义的《汉语语法学》[③] 等著作为代表的词类系统中，时间词没有独立地位，属于名词或者副词；但也有一些学者认为应该独立出一个词类为“时间词”，并提出其划分标准，代表性的著作有赵元任的《汉语口语语法》[④]，朱德熙的《语法讲义》[⑤] 和郭锐的《现代汉语词类研究》[⑥]，等等。第二，陆俭明在《说“年、月、日”》（1987）和《现代汉语时量词说略》（2000）中提出时量词的概念，认为“年、月、日、小时、分钟、秒”等表示时间的词属于量词。这些问题有的尚无定论，有的虽然争议不大但并未在整个学术界得以普及，这些问题必然会导致教材和课堂教学理论支撑不足。此外，一些学者，如吕叔湘、朱德熙、李向农等，虽然也关注了“个”与时间词搭配的问题，但他们认为留学生在使用“个”与时间词搭配时出现偏误的症结在于汉语时间词从语义角度可以分为时点词（表时间点）和时段词（表时间的长短），而留学生未能认识到这种区别，这样的说法虽然有一定的意义，但从教学实践来看，此解释并未真正解决留学生学习中的问题。

（2）对外汉语方面的研究。

对外汉语学界对留学生学习“‘个’+时间”的词搭配问题的研究目前还是空白，

---

① 何杰. 现代汉语量词研究. 北京：民族出版社，2001：153－176.

② 吕叔湘. 中国文法要略. 北京：商务印书馆，1982：16－18，69－77.

③ 邢福义. 汉语语法学. 长春：东北师范大学出版社，1996：160.

④ 赵元任. 汉语口语语法. 北京：商务印书馆，1979：232，244－250.

⑤ 朱德熙. 语法讲义. 北京：商务印书馆，1982.

⑥ 郭锐. 现代汉语词类研究. 北京：商务印书馆，2002.

一些文章中虽然提及此问题，但切入点大多借用本体研究结论，且对“个”的泛化或留学生未能分辨时点词和时段词等原因，一笔带过。此外，大部分相关文章研究范围比较宽泛，多从留学生量词偏误或时间词偏误等角度入手。

①相当一部分文章是从教学者的角度入手的，教学建议类文章较多。如，戴梦霞的《对外汉语名量词选用教学的一点探索》从语用角度提出名量词选用必须进入语境的原则。李亚丽的《汉语第二语言教学中量词教法探微》从个体量词的表形作用、量词之间的细微差别、量词短语与量词式结构三个不同方面探讨了汉语量词的特点。伏学凤的《汉语作为第二语言教学中的量词研究》主要采用自然语料分析法对学习者运用和习得量词的情况进行定性、定量的分析。代丹的《对外汉语教学中量词教学的研究》从量词的基本语法功能，量词和名词的选择等角度对量词进行研究。唐淑宏的《对外汉语量词教学的偏误分析》分析了当前对外汉语量词教学现状，指出教学、教材编写中存在的问题。

②偏误分析类的文章，也只是对偏误进行分类和特点描写，很少有对语言现象本身进行描述和分析的，理论和实际有所脱节。也有人尝试用中介语、习得理论对偏误出现的原因进行解释，这有利于我们在教学中对学习者可能会出现的偏误加深认识，预测学习难点，但此类研究的空间还很大。郭晓沛的《对外汉语量词教学的偏误分析》以《汉语水平等级标准与语法等级大纲》中的46个甲级量词为对象进行调查研究和偏误分析，探讨了外国人习得汉语量词出现偏误的原因，并提出了教学对策和建议。王敏媛的《汉语作为第二语言的名量词习得研究》通过对教师、汉语学习者进行问卷调查，分析现行教材，总结并描述了现阶段对外汉语名量词教学的现状。张婷的《外国留学生量词习得过程研究》通过个案调查和群案调查来展示汉语学习者量词的习得过程，考察量词习得策略，进而评价对外汉语教学中的量词教学现状。伏学凤的《初、中级韩国留学生汉语量词运用偏误分析》以初、中级韩国留学生作文为语料，进行统计分析和偏误分类。刘慧清的《初级汉语水平韩国留学生时间词使用偏误分析》对初级韩国留学生时间词偏误现象进行了梳理，尝试分类和原因分析。

（二）研究理论基础

1. 偏误的确定标准

“英国应用语言学家科德（Corder）1967年把学习者所出现的错误分为失误（mistakes）和偏误（errors）两种。失误是指偶然产生的口误或笔误，这种错误没有什么规律，说话者一旦意识到马上可以自己改正，以后同样的错误也不一定再次出现，不反映说话者的语言能力和水准。偏误则是指由于目的语掌握不好而产生的一种规律性错误，它偏离了目的语的轨道，反映了说话者的语言能力和水准，这类错误一般学习者自己难以察觉，也不易改正，同一错误会重复出现。”① 可见所谓失误是偶然

---

① 刘珣．对外汉语教育学引论．北京：北京语言大学出版社，2002：191－192.

发生的，并且没有什么规律性，偏误则是第二语言学习者在学习过程中不可避免的规律性错误，具有系统性，是学习者现时心理规则系统的外在表现。所以对偏误进行研究和分析，对研究习得过程有重大意义。

本文所发现和调研的偏误现象符合偏误标准，具有一定的代表性。

2. 偏误分析的方法

对偏误进行研究就是偏误分析，“偏误分析”是“中介语理论的一个组成部分”。中介语的研究可以分为两种，一种是对中介语性质的研究，一种是对中介语的描写。“偏误分析”属于后者，它主张通过对学习者第二语言偏误的描写来分析目的语习得的情况。所谓“偏误分析”，就是对学生学习第二语言过程中所犯的偏误进行分析，从而发现第二语言学习者产生偏误的规律，包括偏误的类型、偏误的原因、某种偏误产生的阶段性等。偏误分析的最终目的是了解第二语言学习的过程，使第二语言教学更加有针对性。① 中国最早引入偏误分析理论的是鲁健骥，他在 1984 年发表的《中介语理论与外国人学习汉语的语音偏误分析》一文中，首次引进“偏误”这个概念。

3. 产生偏误的原因

发现偏误，并进行偏误分析，并不是最终的目的。在留学生的二语习得过程中，每一个语言项目的偏误都是整个中介语系统的一个侧面，搞清楚每一个侧面的问题和原因，就可以更全面地了解整个中介语系统的面貌。“中介语”这个概念是由美国语言学家塞林格（Selinker）提出来的。他认为语言学习者在尚未掌握目的语，而又努力向目的语靠拢的过程中，会创造出一种应付交际需要的、具有独立性的系统，这个系统介于学习者的母语和目的语之间，他称之为“中介语”。中介语指在第二语言学习过程中，学习者通过一定的学习策略，在目的语输入的基础上所形成的一种既不同于其第一语言也不同于目的语、随着学习的进展向目的语逐渐过渡的动态语言系统。② 研究中介语有利于探索学习者语言系统的本质，揭示第二语言的学习过程及第一语言对这个过程的影响。本文充分利用中介语理论分析影响“‘个’+时间词”偏误的因素。

（三）研究范围

根据我们的观察，韩国留学生经常出现偏误的短语具有共同的结构特征，可将其归纳为一个名词性结构——“‘数词/方位词/指示代词/频度副词/疑问代词’+（量词‘个’）+时间词”③。此结构分为三部分，这三部分内容可以搭配组合成许多不同类型，我们只选取对外汉语教学大纲中规定的和教材中出现的内容进行总结④，对于初、中级韩国留学生未接触过或者不常用的搭配暂不做考察：

---

① 陈昌来．对外汉语教学概论．上海：复旦大学出版社，2005：246.

② 刘珣．对外汉语教育学引论．北京：北京语言大学出版社，2002：169.

③ 为方便表达，此结构在后文中均以“‘个’+时间词”代替。

④ “‘个’+时间词”的搭配情况将在调查问卷研究内容部分作说明。

1. 数词/方位词/指示代词/频度副词/疑问代词（见表1）

表1　本文所考察的词类

词类	举例
数词	一、二…… 半…… 十几…… 二十多…… 第一、第二……
方位词	上、下、前、后
指示代词	这、那
频度副词	整、每
疑问代词	多少、几、哪

2. 量词“个”

韩国留学生在学习这个结构的过程中，主要的偏误集中在是否要使用量词“个”上。量词是汉藏语系的特色词类。对中国人来说，量词是在语言习得过程中且从小在母语环境的熏陶下，逐渐熟悉而自然掌握的，很多规则性的东西早已习以为常，所以在日常表述目标短语或句子的时候，虽然大部分人不了解语法规则，却不会出错。而对于韩国留学生来说，量词“个”什么时候和什么样的名词搭配，如何搭配，都会对他们造成很大的困扰。虽然韩国留学生母语当中有量词，且这些量词多借自汉语，但韩语量词的搭配结构和汉语不同，故其在学习过程中仍会遇到很多困难。

3. 时间词（见表2）

表2　本文所考察的时间词

词类	举例
计量单位时间词	年 季、季度 月、月份 旬 星期、周、礼拜 天、日、号 时、小时 分、分钟 秒、秒钟

（续上表）

词类	举例
无定时间词	早晨、早上、清晨、中午、晚上…… 白天、夜晚…… 阶段、时期、时候、时代 下子、会（儿）、阵子、段（儿）
季节、节日及其他	春天、夏天、秋天、冬天 春节、情人节、圣诞节…… 学期、寒假……

这些表示时间的词语，本文为了表达方便，暂时称为“时间词”。这里所说的时间词并非语法概念上的时间词，而是指时间范畴内可以用于此结构的所有表示时间的词语。汉语表示时间的搭配方法有很多，这些时间词短语看起来很有规律性，实则不然。如以下意义相近或相似的时间词在意义和用法上都有严格的差别：汉语中有“一个小时”或“一小时”的说法，却没有“一钟头”；汉语中常用“一个星期”或“一个礼拜”，却不能说“一个周”。这类名词性结构由于相对开放和多变，甚至有语法、语义上的细微变化，母语者也不一定能辨析得清楚，留学生学习起来就更有难度。而且汉语词汇又特别丰富，同一个意思往往会有不同的表达和用法，特别是经过一段时间的学习，当学习者接触到更多的词汇和结构时，这类问题就显得尤为突出。如果对留学生只是一味地灌输单一的知识，而没有在充分研究此类偏误的基础上进行科学的归类和教学的话，那么留学生很容易将一些结构泛化或者将母语当中的规律迁移到目的语的学习当中，一旦形成，则难以纠正。最后的结果往往是留学生虽了解了越来越多的语言知识，却因为没有理解其含义和用法，导致真正掌握和常常使用的内容寥寥无几。

（四）研究思路

对于“‘个’+时间词”这一名词性结构，留学生在入门阶段开始接触，中级阶段完成基本学习。而目前存在的问题是：教师对于此知识点的教学不够科学合理，教材编排缺乏系统性，相关研究薄弱，这些问题直接导致留学生的学习和使用存在较大问题，且略显顽固。鉴于此，我们打算从以下六个方面进行研究和探讨：

第一，选取原真语料设计调查问卷，从深圳大学国际交流学院初、中级的韩国留学生中各随机抽取 15 人进行问卷调查。

第二，对问卷调查结果进行数据统计，并按照不同题型和所考察的结构类型进行描述，总结出不同级别的韩国留学生的偏误情况。

第三，根据具体的偏误情况进行分析，归纳出不同级别的韩国留学生在“‘个’+

时间词”学习过程中的偏误规律以及偏误变化趋势。

第四，最后根据调查问卷再统计出每一类型结构的综合平均正确率，并分析韩国留学生学习此类结构的习得顺序。

第五，根据中介语理论和语言输入环境对偏误的影响，分析偏误发生的内部原因和外部原因。

第六，依据总结的偏误规律和偏误原因，结合教学实践，提出更加科学合理、更有针对性的解决偏误的策略。

（五）研究方法

本文采用的研究方法主要包括以下几种：问卷测试法、数据统计分析法、对比分析法、偏误分析法以及中介语分析法等。偏误分析法及中介语分析法前文已有所涉及，下面只对前三种方法进行简要介绍。

1. *问卷测试法*

我们首先对韩国留学生学习“‘个’+时间词”结构的情况进行初步调研和语料收集，然后在查询北京大学语言研究中心语料库、北京语言大学 HSK 动态作文语料库和国家语委语料库资源时发现留学生在书面语中对于没有把握的知识点存在回避现象，最终确定问卷测试为最佳的调查方式。

本文根据《汉语水平等级标准与语法等级大纲》（以下简称《大纲》），并结合深圳大学国际交流学院的具体情况，选取初、中级韩国留学生作为被试。根据调查问卷的信度和效度原则设计了选择题、判断改错题和问答题，有针对性地考察初、中级韩国留学生对于“数词+量词‘个’+时间词”“方位词+量词‘个’+时间词”“指示代词+量词‘个’+时间词”“频度副词+量词‘个’+时间词”“疑问代词+量词‘个’+时间词”这五类名词性结构的学习情况。为使调查问卷更具有封闭性，测试结果更有可预测性，收集的数据更加真实，调查问卷中的所有题目不故意设置难点和干扰项，内容不超出教材和《大纲》范围，且无生僻词汇。

2. *数据统计分析法*

回收全部调查问卷后，根据三类题型和考察的五类结构分级别进行数据统计，使每个问题的偏误率情况一目了然。然后对数据结果进行描述和分析，得到了初、中级韩国留学生关于“‘个’+时间词”搭配问题的偏误情况和使用情况，并从中总结出具体的偏误规律和特点，帮助对外汉语教师预测偏误并有针对性地解决偏误。

3. *对比分析法*

使用对比分析的方法对初、中级韩国留学生的偏误情况进行趋势对比，找出其异同点和发展变化趋势，统计出初、中级韩国留学生关于这五类结构的准确率，通过对比分析，得到其习得顺序和总体习得情况。习得顺序反映的是某一阶段学生习得某一语言项目的情况，通常来说某一语言项目的正确率越高，说明其越早习得。最后根据偏误问题和偏误规律寻找偏误原因，以获得教学上和学习策略上的启示。

（六）研究目标

（1）本文在前人研究的基础上，运用偏误分析理论，从传统的本体研究和以教学、教材为中心的角度，转移到以学习者为中心的角度，从语言现象本身出发进行调查和研究，考察初、中级韩国留学生学习和使用"'个'+时间词"这个名词性结构的真实情况。

（2）对取得的数据进行全面、细致的观察和描述，对这一偏误进行有效的分析和归纳，总结出韩国留学生学习"'个'+时间词"的偏误规律和总体习得顺序。

（3）找出导致偏误的影响因素，有效预测偏误，并通过分析他们的习得过程以及偏误出现的规律在教学中寻求相应的解决办法，有效地减少或避免偏误的出现，以此来帮助韩国留学生更准确地掌握量词"个"与时间词搭配使用的问题，使他们的中介语系统更快、更有效地向目的语系统靠拢。

（4）最后，我们希望不仅能将上述问题都一一予以解答，更重要的是希望能够转变研究者的思路，让我们的眼界从比较主观的研究分析转变为更加客观的研究分析，真正了解汉语学习者语言习得机制的情况，使我们的科研、教材和教学实践都更加有针对性，更加科学合理，达到事半功倍的效果。同时也希望以此为基础，为今后进一步扩大研究范围，考察母语当中没有量词系统的留学生习得此类结构的情况，打下坚实基础。

二、偏误分析

本文以深圳大学国际交流学院初、中级韩国留学生为调查对象，广泛收集韩国留学生作业、作文、考试卷中和北京语言大学 HSK 动态作文语料库中的原真语料设计调查问卷，考察初、中级韩国留学生对"'个'+时间词"这一名词性结构的掌握情况，并对数据进行统计、描述和分析，从中总结出偏误规律和特点。最后排列出五类结构的综合正确率顺序，从一个侧面说明韩国留学生对于此类结构的习得顺序。

（一）问卷调查过程

1. 研究对象

研究对象的确定从以下几个方面考虑：

（1）确定被试国籍。

为了使被试更加有封闭性，测试结果更加真实有效，本文选择了母语系统中同样有量词的韩国留学生作为被试。这样就排除了母语变量的干扰，能够集中考察具有相同语言背景的留学生的学习情况。

（2）确定被试水平。

根据《汉语水平等级标准与语法等级大纲》中给出的"汉语水平、等级标准与对外汉语教学年级、HSK 的关系"，我们决定选取初、中级水平的韩国留学生作为被试。笔者所在的深圳大学国际交流学院初级水平的留学生学习汉语的时间为六个月至一年，中级水平的留学生学习汉语的时间为一至两年，分别达到HSK初级和中级水平，符合被试标准。

（3）其他可控变量。

所有被试均自愿参与调查，对调查问卷所涉及的知识点也有所关注。被试方面的变量只有性别、年龄和学习目的。

被试的具体情况如表3所示：

表3　被试的具体情况

	初级水平		中级水平	
性别	男：45%	女：55%	男：35%	女：65%
年龄	平均：29.6岁		平均：25岁	
学习汉语时间	平均：1年		平均：2年	
来中国前是否学习汉语	是：15%	否：85%	是：10%	否：90%
学习汉语的目的	工作、生活方便			
成绩	平均分布在班级上、中、下游			

表3显示，被试中女性居多；年龄都在18岁以上，平均年龄在30岁以下，属于比较年轻的群体；学习汉语的时间较长并且连续和稳定；大部分人来中国之前均没有系统学习过汉语。

笔者于2011年12月分两次对深圳大学国际交流学院的韩国留学生进行问卷调查。初级A1、A2、A3班共15人，中级A1、A2、A3班共15人，总计30人参加了问卷调查。问卷调查利用课后一个整块的时间进行，整个过程中没有提示，留学生在比较放松的状态下完成，时间大约为半个小时。最后发出的30份调查问卷全部收回。

2. 研究内容

为了使调查问卷内容更具有封闭性和可预测性，调查问卷所有语料均来自韩国留学生作业、作文、考试卷和HSK动态作文语料库，且回避生僻词汇和结构。

表 4 “‘个’+时间词”结构分类和举例

<table>
<tr><th>结构类型</th><th>对应题目</th><th>基本结构举例</th><th>扩展结构举例</th></tr>
<tr><td rowspan="2">数词+(个)
+时间词</td><td>选择题 1～10、29、30</td><td rowspan="2">一个月
一月份
半个小时
半时
二十多个星期
二十多周
第一个阶段
第一个春节</td><td rowspan="8">这一个星期
这一周
那一个年头
那一年
前一个时期
前一阵子
后一个小时
后一分钟
上一个情人节
上一段儿
下一个阶段
下一秒
每一个星期天
每一季
每隔一个月
每隔一天</td></tr>
<tr><td>判断改错题 1～8、10</td></tr>
<tr><td>方位词+(个)
+时间词</td><td>选择题 11～14</td><td>上个季度
上年
下个冬天
下阵子</td></tr>
<tr><td rowspan="2">指示代词+(个)
+时间词</td><td>选择题 15～19</td><td rowspan="2">这个小时
这秒钟
那个晚上
那会儿</td></tr>
<tr><td>判断改错题 15</td></tr>
<tr><td rowspan="2">频度副词+(个)
+时间词</td><td>选择题 20～28</td><td rowspan="2">整个中午
整年
每个时代
每天</td></tr>
<tr><td>判断改错题 9</td></tr>
<tr><td>疑问代词+(个)
+时间词</td><td>判断改错题 11～14</td><td>哪个学期?
哪天?
几个月?
几分钟?
多少个夜晚?
多少周?</td></tr>
</table>

根据表 4 中的结构筛选语料并设计调查问卷，排除了被试对于测试词语、句子不熟悉，存在猜答案等可能性。并且在测试之前要求被试根据自己的第一感觉回答，如果不确定答案就选择不知道，保证了数据的客观，反映其真实学习情况。

3. *题型分析*

调查问卷设置了客观题和主观题。其中客观题包括 30 道选择题，以测试韩国留学生对于此名词性结构的感性认识；主观题包括 15 道判断改错题和 5 道问答题，可以更加深入直观地检测出韩国留学生学习和使用这一结构时容易出现的偏误。以下分别说明这三类题型：

（1）选择题。

调查问卷共设计了30道选择题，平均分配难度，涵盖了所有要考察的可搭配的基本结构类型，并且依次排列，方便后期统计分析工作。句子内容也非常简单、贴近生活，多是韩国留学生日常会用到或者教师在课堂上经常用到的句子。尽量是简单、单一的选择，目的是减少语境等因素对于选择的影响。对于选项，每题只有三个选项，一个是所要考察的正确目标结构，一个是“不知道”，一个是容易出现偏误的结构，如果被试不确定可以选择不知道。这30道题目中，1～10题考察数量名的基本结构，29、30题考察两个拓展结构。11～14题考察“方位词+量词+时间词”的基本结构。15～19题考察“指示代词+量词+时间词”的基本结构。20～28题考察“频度副词+量词+时间词”的基本结构。所有考点并未刻意平均分配题目数量，只是尽量涵盖所有可能出现的偏误。

（2）判断改错题。

调查问卷共设计了15道判断改错题，句子和语境均简单明了，旨在综合考察韩国留学生容易出现的偏误类型以及韩国留学生能否发现本份调查问卷所要考察的知识点并正确地纠正错误。根据韩国留学生判断改错的情况，可以从侧面观察其习得情况，对这类问题的理解使用情况以及一部分中介语的面貌。15道题目都选择了含有拓展结构的句子，其中1～8题及10题，考察数量名短语；9题考察频度副词短语；11～14题考察“疑问代词+量词+时间词”短语；15题考察代词短语。

（3）问答题。

调查问卷共设置了5道问答题，包括3道日常问题和2道关于本次问卷调查的问题，目的是引导韩国留学生主动理解和使用完整的句子去表达汉语的时间结构，不惧怕偏误的出现，并且有意识、有目的地发现、总结和纠正偏误。

我们预测，通过这份调查问卷可以准确而集中地反映初、中级韩国留学生对于“‘个’+时间词”结构的掌握情况。在获得了第一手资料和比较客观的数据之后，笔者将对这些数据进行整理、统计、描述和分析，在此基础上总结偏误发生的规律和特点。

（二）数据统计和描述

调查问卷收集后，我们按照三类题型分别统计和描述初、中级韩国留学生掌握“‘个’+时间词”五类搭配的偏误情况。这里要说明的是本文只对选择题和判断题进行了数据统计，因问答题比较灵活无法统计，故只对其进行描述分析。

1．选择题

（1）初级阶段统计结果。

表5　初级水平韩国留学生选择题正确人数和偏误率统计结果

题型	结构类型	题号	正确人数	偏误率	不确定答案的人数
选择题	基数词+(量词“个”)+时间词	1	12	20%	0
		2	8	47%	1
		3	8	47%	2
		4	9	40%	1
		5	12	20%	1
	序数词+(量词“个”)+时间词	6	9	40%	2
		7	7	53%	4
		8	5	67%	5
		9	3	80%	6
		10	5	67%	5
	方位词+(量词“个”)+时间词	11	5	67%	3
		12	9	40%	1
		13	8	47%	0
		14	9	40%	2
	指示代词+(量词“个”)+时间词	15	7	53%	4
		16	6	60%	5
		17	8	47%	1
		18	9	40%	3
		19	5	67%	2
	频度副词“每”+(量词“个”)+时间词	20	7	53%	0
		21	5	67%	3
		22	7	53%	1
		23	13	13%	0
	频度副词“整”+(量词“个”)+时间词	24	8	47%	2
		25	6	60%	3
		26	9	40%	1
		27	2	87%	4
		28	4	73%	1
	数词+(量词“个”)+时间词	29	3	80%	5
		30	9	40%	1

表5可以说明每道题的偏误情况但并未显示韩国留学生对各个结构类型的总体掌握情况。笔者根据上表生成了选择题偏误情况的趋势图，如图1所示。结合表和图可以比较直观地观察到初级水平的韩国留学生选择题的测试结果。本文将按照所考察的五个结构类型对数据进行说明，对重点题目进行重点分析。其中偏误率越低说明习得情况越好。从数据上看，此份调查问卷的难度分布还是比较均衡的。

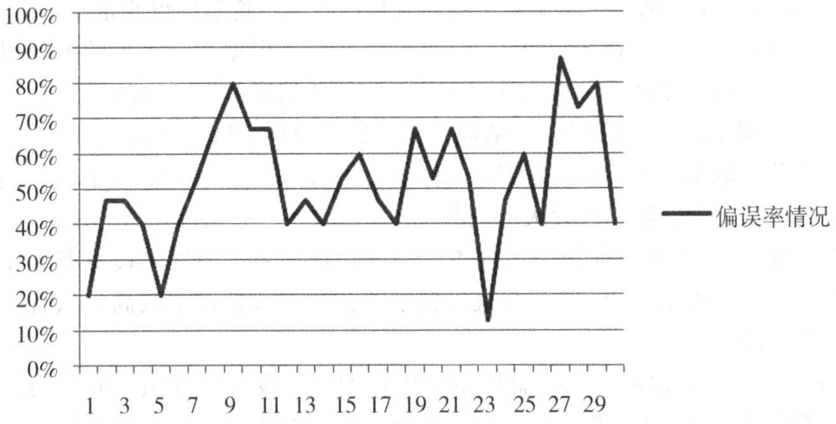

图1　初级水平韩国留学生30道选择题偏误率分布趋势

①“数词+(个)+时间词”结构分析（题目包括：1~10；29、30）。

这12道题的偏误率处于20%~80%之间，跨度比较大，说明在同一类型的结构当中，韩国留学生会由于各种因素而出现完全不同的习得状况。12道题当中有5道题的偏误率在50%以上，说明在这几道题当中，15人中有一半以上的人出现偏误，另外6道题当中也有4道题的偏误率接近50%。所以初级水平的韩国留学生对于此类结构的习得并不理想。具体来看，第1题到第5题的语料均来自与韩国留学生的日常对话和韩国留学生的作业，也是韩国留学生在生活中和课堂上经常会用到的句子。考察最基本的“数词+(个)+时间词”结构，不设置干扰项。其中第1、5题偏误率较低，习得状况良好，说明初级水平的韩国留学生对于时间词“年”和“一会儿”习得得不错。第2、3、4题偏误率都接近50%，有一半左右的人回答正确，习得情况一般。这3道题中的“季度”“天”和“分钟”都属于同一类型的时间词，但都有其他相似的表达方法，容易造成混淆。

第6题到第10题考察序数词引导的数量名结构，语料均来自韩国留学生作业和语料库，答案未设置干扰项。我们可以看到初级水平的韩国留学生在此问题上偏误率非常高，特别是第8、9、10三题做对的人很少，做错的和选择不确定的人很多。而这3道题中的时间词“早晨”“夏天”和“春节”都是韩国留学生非常熟悉的，单独考察并不会出现偏误，所以从一个侧面可以反映出韩国留学生对于此类结构的习得并不是很好，对基数词和序数词有所混淆。第6、7题中的时间词“年”和“月”，韩国留学生本身习得得不错，但加上序数词之后偏误率也增加了。

第29题的语料来自韩国留学生作业，考察在基础的“数词+(个)+时间词”前面加指示代词，其中表示时间的词语“阵子”，留学生在教材中已经接触过，但对于初级水平的留学生来说不是特别常用。此题偏误率高达80%，只有3人回答正确，有5人不确定答案，说明韩国留学生对于稍加变化的此类结构掌握得非常不好。第30题在数量名结构前加了频度副词“每”，偏误率为40%，根据初级水平的韩国留学生习得这一结构的总体情况来看，加入这一变化后，习得情况并不算太差。

②“方位词+(个)+时间词”结构分析（题目包括：11~14)。

这4道题的偏误率在40%~67%，偏误率有所上升，说明初级水平的韩国留学生对于这个结构的习得普遍存在较大的问题。

第11题的语料来源于初级听力课本，句子环境简单，但答案设置有难度，正确答案设置为“五月的上半个月”，并且设置了干扰项，故偏误率较高，只有少数韩国留学生回答正确。

第12、13、14题语料均来自韩国留学生作业，未设置干扰项，但平均偏误率为42%，所考察的时间词中，“冬天”和“圣诞节”初级水平的留学生在初级阶段已经习得得不错，所以说在初级阶段至少有将近一半的韩国留学生并未习得这个结构。

③“指示代词+(个)+时间词”结构分析（题目包括：15~19)。

这5道题的偏误率在40%~67%，与上一个结构的偏误率相同，说明初级水平的韩国留学生对于这个结构的习得也普遍存在问题。这5道题的语料均来自留学生作文。

时间词的部分除了第15题的“这辈子”这个说法不太常用，其余均为入门阶段就会习得的，所有题目均未设置干扰项。这5题的偏误率非常接近，都在一半以上，其中第19题偏误率较高，说明初级阶段只有一半的韩国留学生习得了“这个晚上”“这秒钟”这类结构，并且韩国留学生对于时间词“周”的习得还存在一些问题。

④“频度副词+(个)+时间词”结构分析（题目包括：20~28)。

这一部分语料来自韩国留学生作业和作文，大部分题目未设置干扰项。考察内容可以分成两部分。

第20~23题考察“每+(个)+时间词”，偏误率为13%~67%。第23题偏误率非常低，有13个人回答正确，说明部分初级水平的韩国留学生对于“每个节日”习得比较好。第20~22题整体偏误率都很高，其中，第20题的时间词“年”和第22题的时间词“夜晚”习得情况较好。总体来说，韩国留学生对于这类结构的习得存在一些问题。

第24~28题考察“整+(个)+时间词”，偏误率为40%~87%。整体偏误率都很高，除去第27题，其他四题的平均偏误率为55%，而其中除了第25题的时间词“天”

经常出现偏误外，涉及的三个时间词“白天”“年”和“夏天”习得情况都比较好。总体来说至少有一半的人并未真正掌握这个结构。第27题来源于初级水平听力课本，答案中设置了干扰项，使用了“三月上旬”这个相对复杂的时间表达方式，偏误率高达87%。

（2）中级阶段统计结果（见表6、图2）。

表6　中级水平韩国留学生选择题正确人数和偏误率统计结果

题型	结构类型	题号	正确人数	偏误率	不确定答案的人数
选择题	基数词+（量词“个”）+时间词	1	13	13%	0
		2	10	33%	1
		3	13	13%	0
		4	13	13%	0
		5	15	0%	0
	序数词+（量词“个”）+时间词	6	12	20%	1
		7	10	33%	3
		8	6	60%	5
		9	5	67%	4
		10	9	40%	3
	方位词+（量词“个”）+时间词	11	6	60%	5
		12	12	20%	0
		13	11	27%	1
		14	13	13%	0
	指示代词+（量词“个”）+时间词	15	7	53%	1
		16	8	47%	1
		17	10	33%	0
		18	9	40%	2
		19	12	20%	0
	频度副词“每”+（量词“个”）+时间词	20	12	20%	1
		21	6	60%	2
		22	10	33%	0
		23	14	7%	1

(续上表)

题型	结构类型	题号	正确人数	偏误率	不确定答案的人数
选择题	频度副词"整"+(量词"个")+时间词	24	8	47%	1
		25	12	20%	0
		26	9	40%	1
		27	3	80%	3
		28	9	40%	1
	数词+(量词"个")+时间词	29	7	53%	0
		30	12	20%	0

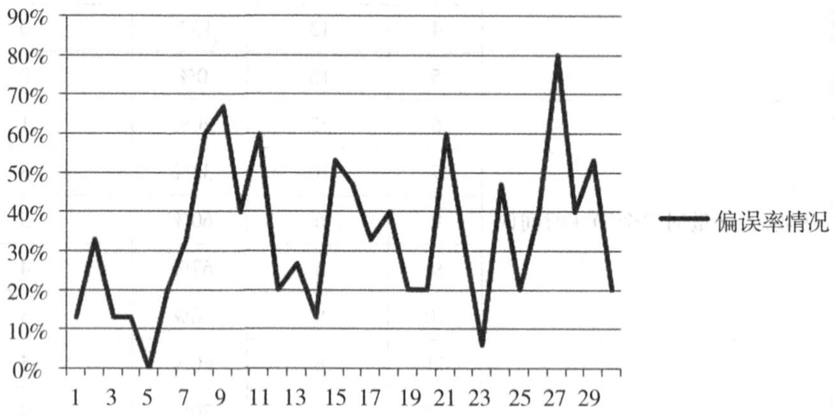

图2　中级水平韩国留学生30道选择题偏误率分布趋势图

①"数词+(个)+时间词"结构分析(题目包括:1~10;29、30)。

总体来看,这12道题的偏误率处于0%~67%之间,跨度相对较大,说明对于此类结构,中级水平的韩国留学生的习得情况有所进步但水平也参差不齐。12道题当中有3道题的偏误率在50%以上;有5道题的偏误率在30%左右;另外3道题的偏误率较低;1题全部正确。说明在这几道题当中,韩国留学生对于比较单一的知识点已经习得得比较好,对于有变化的知识点的习得仍然存在问题。从初、中级韩国留学生对于这类结构的习得情况来看,中级水平韩国留学生总体水平有所进步,甚至可以说对于一些常用句型和结构已经完全习得。但初级阶段存在很大问题的知识点在中级阶段偏误率仍然较高。

第1题到第5题整体习得情况不错,只有个别韩国留学生存在问题,其中第5题全部正确。存在问题的只有第2题,偏误率达33%,说明部分韩国留学生对于时间词

"季度"的习得仍存在问题。

第6题到第10题开始出现分化。第6、7题句子环境相对简单，所涉及的时间词"年"和"月"平均偏误率在26.5%，大概有三分之二的留学生已经习得了这个知识点。第8、9、10题句子环境加入了一些变化，即便答案中的时间词"早晨""夏天""春节"留学生已经非常熟悉了，但偏误率还是非常高，平均偏误率在55%左右，说明中级水平的韩国留学生对于序数词的掌握情况也并不乐观。

第29题的偏误率为53%，只有不到一半的留学生回答正确，说明中级水平的韩国留学生对于"这一阵子"这个短语掌握得也不算好。第30题有12人回答正确，没有不确定的答案，习得情况基本良好。

②"方位词+(个)+时间词"结构分析（题目包括：11~14）。

这4道题的偏误率处于13%~60%之间，总体习得情况良好。

第11题仍然存在问题，偏误率为60%，从侧面说明韩国留学生对于种类、变化较多的时间词的掌握还存在问题。

第12、13、14题的平均偏误率为20%，说明大部分中级水平的韩国留学生掌握了这个结构。

③"指示代词+(个)+时间词"结构分析（题目包括：15~19）。

这5道题的偏误率处于20%~53%之间，虽然总体偏误情况比初级阶段有所下降，但我们可以看到中级水平的韩国留学生在这一类型结构上的进步并不大。

其中第15题的偏误率与初级水平相比没有变化，第16、18题考察"这会儿""这秒钟"，也都有将近一半的人出现问题。只有第19题偏误率较低，说明时间词"这周"随着习得时间的延长，习得情况趋向良好。

④"频度副词+(个)+时间词"结构分析（题目包括：20~28）。

第20~23题的偏误率为7%~60%，相对初级水平有很大进步。其中初级水平习得较好的第23题有14人回答正确。但初级水平掌握得不太好的第21题，考察"每周""每个周"的区别，仍有60%的偏误率。

第24~28题的偏误率为20%~80%。习得情况相对初级水平进步不大。其中第24、26题的偏误率没有发生任何变化，说明这个结构本身还是比较有难度的。另外初级水平掌握得不好的第27题，中级水平的韩国留学生也只有3人做对，偏误率为80%。

2. 判断改错题

本题型挑选容易错的结构进行综合考察，要求留学生自己发现错误并进行改正，难度较大，所以结果并不理想。很多留学生能够发现问题，但是由于没有理解句子和短语的意思而无法正确修改。下面我们根据结构类型，分别对初、中级韩国留学生判断改错题的数据统计结果予以说明。

（1）初级阶段统计结果（见表7）。

表7 初级水平韩国留学生判断改错题偏误率统计表

题型	结构类型	题号	正确人数	偏误率
判断改错题	数词+(量词“个”)+时间词	1	9	40%
		2	6	60%
		3	3	80%
		4	4	73%
		5	1	93%
		6	7	53%
		7	5	67%
		8	7	53%
	频度副词“每”+(量词“个”)+时间词	9	8	47%
	数词+(量词“个”)+时间词	10	12	20%
	疑问代词+(量词“个”)+时间词	11	8	47%
		12	10	33%
		13	6	60%
		14	11	27%
	指示代词+(量词“个”)+时间词	15	10	33%

①“数词+(个)+时间词”结构分析（题目包括：1~8、10）。

总体来看，这9道题的偏误率为20%~93%，跨度非常大。但是，其中除了第10题考察“一下子”，考点清晰简单，偏误率为20%，相对较低之外，其他各题的习得情况都不是很好。大部分偏误率在50%以上。再一次说明了“数词+(个)+时间词”的结构虽然在教学和教材中始终并未作为一个难点出现，留学生习得的时间也比较长，但习得情况并不乐观，稍有变化就会对留学生造成理解和使用上的困难。

第1题仍然考察“周”这个易错时间词，偏误率为40%，很多留学生将“这一个周”改成“这个周”。第2题的偏误率升高为60%，很多留学生将“下一个年”的偏误改成“下个年”“下年”，还是没有理解句子的意思。第3题的偏误率为80%，考察“每隔一个年”这个偏误，只有3个留学生去掉了“个”，其他有的改成“每年”“每个年”，等等，都对这个知识点没有掌握。第4题“月份”也容易和“月”

的用法混淆，偏误率为73%。第5题难度比较大，偏误率最高，为93%，大部分留学生没有理解“一个时候”这个搭配的问题，所以有的改变意思，有的改成“前一时候”“前个时候”，只有一个留学生改成“之前”，说明理解了句子的意思。“一个星期”“一个礼拜”容易与“一周”发生混淆，第6题将这三个结构放在一起考察，此题有7人答对。第7题的偏误率也比较高，为67%，对于“前一个天”和“下一个天”这两个问题大部分留学生没有修改正确。第8题考察的偏误结构为“每隔几个分钟”，结构比较松散，有7人发现问题并修改正确。

②“频度副词+(个)+时间词”(题目包括：9)。

此题偏误率为47%，8人修改正确。“时代”这个表示时间的词对于初级水平留学生来说不经常使用，故掌握情况不好。

③“指示代词+(个)+时间词”(题目包括：15)。

此题偏误率为33%。“这个天”的偏误比较明显，也较好改正，所以习得情况良好。

④“疑问代词+(个)+时间词”(题目包括：11～14)。

这4道题的偏误率为27%～60%。4道题中有3道题都有一半以上的留学生找到问题并修改正确，可见这个结构的习得情况还是比较好的。第13题，“第多少个学期”这一偏误，只有6人改对。也印证了判断改错题当中，一旦出现序数词结构，偏误率就会增加。

(2)中级阶段统计结果(见表8)。

表8 中级水平韩国留学生判断改错题偏误率统计表

题型	结构类型	题号	正确人数	偏误率
判断改错题	数词+(量词“个”)+时间词	1	11	27%
		2	12	20%
		3	7	53%
		4	7	53%
		5	3	80%
		6	13	13%
		7	10	33%
		8	9	40%
	频度副词“每”+(量词“个”)+时间词	9	13	13%
	数词+(量词“个”)+时间词	10	14	7%

（续上表）

题型	结构类型	题号	正确人数	偏误率
判断改错题	疑问代词＋（量词“个”）＋时间词	11	11	27%
		12	15	0%
		13	12	20%
		14	14	7%
	指示代词＋（量词“个”）＋时间词	15	13	13%

①“数词＋（个）＋时间词”（题目包括：1～8、10）。

总体来看，这9道题的偏误率为7%～80%，有一些进步很大，也有比较顽固的偏误。与初级水平一样，第10题习得情况良好。第5题也只有3个留学生修改正确，偏误率为80%。第3、4题的偏误率均为53%，除第3题也同样对中级水平的韩国留学生造成困扰之外，第4题显示出中级水平的韩国留学生对“月份”和“月”的掌握也不好。

②“频度副词＋（个）＋时间词”（题目包括：9）。

此题偏误率为13%。此题在初级阶段习得情况一般，但到了中级阶段习得情况有所进步。

③“指示代词＋（个）＋时间词”（题目包括：15）。

此题偏误率为13%。此题在初级阶段习得情况良好，到了中级阶段，韩国留学生已基本掌握。

④“疑问代词＋（个）＋时间词”（题目包括：11～14）。

这4道题的偏误率为0%～27%。习得情况总体来说比较好，所有题目都有10人以上修改正确，说明这一结构的习得情况会随着习得时间的变化而变化。偏误率最高的是第13题，考察“哪个月份”这一结构。

3. 问答题

问答题的总体设计比较简单，特别是前三个问题，留学生在入门阶段就开始接触这些句型结构，所以答案基本没有错误。学习程度好的留学生会回答完整的句子并且有所发挥，程度不太好的留学生会有意识地回避没有把握的句子，用简短的词组或者数字替代。这一点也印证了笔者的观察，如果不是有针对性地考察，只是把“‘个’＋时间词”结构作为一般性的知识习得，留学生在没有把握的时候会有意识地采取回避策略，所以在语料库里不容易发现此类型的偏误。

第4、5题考察留学生是否发现了这份调查问卷所考察的知识点，以及对此问题的真实想法。有一半左右的留学生说出了考察的是“量词”“个”“关于时间的词”

等，并表示“比较难”“很复杂”。甚至有的留学生说经常使用“个”，但是没想到这些问题集中起来考察竟然这么难。还有一些留学生的答案概括性不强，但提到了很难区分什么时候用“一个”，什么时候用“一”。有个别留学生只是觉得很难，没有写考察内容。

三、偏误规律和习得顺序分析

本节分为两部分，第一部分根据不同题型和偏误情况总结初、中级韩国留学生学习“‘个’+时间词”的偏误特点和规律，并将两个级别的情况进行比较；第二部分统计五类结构的综合正确率，分析其习得顺序和规律。

（一）偏误规律总结

（1）从题型上看，问答题情况最好，因为自由度较大，留学生对于没有把握的整句或结构通常采取回避策略；判断改错题分数最低，留学生需要自己发现偏误并改正，难度较大；选择题当中，大部分学习时间长、结构简单的题目情况不错，但考察结构有所变化，或者出现复杂一点的词汇，分数就比较低。

（2）我们根据选择题、判断改错题两个题型中出现的偏误，总结出初、中级韩国留学生的偏误规律和特点，以便帮助教师有针对性地进行教学。

①无论是初级水平还是中级水平，“基数词+（个）+时间词”结构的偏误率均低于“序数词+（个）+时间词”结构，如果后者结构中所涉及的时间词有难度，或者结构稍有变化，或者语言环境复杂，偏误率则更高。这一点在疑问代词结构中也得到印证，“第多少个学期”这个结构的偏误率非常高。

②初级水平韩国留学生对于“方位词+（个）+时间词”结构的习得情况不好，但随着习得时间的增加，到了中级水平则进步很大。

③“指示代词+（个）+时间词”结构对于初、中级韩国学生来说都存在很大的问题，偏误率几乎没有变化。如“这会儿”“这秒钟”等在中级阶段仍存在很大问题。

④两类“频度副词+（个）+时间词”的结构，初级水平的韩国留学生都掌握得不好，但进入中级水平之后，“每+（个）+时间词”的掌握情况有了很大进步，但“整+（个）+时间词”则变化不大。

⑤初、中级韩国留学生对“疑问代词+（个）+时间词”结构掌握得很快、很好。

⑥两个级别的韩国留学生对于拓展结构或者稍有变化的时间词，如“下一个年”“前一个时候”“前一个天”“下一个天”“每隔一个年”等都掌握得非常不好，初级阶段更甚。

⑦有些结构虽然是复杂结构，但如果是较松散的，是不易混淆和比较好辨识的，掌握情况相对较好，如“每一个春天”“每隔几个分钟”等。

⑧日常生活中常用的结构，或者不易产生理解混乱的结构，掌握情况较好，比如

“这周”“这天”“一会儿”“一下子”等。

⑨如果结构中的时间词比较好理解，则大部分韩国留学生掌握得比较好。如，“年”“月”“早晨”“白天”“夜晚”“夏天”“春节”“节日”等。这些时间词不容易产生意义上的混淆。

⑩韩国留学生不容易理解进而影响到对整个结构的理解和使用的时间词有：“月份”，包括“月份”的基本结构，或者复杂一点的“上一个月份”“哪个月份”等；另外一个时间词“周”的习得情况也很不好，“一个周”“每个周”的偏误总是不容易被发现，到了中级阶段也并未有太大改善。另外，“季度”这个时间词在初、中级阶段习得情况也都不好。

⑪有些不太常接触的时间词，如“辈子”“阵子”等，其搭配结构的习得情况也不好。

⑫有些在初级阶段掌握得不好的时间词结构，如“天”“分钟”“时代”等，到了中级阶段就掌握得比较好了。

⑬最后有两个比较复杂的考点“五月的上半个月”“整个三月上旬”，两个级别的韩国留学生都基本没有掌握。

（3）从图1和图2可以发现初、中级韩国留学生习得“‘个’+时间词”的偏误率分布和总体走势有相似之处，具有比较价值。所以我们又将初、中级选择题和判断改错题的偏误数据，按照考察结构，放在了同一张趋势图内对比。这样我们不仅可以知道初、中级韩国留学生各自的偏误情况，还可以有所对比，以便了解偏误变化情况。

下面是初、中级韩国留学生学习“‘个’+时间词”的偏误率对比趋势图。

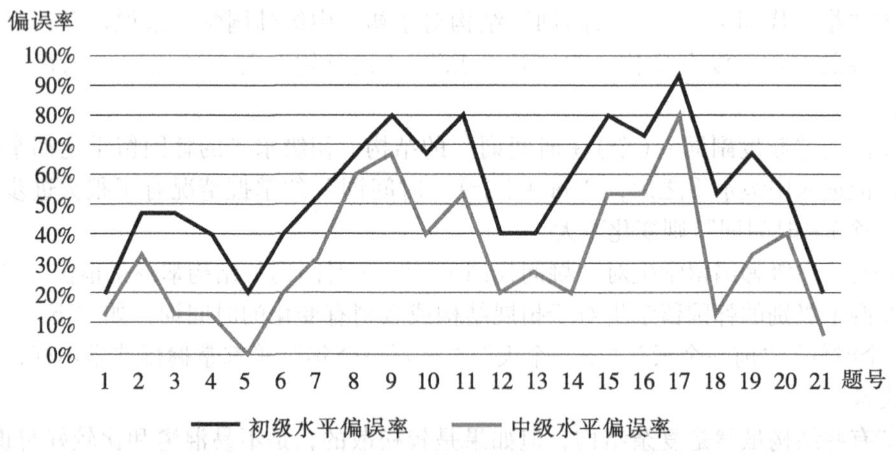

图3　“数词＋（个）＋时间词”的偏误率对比

图3为“数词+(个)+时间词”的偏误率对比趋势图。总体来看，中级水平好于初级水平，且进步的比例比较平均，即经过一段时间的学习，偏误率会平均下降10%~20%。根据考察内容的难易程度，其趋势也大致相同，说明韩国留学生对这一结构的学习比较规律——初级阶段时平均约一半以上的留学生未能掌握此结构，但随着习得时间的变化，到了中级阶段大部分韩国留学生对于这个结构的理解和使用有了较大进步。但对于一些拓展结构和稍难的词汇，其习得仍然存在很大问题，偏误率高达60%~80%，教师应结合前文的具体偏误在教学中特别重视这些语言点。

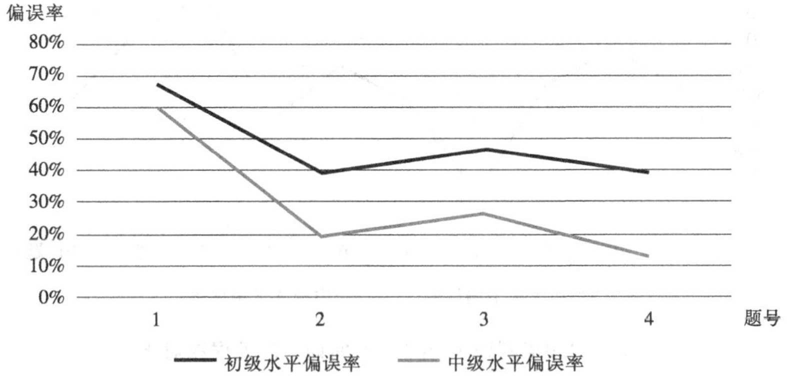

图4 “方位词+(个)+时间词”的偏误率对比

由图4可知，初、中级韩国留学生对于“方位词+(个)+时间词”的学习趋势基本上相同，掌握情况也相对稳定，没有过高或者过低的偏误率，中级水平偏误率平均有20%左右的进步。韩国留学生对此结构的掌握情况比较规律，初级水平偏误率在40%以上，而到了中级水平则进步比较大，偏误率大部分低于40%。

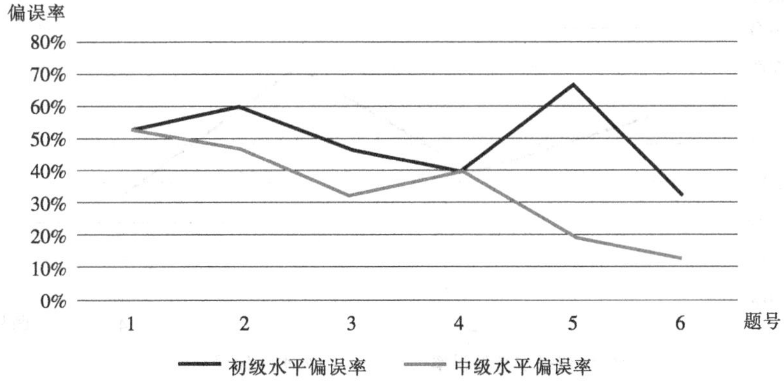

图5 “指示代词+(个)+时间词”的偏误率对比

从图5可以看出，初、中级韩国留学生对于“指示代词+(个)+时间词”这一结构的掌握有其特殊性。初级水平偏误率大部分在40%以上，对“周”这个时间词的掌握比较差。总体来看中级水平偏误率有所降低，特别是对初级水平掌握得不好的时间词“周”的搭配有所进步。但也有随着学习时间的增加，偏误情况并没有变化的语言点，教师应该根据具体偏误题目分策略进行教学。

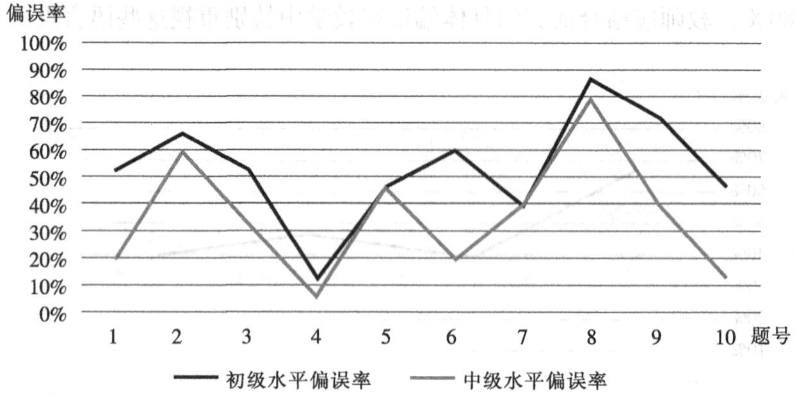

图6　“频度副词+(个)+时间词”的偏误率对比

从图6可以看出，留学生对于“频度副词+(个)+时间词”掌握得不好，大部分题目的偏误率比较高，初级水平基本上都有50%的偏误率。中级水平的偏误率趋势与初级水平相同，大部分考点并未随着学习时间的增加而被留学生习得，个别考点的问题甚至呈现比较顽固的现象，偏误水平没有太大变化。对于这一部分，教师应该特别注意，多进行讲解和练习。

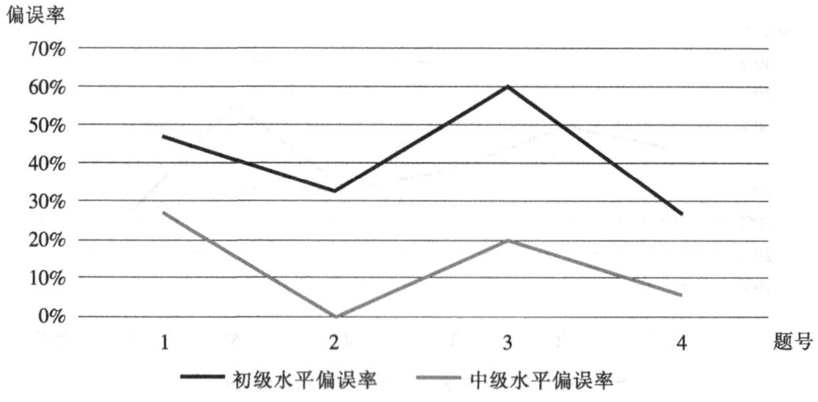

图7　“疑问代词+(个)+时间词”的偏误率对比

从图7可以看出，初、中级韩国留学生关于“疑问代词+(个)+时间词”这一结构的偏误趋势基本相同，变化平稳，初级水平偏误率集中在30%~60%，相对于其他结构来说掌握得较好。到了中级阶段，韩国留学生进步很大，大部分偏误率在20%以下。

（二）习得顺序和规律

1. 习得顺序

根据上述数据，我们统计出了选择题和判断改错题中初、中级韩国留学生的综合平均正确率。用这种方法得到的综合顺序是韩国留学生习得所考察结构的准确度顺序，即客观习得顺序。

表9 所考察的五个结构的正确率

	初级水平正确率	中级水平正确率	平均正确率
疑问代词+(个)+时间词	58.2%	86.75%	72.46%
方位词+(个)+时间词	51.5%	70%	60.75%
指示代词+(个)+时间词	50%	65.7%	57.85%
数词+(个)+时间词	45.70%	67.10%	56.4%
频度副词+(个)+时间词	46%	64.10%	55.05%

从表9我们可以观察到：

(1)“疑问代词+(个)+时间词”在此次调查中平均正确率最高，为72.46%，而且初级水平和高级水平关于这一个结构的正确率也是其阶段最高的，说明韩国留学生最先习得的是这个结构，并且习得情况相对来说是最好的。

(2)排第二的是平均正确率为60.75%的“方位词+(个)+时间词”。在初、中级水平正确率统计中，这个类型的习得顺序也是第二，说明韩国留学生对于此类结构掌握得也不错。

(3)排名第三的是平均正确率为57.85%的“指示代词+(个)+时间词”。相应的初级水平正确率也排在第三位，虽然中级水平的正确率略低于排名第四的结构，但两者差距很小，可视为均等。

(4)排名第四的是“数词+(个)+时间词”这一结构，在这一结构中，序数词引导的短语习得难度相对较大。

(5)最后一类是“频度副词+(个)+时间词”，习得过程当中，频度副词“每”和“整”引导的短语都有一定的难度，所以习得最慢。

2. 习得规律

图8是初、中级韩国留学生综合正确率对比图，可以在一定程度上反映出每一类

结构的总体习得规律和不同级别的对比情况。为后文分析偏误原因和给出教学策略打下基础。

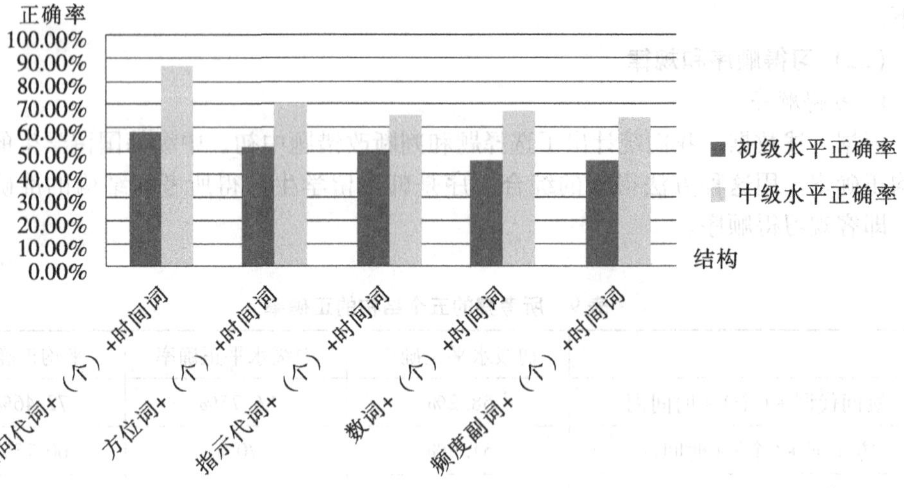

图8　初、中级韩国留学生综合正确率对比

（1）疑问代词+（个）+时间词：对于此结构，初级阶段的韩国留学生已经有超过半数的人基本习得，到了中级阶段已经有将近90%的人习得，日常使用基本不存在问题。

（2）方位词+（个）+时间词：此结构在初级阶段大概有50%的韩国留学生基本习得，在使用上还存在一定的问题，到了中级阶段仍有30%的韩国留学生未习得，有一定的进步，但仍需加强。

（3）指示代词+（个）+时间词：此结构在初级阶段大概有一半韩国留学生习得，但到了中级阶段仍有将近一半的韩国留学生并未习得，进步程度很小。

（4）数词+（个）+时间词：此结构在初级阶段只有不到一半的韩国留学生习得，到了中级阶段有所进步，但仍有三分之一左右的韩国留学生并未习得。

（5）频度副词+（个）+时间词：此结构在初级阶段习得情况较差，大概只有三分之一的韩国留学生习得，并且到了中级阶段进步也不大，刚刚过半。

本文通过问卷调查获得了初、中级韩国留学生关于"'个'+时间词"结构的偏误数据。据此，我们通过一系列的数据分析，归纳了偏误规律和习得规律。总体来看，偏误整体的情况和设置调查问卷时预测的基本一致：首先，初级水平韩国留学生的偏误率普遍偏高说明对此结构掌握确实不好，中级水平韩国留学生有所进步，但也并未达到理想状态，且一些偏误顽固存在。其次，有干扰项或者选项在基本结构上有所拓展的，偏误率相对较高。再次，根据观察，教师或留学生日常经常使用的句子，习得情况良好。最后，根据测试发现，很多口语中容易出现的偏误，在经过思考或变成书面语时偏误率有所降低。

四、偏误的影响因素分析

前文分析了初、中级韩国留学生在学习"'个'+时间词"搭配的五类名词性结构时的具体偏误现象，归纳了偏误特点，总结了偏误规律并探讨了对于这一结构的总体习得顺序和习得规律。偏误从侧面反映了韩国留学生在学习这一类结构时的中介语面貌，下面本文将以中介语理论和二语习得理论为基础分析造成偏误的内部和外部影响因素。

"语言习得的发生取决于两个基本因素，即'内在因素'和'外在因素'。所谓'内在因素'，即通常所说的语言习得机制，这是语言习得发生的前提条件；所谓'外在因素'是指语言输入的环境，没有语言输入，语言习得也就不可能发生。"①

我们认为在整个的第二语言学习过程中以及在对外汉语教学、研究中，偏误的发生与以下因素有关。一方面是内部因素，包括学习者语言习得机制以及其性格、年龄、语言背景和动机等因素。另一方面是外部因素，包括对外汉语课堂教学（包括教师和教学内容）、对外汉语教材和词典、相关本体研究和对外汉语研究。根据我们的调研，这些因素彼此脱节，未达到教学相长的效果。下面着重探讨以上各因素是如何影响偏误的。

（一）内部影响因素分析

1. 语言迁移

中介语是介于母语和目的语之间的一个独立的、发展变化的语言系统，中介语在发展过程中必然要受到来自母语和目的语的共同影响，所以语言的迁移包括母语迁移和目的语迁移两部分。所谓"迁移"是指学习者在学习过程中已经获得的知识、方法等对学习新知识的影响，这种影响也可以分为两类，原本掌握的知识对学习起到积极作用的叫正迁移，反之叫负迁移。具体到对外汉语学习当中，绝大部分学习者在习得汉语之前已掌握了一套比较完整的语言系统，其会对习得目的语造成影响，在母语知识与目的语知识一致的情况下，母语对于学习目的语有促进作用，否则可能会产生一定的阻碍。

本文的研究对象是母语为韩语的成年人，其已经习得了一套完整的语言系统，所以在他们学习第二语言——汉语的时候，就不可避免地受到母语知识的影响。由于韩语的很多词汇都来源于汉语，这对他们在初级阶段更快地掌握新的语言知识大有益处，然而虽然他们短时间内进步很快，其母语与目的语的相似性却会在长期学习过程中造成比较顽固的负面效应。本文探讨的是韩国留学生对量词"个"+时间词的把握

---

① 王建勤. 第二语言习得研究. 北京：商务印书馆，2009：179.

情况。量词是汉语的特色，虽然韩语系统当中也有量词，但其量词系统与汉语量词系统不完全对应。汉语中“数—量—名”结构是最基本的搭配，而韩语的用法则是“名—数—量”结构。不仅如此，韩语中表示“个”的量词，其泛化程度远远高于汉语中的“个”。所有这些来自母语的知识都会在一定程度上影响韩国留学生掌握汉语相关知识，使其在习得过程中出现遗漏、误加、错序、省略、类推等问题。我们认为韩国留学生在最初接触简单的“数词+（个）+时间词”结构时习得情况良好，可一旦结构发生变化，其偏误率就会偏高且不会随着习得时间的增加而改变，就是母语负迁移导致的。

除此之外，目的语知识也是造成负迁移的主要原因。汉语的时间词系统非常复杂，仅本文考察的五个常用结构所涉及的时间词就有几十个，其中不乏语义相似容易引起混淆的“周、星期、礼拜”“年、年头”“季、季度”“日、号”，等等，它们的搭配方法也不尽相同。

2. 目的语知识不足引起的泛化

在第二语言学习过程中，当学习者习得了一些目的语的知识和规则之后，会认为新的内容应该与其大脑里已经认知的内容相一致，继而在对目的语知识掌握不足的情况下，将已经学习的知识类推到类似的知识上去，结果就产生了由于对目的语知识没有完全掌握且对目的语知识过度泛化所引起的偏误。

教师以及教材中对于量词“个”的解释和引导会使韩国留学生认为“个”是一个万用量词，可以放在一切名词前表示数量。韩国留学生在没有完全掌握“个”用在时间名词前的用法和意义的情况下，就会根据已有知识进行泛化，造成误加或者遗漏等偏误。本文所考察的五个常用结构的偏误当中都存在泛化现象，韩国留学生在初级阶段会出现此类问题：接触到例如“一个月”“一个星期”“这个星期”“这个礼拜”这样的结构，便会自动生成一个关于此类结构的规则，由此便会出现“一个年”“一个周”“这个周”等用法。

3. 学习者的学习策略

学习策略，顾名思义就是学习者在学习知识时为了解决学习问题或者巩固学习成果而有意识地采取的计划、措施、方法和技巧。学习策略的不同在很大程度上影响学习者的习得情况。学习策略跟学习者的个体特征有很大关系，最明显的，学习目标不同，学习者在习得过程中采取的学习策略就不同。

本文在分析调查问卷主观题时发现韩国留学生会大量地使用简化和回避的学习策略，这主要是目的语认知难度大以及韩语中没有对应的词语造成的。“回避策略”是学习者在使用目的语的过程中，出于怕出错的心理以及惰性，即缺乏学习的主动性、积极性、艰苦性而采取的一种“避繁就简、避难就易、避少就多、避新就旧”的消极措施[①]。当学习者遇到不熟悉，或没有把握的词语时，往往采取回避策略，反而造成了偏误。例如，初、中级水平的韩国留学生在面对是否要在某些时间词前面加量词“个”时，会选择“不知道”选项；在判断改错题中，有很多留学生只是画出错误选项而回避改正；在问答题里有些留学生喜欢用简单的数字代替回答以避免偏误的发生。这一策略也解释了为何很多研究者在语料库和留学生作文中不太容易找到大量目标语料。

4. 学习者的交际策略

“学习者一般是在交际中遇到困难，如语言知识不能应付交际需要或缺乏某一特定的语言表达手段，无法按原定计划实现交际目标时，才采用交际策略。”[②] 根据我们的观察以及问卷调查，一些韩国留学生性格较外向，会勇敢地开口尝试，容易犯错但也习得较快；一些韩国留学生不善于口语表达，遇到问题喜欢简化、回避，则不容易习得新知识。另外，年轻的学习者更容易习得新的知识，而年纪稍长的学习者习得知识更加稳定；男性学习者习得某种新的或者复杂知识的时候更加灵活；习得目的不同对习得某个新的语言项目的影响很大，学习目的为“喜欢汉语”“学习汉语”的学习者选择不知道答案的比较少，进行判断改错和回答问题时喜欢使用完整的长句，而非短语或数字；习得时间长短并不是促使学习者进步的最大因素，很多初级阶段习得情况比较好的结构到了中级阶段进步很大，但也有一些初级阶段就对学习者造成困难的知识在中级阶段并没有太大的变化。

（二）外部影响因素分析

对于第二语言学习者来说，造成偏误、影响其习得规律的因素除了内部语言习得机制外，还有外在因素，即语言输入环境，包括对外汉语课堂教学，对外汉语教材和词典等，以及相关本体研究和对外汉语研究等。

1. 对外汉语课堂教学

第二语言学习者系统学习目的语的主要方式是通过课堂教学，所以教师讲课时的语言，对课堂教学内容的安排和操练，以及与学生的互动就显得尤为重要。目前国内的对外汉语教学课堂主要存在以下几个方面的问题：

（1）从课堂内容安排的角度来讲，由于对外汉语教师对于教学研究不够深入，导致大部分课堂教学内容的安排、设计与学习者内在语言习得机制不一致，故无法取得良好的教学效果。具体到本文所考察的这个名词性结构，笔者认为目前教师对于量词教学、时间词教学这些难点以及比较灵活的搭配结构的教学安排得过于松散，顺序也不甚合理，又缺乏有效的解释和练习，偏误一旦形成就很难改正。以时间词为例，汉语中表述时间的词汇有很多，它们在语义、语法和语用层面的细微差别与联系会给留

① 徐子亮. 汉语作为外语教学的认知理论研究. 北京：华语教学出版社，2000：328－329.

② 刘珣. 对外汉语教育学引论. 北京：北京语言大学出版社，2002：214.

学生造成极大的困难。但目前国内对于这一部分的教学无非是根据教材内容，遇到一个讲一个，非常零散。不仅如此，内容上也比较偏重语法，对于如何搭配、使用讲解得不多。再加上课堂上缺乏系统的复习和有效的练习，留学生从一开始就对所学内容不甚了解，又不能温故而知新，很容易造成思维上的混乱和遗忘，或者只是了解学了什么，却不能真正掌握和熟练运用。

（2）教师在课堂上无法全面、系统、有针对性地对这些难点进行讲解。根据笔者调查，留学生在入门阶段就会接触到量词“个”。而教师对于所授内容缺乏足够和深入的研究，对于留学生语言系统也缺乏实质性的了解，往往根据课本或者经验，只是跟留学生说量词“个”是一个 measure word（量词）。这样的讲解难免有些主观，很多留学生的语言系统里没有量词或者其语言系统内的量词和汉语用法不完全相同，留学生在没有真正了解其来源、含义和用法的时候很难真正习得。另外，教师的讲解很多时候也会对留学生造成误导，因为其在课堂上所举的例子通常信手拈来，“一个桌子”“一个苹果”“一个同学”……这样留学生对于这个语言点的最初印象就是片面的。接下来的教学当中教师还会由于引导性的讲解而造成留学生对于“个”的泛化。很多留学生认为，汉语名词前面总有量词，并且如果不会使用其他量词就可以使用“个”。在遇到具体的搭配问题时，由于用法复杂多变，教师常常用固定搭配、中国人的习惯来搪塞，以至于留学生并没有真正明白如何使用，只能死记硬背，所以当稍有变化时，留学生就无法解答。

（3）教师的“负反馈”（Oliver，1995）。这一点存在于教师在课堂上或日常生活中与留学生的互动当中。通常当教师遇到留学生说出“我在深圳学习了一个年汉语”的时候，因为不影响理解和交流，往往会采取忽略的态度或者进行“重述”——“一年”。留学生此时会即时纠正过来——“哦，一年”。但笔者认为当教师给予频繁的纠正而无效的时候就证明这种互动过程当中的纠正是无效的，而且还会因为教师的宽容最终造成留学生在这个语言项目上“化石化”。

（4）文化差异因素也是非常重要的，目前对外汉语教师对于文化内容的传播大多停留在中国特色文化本身，而没有深入到语言文字方面。就拿量词或者时间词来说，如果能从它们的来源、演变讲起，相信留学生理解起来就不会那么生涩和死板，更容易理解它们的含义、了解它们的用法。

2. *对外汉语教材和词典*

对外汉语教材和工具书是教师和留学生最重要的辅助资料。其内容划分、教学顺序的编排和词语注释、语言点讲解的优劣也在很大程度上影响留学生的习得情况。

（1）教材方面，一般的对外汉语教材都是以话题为线索的，其内容编排并非从语言系统本身或者习得顺序考虑，不科学、无规律，很多相关的语言项散落在各个单元当中，不成系统，没有阶段性，很难有效地辅助教师指导留学生建立正确的语法体系，学习地道的语言。更严重的问题是教材对语言点的解释不到位。一般情况下教材在词汇部分只使用中英对比的方法进行解释，如：时间词“月”“月份”都对应“month”；“周”“星期”“礼拜”都对应“week”。这样编排最大的问题是留学生容易混淆，并且对用法掌握不足。而英语对于韩国留学生来说亦非母语，理解上就更加困难。对于一些较难的语言点也缺乏辨析和比对，缺少对用法、搭配的相关说明和讲解，对于语言点所适用的语境等更是空缺，而且也缺乏相应的练习，面对这些问题，教师和留学生都感到无所适从。

（2）除了教材，对外汉语词典的功能也是不容小觑的，特别是留学生进入初、中级阶段后。但目前市场上的对外汉语教学类词典数量稀少，留学生大多依靠电子词典或者《现代汉语词典》进行学习。前者内容不全面、解释不权威；后者针对母语者，分类不细，解释简略，举例也不甚完善。仅有的一些双语词典，举例非常不生活化，甚至还有很多错误和已经过时的例子。

3．相关本体研究和对外汉语研究

教师要进行课堂教学，以及教材的编写，很重要的理论依据就是关于汉语言文字本体以及留学生习得汉语的偏误、过程等方面的研究。我们在前面已经提到过，在这方面，目前国内能够给予的教学理论和习得理论支撑明显不足，使得教师在课堂教学中缺少理论依托，未能很好地指导对外汉语教学实践。本体研究不足，如汉语中表述时间的词语研究还相对宽泛，很多方面没有定论，这让教师也无所适从，只能含糊其词或解释为搭配习惯。另外，国内学者的偏误研究比较偏重于语法、语义，相对主观地进行描述、分类和解析，这种从理论出发的研究较难服务于对外汉语教学实践，缺少大规模的数据采集、心理实验和实践检验。只有真正从语言现象本身入手，科学地收集数据进行测量，并且结论经过了实践检验才能真正服务于教学，才能真正解决很多对外汉语教学和研究中出现的问题。

以上提出的会造成韩国留学生偏误的因素并不是彼此独立存在的，一个人的语言系统和心理机制非常复杂，往往是多种因素综合在一起发生作用。这就要求对外汉语理论研究者和教师在科研和教学的时候不能孤立地寻求原因或者方法，不能主观地进行判断，而应该以科学、系统、全面的眼光来看待科研和教学，这样不仅可以提高我们的理论水平，更可以有效地指导对外汉语教学实践，让留学生的习得更加有效和顺利。

五、解决偏误的对策

陆俭明先生曾经说过，对外汉语教学基础研究的总的指导思想应该是，怎么让一个从未学过汉语的外国留学生在最短的时间内最快、最好地学习、掌握好汉语[①]。在这一总体思想的指引下，教师对于学习者的偏误要有一个正确的态度：偏误不可避

① 陆俭明．现代汉语语法研究教程．北京：北京大学出版社，2003：306.

免，但并非所有偏误都会自然消失。作为教学主体的教师应该做的是根据第一手的调研数据、资料发掘偏误原因，并采取有效的方法给予预测、控制和纠正。不仅如此，由于在第二语言教学中，大部分成年学习者都有一定的学习能力和思维能力，所以教师在进行一般性教学的同时，更要有一双发现问题的眼睛，将留学生学习过程中的一些“死角”挖掘出来，结合汉语特点，总结出科学的教学策略，更重要的是帮助留学生，促使其选择有效的学习策略，加速中介语的发展，促进第二语言学习的过程。下面就从教学和学习者的角度给出解决偏误的策略。

（一）以交际为目的的教学与学习、语境教学和文化渗透

相对于目前大部分对外汉语课堂生涩的讲解练习式教学，笔者认为第二语言学习最重要的就是要以交际为目的和手段进行教学，让留学生在接触汉语之初就不对繁杂的语法和词汇产生抗拒心理，同时也引导留学生采用正确的态度和方法对待语言学习。

教师在课堂上每一步的教学内容都要适当地引导留学生以交际为目的。也就是说对于新内容，特别是重点、难点内容的教学不要仅仅是教师讲，留学生听，也不要仅限于简单的搭配练习，而是要鼓励留学生活跃起来，大胆使用新知识，并结合以前学习过的内容进行情景对话，以此来提高留学生的理解能力和语言交际能力。特别是日韩留学生，大部分日韩留学生不喜欢开口说，很多问题也就被掩盖了，要鼓励他们不回避偏误，积极地发现问题并解决问题。不仅如此，许多教师认为课本知识都掌握不好，更不要提课外拓展内容了，这是一种错误的看法。掌握一个新的知识点，习得一门语言，更重要的是要让学生从整体上了解这门语言，并且不断地使用、巩固，这样才能循序渐进地提高语言水平。

当然这种交际练习也不是漫无目的的，它需要教师根据留学生不同的母语习惯、不同的水平去设计语境，进行教学。这种语境教学比较容易烘托课堂气氛，但对教师的课堂控制力要求较高，一定要有针对性地设计语境并引导留学生练习，让留学生感觉到每次练习都有所收获和提高。提出这个策略也是提醒教师，留学生对于语义、语法的学习固然重要，但教学工作不应该停滞在新内容的灌输上，而应该更重视建立在此基础上的语用阶段的教学。完成了这个连续的过程，留学生的语言习得才不会有缺陷。根据观察，留学生要了解一个词的浅层含义并不难，但这并不等于留学生真正习得了知识点的搭配关系、句法功能甚至语体色彩。笔者认为一个比较有效的方法是以句子、段落为单位在一定的语境中进行教学，这样留学生不仅习得了语言项目本身，也掌握了如何运用所学知识，减少偏误的出现。

前面已经提到过教学过程中要进行文化渗透。文化方面的教学包含两部分，在教学中贯穿关于中国历史、地理、人文等知识是一个方面，汉语本身，包括汉字、词汇等也都和文化相关。就拿我们所考察的“‘个’+时间词”这个小的语言项目来说，这两部分都有其独特的产生和发展轨迹，它们所反映的不仅仅是汉字、语义知识的发展变迁，更体现了汉民族思维的变化。教师若能从字源出发，选择有代表性的发展节点向留学生进行普及，可以使留学生更好地理解和习得每一个语言点。对于文化教学，很多教师认为应该在中、高级阶段进行，而笔者认为入门和初级阶段才是留学生形成正确的第二语言思维和表达习惯的关键时期，此时的留学生虽然汉语知识有限，但其内在语言习得机制还没有完全形成，这时若能结合声音、影像、图画等，在教学上进行巧妙设计，可以帮助留学生逐渐建立起汉语思维模式，为以后的学习打下坚实的基础。

（二）以语素为中心的拓展教学法和学习法

汉语是一种语素语言，它以语素为基本单位，而其他语言大多以词为单位。中国学生只需系统、集中地学习汉语构词法，就可以将感性的认识上升到理性，自觉地学习和使用汉语的语素和词。但留学生则不同，汉语当中繁杂的词汇和用法，完全不同的思维方式和语法规则，对于初接触这门语言的人来说无疑是一大挑战。我们前面分析偏误原因的时候已经知道留学生会由于不明白一些含有共同或相似语素的差别，而过分类推、泛化，导致偏误。汉语的特点决定了留学生在习得的过程中，就应当采用分析的思维方式，单个地学习，成组地记忆。以语素为中心，有助于准确理解和运用词语，有助于调动留学生主动学习的积极性，培养留学生对汉语的语感，有助于留学生从学习之初就建立起一个系统，并不断扩大，日后无论这个系统如何扩大都始终印在留学生脑海之中。

我们在教学实践过程中发现，以共同语素为中心进行词汇拓展和用法拓展练习，是非常有效的巩固复习并且拓展新内容的好方法。任何有关联、有规律，甚至由此拓展出的特殊的用法都可以采用此法。比如“个”，单纯作为一个量词使用方法很多，非常容易让留学生盲目泛化，可是如果能够每当拓展新的用法时，都采取以“个”为中心，向四周发散的复习方法，那一定对留学生掌握“个”的用法非常有帮助，如果这种理解和运用建立在留学生自己总结的基础上，效果会更好。又如，含有相同语素的时间词，也可以采用此法，使得知识网络像蜘蛛网一样向外扩展，复习词汇的同时，复习其用法，事半功倍。对于比较复杂的复合结构，若能利用语素进行分析，也可以帮助留学生拆开来理解，合起来使用，可以有效地避免留学生对于一些语言点只能习得基础结构而无法灵活运用的问题。

（三）专题学习和对比学习

目前的对外汉语课堂有一个共通的问题，就是没有正视我们的教学对象是成人这一事实。虽然他们可能对汉语这门第二外语一无所知，但对外汉语所面对的学习者绝对都具有一定的学习能力和思考能力。笔者在调查过程中经常听到教师说某某知识点太难，教了留学生都听不懂，只能一点一点教，不断地练习，等等。笔者认为，汉语作为第二语言确实有很多难点需要留学生去“攻克”，但很多时候所谓的难却是教师的教学和引导方法不得当、不科学导致的。

对于汉语当中很多非常有条理性、有规律性或者使用方法多样、搭配形式灵活的语言项目，留学生学习了一段时间之后，教师就可以针对专项内容进行一次专题教学。这种教学方法可以帮助留学生直面学习的难点，对于零散知识进行归纳和总结，形成系统，并且不断扩充所掌握的知识。专题可以从形式、意义和功能方面入手。比如，针对我们所考察的"'个'+时间词"的语言点，当留学生学习一段时间之后，就可以进行一次搭配形式上的专题总结，帮助留学生初步了解语言表达习惯；当留学生接触的时间词逐渐增加，可以再进行一次语义辨析方面的专题总结，帮助留学生对"'个'+时间词"不同搭配的语义方面进行区别和辨析；最后当留学生所接触的搭配方式越来越多，越来越复杂的时候，可以再进行一次综合的专题总结，从语法功能上帮助留学生分辨不同的搭配、用法，并拓展一些复杂的用法，让留学生知其然也知其所以然，可以举一反三。

无论是在专题当中，还是在平时的教学以及留学生学习当中，对比学习法永远不失为一种最直观和最有效的方式。王力先生早就指出："对外汉语教学，我以为最有效的方法是中外语言的对比教学要突出难点。所谓难点，就是中国人看来容易，外国人学起来困难的地方。"[①] 对外汉语教学和学习当中，母语负迁移是影响留学生习得效果的因素之一，因此教师要做的就是帮助留学生将其母语系统与汉语系统进行对比，引导留学生积极地面对汉语当中的难点，克服干扰，或者通过对比两种语言中相似的地方，鼓励留学生利用母语知识学习汉语。

不仅如此，对于汉语当中一些容易引起混淆的语言项目也都可以进行对比学习。比如，对于汉语时间词的用法，教师可以就其中有规律的部分和不对称的部分分别进行对比，将其中有相似意义或者语素容易产生偏误的部分进行辨析。这种不断的总结和对比分析，能帮助留学生在习得过程中理清重点，并且逐渐了解汉语思维和表达方式。

（四）分阶段教学法

目前国内会根据留学生的习得情况，将留学生分为入门、初级、中级、高级等水平进行教学。但通常这样的分班模式是针对习得时间和课本内容进行划分的。我们这里所说的分阶段教学是针对拾零式教学而言的，前文提到过目前国内的教材和课堂教学还不系统，遇到什么教什么。而汉语是一门有历史渊源、发展过程的系统性语言，所以要求教师针对各国留学生不同的内在习得机制和母语习惯，分阶段有计划地进行教学。从认知的角度来讲，留学生要习得某个语言项目，比如量词"个"的用法、时间词的搭配用法等，都需要一个过程，而这个过程不是教师可以主观决定的，需要教师根据留学生的实际情况制订教学计划。而分阶段教学的理据就是我们的实验结果，就拿本文所研究的语言项目来说，初级韩国留学生在习得之初容易出现哪些偏误，这

---

① 郭振华. 对外汉语教学中的几个问题. 语言文字应用，1998（4）.

些偏误的原因是什么，到了中级阶段，哪些偏误会随着习得时间而消失，哪些比较顽固，教师要根据这些规律进行有效的教学和训练。

初级阶段的教学：我们反对将语言项目独立出来，给留学生讲解语法，实践证明，像给中国学生讲现代汉语课程那样讲解语法点只会给留学生造成更大的困扰。语法点应该直接放在可以搭配的结构、实用的句子和语境中进行讲解和练习。这个阶段不应该强调留学生能说出为什么，是什么语法项目，而要引导留学生更注重如何进行正确的表达，让留学生先接受汉语表达方式，会使用这些用法进行日常交流，并在交流中获得肯定。例如，在留学生一开始接触“数词 +（个）+ 时间词”结构的时候，首先要做的是向留学生介绍量词“个”，介绍中国的时间表达方式，让留学生建立起汉语名量搭配的观念，具体到这里是“个”和时间词搭配的概念。然后将时间词分为需要与“个”搭配和不需要与“个”搭配两种，逐渐以词组的形式介绍给留学生，并且设定环境，引导留学生使用这些词组，并鼓励留学生在课堂以外使用。当然，母语的影响也是教师要考虑的重要因素，教师可以根据偏误类型让留学生有针对性地进行练习和辨析。

中级阶段的教学：留学生在初级阶段已经建立了汉语的思维和表达方式，这个阶段将接触更多、更复杂的词汇、语法内容。这个时候可以完成由易到难，由感性到理性的演变。教师可以引导留学生归纳、总结，帮助留学生完善所学的每一个语言项目系统，化零为整，让留学生明白所用的是什么、为什么，并且逐渐用得对、用得好。这个阶段，随着留学生接触汉语知识的增加，会主动地思考一些问题，如前面提到的“‘个’+ 时间词”的搭配，大部分留学生开始思考：为什么同样的时间词，或者有些意思相近的时间词在搭配“个”的时候却用法不同？这时教师可以启发留学生自己来总结，归纳特点，最后给予补充，适当地讲解语法，给予理论支撑。按照这样的顺序，留学生就比较好建立起一个语言项目系统。而此时的留学生，已经学会了正确的表达方式，又有了理论支持，用起来就更加得心应手。混乱地教，混乱地学，只会使很多偏误产生并出现僵化现象。因此，应始终以实用为目的，系统地进行教学，让留学生在理解语境的情况下掌握语言项目的用法，并且能够灵活运用，而不是死背语法条目。

（五）对教学难点进行有效预测，培养留学生正确的心态和良好的学习习惯

直接从学习者本身的语言现象入手进行调查并取得第一手资料，最主要的目的就是发现问题并在教学当中有针对性地制定教学计划和教学内容，提前预测问题并预防偏误的发生。前文我们已经根据问卷调查的数据总结了初、中级留学生在习得“‘个’+ 时间词”这类结构时的一些偏误规律，下一步的工作就是要结合一切可能的原因改变教学方法，针对具体问题进行教学。

在实际教学当中，笔者认为最重要的一个环节就是留学生的心态。根据笔者观察，很多偏误的产生和僵化都与留学生没能正确看待和解决偏误有关。所以教师首先要引导留学生接受汉语这门语言，以开阔的心态接受学习当中遇到的一切问题。就拿量词来说，很多留学生面对这个难点无所适从，甚至严重影响了学习进度，就是因为在一开始接触这个问题的时候教师没有进行良好的引导和心理建设，让留学生把一个本来就很难的问题变成了一座无法翻越的“大山”。除此之外，教师还要鼓励留学生直面错误，不要回避。

良好的思维习惯、表达习惯和学习方法也是非常重要的。几乎所有的成年学习者都带着自身母语而来，如何巧妙地在其母语特征的基础上培养其良好的汉语思维和表达习惯也是对外汉语教师在进行教学之初就要思考和贯彻的问题。此外，课堂短短几十分钟的时间远远不能满足语言学习的需要，很多留学生出了教室就开始使用母语，所以教师要鼓励甚至带领留学生大量进行课外阅读，培养留学生使用目的语的习惯。

（六）加强理论研究及合理编排教材

理论是实践的前提，有了理论的支撑，教学实践才能有据可循。其中，本体研究是不可缺少的，全面而统一的汉语本体研究是进行对外汉语教学的基础和依据。但是在实际教学当中对外汉语教师不可能拿着本体研究的成果直接讲给留学生，事实证明这样做也是无效的。那么利用第二语言习得理论进行的偏误研究、中介语研究、教学研究等就显得更有针对性，如果能从一个实际问题入手进行科学实验，就能更好地发现留学生习得汉语过程中的盲点和不足，帮助其克服母语干扰，得出更科学的教学规律。

对外汉语教材的重要性无须再提，然而国内市场在这一块儿还有很大的进步空间。教材编写应该更注重体系性，一套教材对于一个语言项目应该有循序渐进的阶段性把控，比如我们所研究的时间词，不应该是课文内容遇到一个讲解一个，这样留学生接触得越多脑中的体系也就越混乱；在出现新知识点的时候，进行新旧知识特别是相似知识点的复习、对比和辨析也是很重要的。另外，好的对外汉语教材应该更注重实用性，知识点的呈现和配套练习也应该更注重其用法而不是它的语法特征；对于所学知识要有所配合与交叉，注释也要更加全面清晰，面对成人学生，教材完全没有必要设计成儿童读物，接触量词“个”的时候应该将其与时间词的搭配列出，让留学生从一开始就对“个”的各种用法有一个概念，而学习时间词的时候也有必要将它们的不同搭配方法列出，不要在留学生已经进行类推产生了偏误后再去纠正，这么做也有利于让留学生自己发现问题，而不是机械记忆，教与学的工作也就可以进行得更好。目前教材给出的教学顺序多半是从抽象到具体的，笔者认为应该先让留学生接触正确的语言现象，再进行归纳，让留学生在有了一定的语言知识和表达习惯的基础上，再接触语法规则。

（七）课堂教学要有针对性，制定合理的教学大纲，讲练结合

对于不同阶段的留学生，特别是在思维习惯和表达习惯形成的初、中级阶段就要有针对性地进行教学。

首先，目前国内的对外汉语课堂还没有能力按照学生的母语特点分班教学，这就要求教师要能够根据留学生不同的语言背景和母语特点进行有针对性的教学，教师可以利用自身的理论知识和实践经验帮助留学生有意识地将其母语和目的语进行对比，让留学生能更全面地对目的语有一个认识，有效抑制母语负迁移的问题。

其次，教师要能根据不同母语的留学生可能出现的偏误采用简明有效的教学方法，帮助留学生少走弯路，事半功倍。此处所说的偏误，不仅包括偏误现象本身，更着重于其背后的语言习得机制和普遍的偏误规律。教师可以在教学中将正确和错误的用法都展示给留学生，让留学生对语言现象有全面的认识和理解，不要等到偏误已经形成再去消除和重建，在一开始就可以让留学生主动地参与和思考，带着问题去学习，并且直面问题，避免过度泛化的发生。

再次，教师在教学中一定要严谨，不能含糊其词，“汉语习惯”这样的解释无法从根本上解决留学生的问题，只会给日后的教学增加难度。所以教师需要结合教材，更重要的是要根据学习者的学习特点和习得特点制定科学合理的教学大纲，甚至教师可以主动地避免教材当中出现的诸多问题，根据教学的实际需要，由易到难地安排教学内容，并在实际教学中不断进行知识点的对比、拓展和巩固。留学生面对陌生的语言体系是无法自己归纳总结的，那么教师在每讲授一个新的知识点时都要对比复习旧的知识点，让留学生逐渐习得一个不断深入的语言体系，而不是零散的知识点。另外，还要注重语用教学，让留学生习惯进行语言交际，重视不同的语言环境、感情色彩和语体色彩造成的偏误。

最后，课堂讲练要统一、系统，特别是语法项目的学习，对于留学生本来就有一定难度，就更需要辅以大量的练习，这既包括教师课堂用语的科学有效，又包括让留学生进行系统的练习。教师的语言对留学生来说是很好的听觉刺激，所以教师的语言一定要严谨、有针对性。目前教材上的练习是不够的，教师要有针对性地让留学生进行课堂情景对话的练习，口头练习和笔头练习相结合，这样留学生才能积少成多，在不知不觉和不断出现错误的过程中慢慢总结规律，形成正确的目的语系统。

所有的这些方法，从宏观到微观，从留学生心理层面的建设到学习方法的指引，都是互相联系、相辅相成的。教师只有真正了解不同母语的留学生的特点，并了解其偏误的原因，才能更有针对性地采取一定的教学策略，不仅如此，第二语言习得的主体始终是留学生，教师应该做的是引导而不是教授，让留学生在掌握知识的同时掌握良好的学习策略才是教学的关键。

六、结语

本文在偏误理论和中介语理论的指导下，运用问卷调查、定量分析和对比分析等方法从深圳大学国际交流学院初、中级各抽取 15 位韩国留学生进行问卷调查，考察了他们对“数词 +（个）+ 时间词”“方位词 +（个）+ 时间词”“指示代词 +（个）+ 时间词”“频度副词+(个)+时间词”“疑问代词+(个)+时间词”这5个常用的表示时间结构的掌握情况，得出以下结论：

(1) 韩国留学生在初级阶段对这5个结构普遍掌握得不好，教师应该予以重视，结合韩语量词结构的特点，有针对性地进行教学。

(2) 到了中级阶段，习得情况出现分化。韩国留学生对“基数词+(个)+时间词”“方位词+(个)+时间词”“频度副词‘每’+(个)+时间词”“疑问代词+(个)+时间词”这4类结构的习得情况会随着时间的增加而好转。但是“序数词+(个)+时间词”“指示代词+(个)+时间词”“频度副词‘整’+(个)+时间词”对于留学生来说难度较大，需要教师针对此情况分阶段进行专题教学。

(3) 对于拓展结构，“整个三月上旬”“五月上半个月”等复杂结构，还有容易混淆的时间词，如“周、星期、礼拜”“月、月份”“季、季度”“年、年头”等，教师应该利用语素教学法帮助学生理解，也要将着眼点从语法词汇知识本身转移到语用角度，在语言环境中进行讲解和练习。

(4) 鉴于韩国留学生对于日常口语以及教师常用语言习得情况良好，如对于“圣诞节”“夜晚”这类语义清晰明确的时间词的搭配结构习得情况良好，教师应该以文化渗透为切入点，以交际为目的进行教学和配套练习。

(5) 依据第一节结尾对5类“‘个’+时间词”搭配趋势的分析，以及得出的习得顺序：“疑问代词+(个)+时间词”—“方位词+(个)+时间词”—“指示代词+(个)+时间词”—“基数词+(个)+时间词”—“频度副词‘每’+(个)+时间词”，教师应该有的放矢地进行分阶段教学、重点和难点专题教学，并辅以大量练习。

本文不同于以往传统偏误类文章的角度和方法，以语言现象本身为切入点，利用原真语料进行问卷调查，并对数据进行科学统计和客观分析。对于取得的偏误结果没有从语法词性角度进行类型划分和偏误分析，所有规律和结论都严格依据数据归纳。最后，本文从语言学习者习得机制和语言输入环境两方面分析了偏误原因，给出了比较符合学习者语言习得机制的教学和学习策略，希望能对教学者、教材编排者和对外汉语研究者有所帮助和启发。

本文由于时间和篇幅限制还存在诸多不足之处。首先，调查问卷的语料仍然不够充分，无法探究韩国留学生回避使用的部分。其次，研究方法仍然不够科学和严谨，调查问卷取得的数据有一定的局限性。再次，缺乏对结论和教学策略的检验环节。以此论文为基础，今后将使用心理实验的方法进一步探究韩国留学生对于所考察语言点的内部语言习得机制，并将研究范围扩大到母语系统中没有量词的语言学习者。

参考文献

[1] 黄伯荣，廖序东. 现代汉语. 广州：高等教育出版社，1988.

[2] 周小兵. 对外汉语教学入门. 广州：中山大学出版社，2004.

[3] 詹姆斯. 语言学习和语言使用中的错误：错误分析探讨. 北京：外语教学与研究出版社，2008.

[4] 周小兵. 外国人学韩语语法偏误研究. 北京：北京语言大学出版社，2007.

[5] 周健. 对外汉语语感教学探索. 杭州：浙江大学出版社，2005.

[6] 何彤梅，朴善姬. 韩国语语法偏误及解析. 北京：世界图书出版公司北京公司，2009.

[7] 王顺洪. 日本人汉语学习研究. 北京：北京大学出版社，2008.

[8] 王建勤. 第二语言习得研究. 北京：商务印书馆，2009.

[9] 姚晓波. 中介语与对外汉语教学. 上海：学林出版社，2009.

[10] 马广惠. 外国语言学及应用语言学统计方法. 咸阳：西北农林科技大学出版社，2003.

[11] 桂诗春，宁春岩. 语言学方法论. 北京：外语教学与研究出版社，1997.

[12] 张博. 基于中介语语料库的汉语词汇专题研究. 北京：北京大学出版社，2008.

[13] 王建勤. 汉语作为第二语言的学习者习得过程研究. 北京：商务印书馆，2006.

[14] 王建勤. 汉语作为第二语言的学习者与汉语认知研究. 北京：商务印书馆，2006.

[15] 周小兵. 对外汉语教学导论. 北京：商务印书馆，2009.

[16] 刘珣. 对外汉语教育学引论. 北京：北京语言文化大学出版社，2000.

[17] 吕必松. 汉语和汉语作为第二语言教学. 北京：北京大学出版社，2007.

[18] 何杰. 现代汉语量词研究. 北京：民族出版社，2001.

[19] 朱德熙. 语法讲义. 北京：商务印书馆，2004.

[20] 房玉清. 实用汉语语法. 北京：北京大学出版社，2002.

[21] 吕叔湘. 中国文法要略. 北京：商务印书馆，1982.

[22] 邢福义. 汉语语法学. 长春：东北师范大学出版社，1996.

[23] 赵元任. 汉语口语语法. 北京：商务印书馆，1979.

[24] 郭锐. 现代汉语词类研究. 北京：商务印书馆，2002.

[25] 吕叔湘. 现代汉语八百词. 北京：商务印书馆，1999.

[26] 李向农. 现代汉语时点时段研究. 武汉：华中师范大学出版社，2003.

[27] 李绍山. 语言研究中的统计学. 西安：西安交通大学出版社，2008.

[28] 吴旭东. 第二语言习得研究：方法与实践. 上海：上海外语教育出版社，2006.

[29] 秦晓晴. 外语教学研究中的定量数据分析. 武汉：华中科技大学出版

社，2003.
[30] 陈昌来. 对外汉语教学概论. 上海：复旦大学出版社，2005.
[31] 徐子亮. 汉语作为外语教学的认知理论研究. 北京：华语教学出版社，2000.
[32] 陆俭明. 现代汉语语法研究教程. 北京：北京大学出版社，2003.
[33] 游汝杰. 汉语量词"个"语源辨析. 语文研究，1935 (4).
[34] 王绍新. 量词"个"在唐代前后的发展. 语言教学与研究，1989 (2).
[35] 陆俭明. 说"年、月、日". 世界汉语教学，1987 (3).
[36] 陆俭明. 现代汉语时量词说略//北京大学中文系《语言学论丛》编委会. 语言学论丛（第二十三辑）. 北京：商务印书馆，2001.
[37] 宋玉柱. 量词"个"和助词"个". 逻辑与语言学习，1993 (6).
[38] 孙汝建. 关于量词个化论的思考. 云南师范大学学报，1996 (1).
[39] 赵日新. 说"个". 语言教学与研究，1999 (2).
[40] 周小兵. 谈汉语时间词. 语言教学与研究，1995 (3).
[41] 伏学凤. 初、中级日韩留学生汉语量词运用偏误分析. 语言文字应用，2007 (12).
[42] 鲁健骥. 外国人学习汉语词语的偏误分析. 语言教学与研究，1987 (4).
[43] 金珍我. 汉语与韩语量词比较. 世界汉语教学，2002 (2).
[44] 伏学凤. 汉语作为第二语言教学中的量词研究. 语言文字应用，2005 (2).
[45] 代丹. 对外汉语教学中量词教学的研究. 科教文汇，2008 (12).
[46] 唐淑宏. 对外汉语量词教学的偏误分析. 沈阳师范大学学报（社会科学版），2008 (2).
[47] 刘慧清. 初级汉语水平韩国留学生时间词使用偏误分析. 暨南大学华文学院学报，2005 (3).
[48] 戴梦霞. 对外汉语名量词选用教学的一点探索. 汉语学习，1999 (4).
[49] 李亚丽. 汉语第二语言教学中量词教法探微. 文山师范高等专科学校学报，2005，18 (2).
[50] 张婷. 外国留学生量词习得过程研究. 武汉：华中科技大学，2005.
[51] 郭晓沛. 对外汉语量词教学的偏误分析. 天津：天津师范大学，2006.
[52] 王敏媛. 汉语作为第二语言的名量词习得研究. 北京：北京语言大学，2007.

附 录

调查问卷

姓名：________ 性别：________ 班级：________
学习汉语的时间：________ 来中国之前学习汉语的时间：________
汉语水平：________ HSK 成绩：________ 学习汉语目的：________

一、选择题（2 ×30 分）

1. 我学习汉语已经________的时间了。
   A. 一年 B. 一个年 C. 不知道
2. 一年有________，每季度有三个月。
   A. 四个季度 B. 四季度 C. 不知道
3. 我们一个星期上________的课，每节课四十五分钟。
   A. 五个天 B. 五天 C. 不知道
4. 今天我差点迟到，当我走进课堂的时候，还有________就要打上课铃了。
   A. 半分钟 B. 半个分钟 C. 不知道
5. 我家距离学校特别近，每天早上坐公共汽车去上课，________就到啦。
   A. 一会儿 B. 一个会儿 C. 不知道
6. 今年是我在深圳生活的________，我非常喜欢这个城市。
   A. 第一个年 B. 第一年 C. 不知道
7. 记得我刚来中国的时候很多方面都不习惯，________我就偷偷哭了三次。
   A. 第一月 B. 第一个月 C. 不知道
8. 放寒假的时候，我坐晚上的飞机回我的国家，一觉醒来的________，我简直不敢相信我已经到家了。
   A. 第一个早晨 B. 第一早晨 C. 不知道
9. 我家乡的夏天非常热，可是我来深圳的________发现这里的夏天更加炎热。
   A. 第一个夏天 B. 第一夏天 C. 不知道
10. 我在深圳一边工作一边学习汉语，今年已经是我________没有回家过年了。
   A. 第三个春节 B. 第三春节 C. 不知道

11. 五月的________有一个小的假期，我打算去上海旅游。
A. 上半个月　B. 上个半月　C. 不知道
12. 老师说________我们学院将会举行一场汉字比赛，我们都很兴奋。
A. 下个周　B. 下周　C. 不知道
13. 深圳的冬天潮湿阴冷，从________到现在我已经吃胖了十多斤。
A. 上个冬天　B. 上冬天　C. 不知道
14. 我的爸爸妈妈说________他们一定会来中国找我玩儿。
A. 下圣诞节　B. 下个圣诞节　C. 不知道
15. 到目前为止，我________最有趣的事情就是来到了中国学习和生活。
A. 这辈子　B. 这个辈子　C. 不知道
16. 我的室友是一个电脑游戏迷，你瞧，________他又开始进入游戏的世界了。
A. 这个会儿　B. 这会儿　C. 不知道
17. 我下定决心一定要减肥，从________开始我就只吃蔬菜和水果。
A. 这晚上　B. 这个晚上　C. 不知道
18. 每天我都浪费很多时间上网，这是个很不好的习惯，所以我决定从________开始，我一定要先完成作业再娱乐。
A. 这秒钟　B. 这个秒钟　C. 不知道
19. ________是我们深圳大学的运动会，我本想参加两百米赛跑，但由于脚扭伤了，只能当观众。
A. 这周　B. 这个周　C. 不知道
20. 我喜欢旅行，________ 我都会安排出国旅行一次。
A. 每年　B. 每个年　C. 不知道
21. 我特别喜欢学习汉语，________我都会把老师教的东西看上好几遍。
A. 每个周　B. 每周　C. 不知道
22. 我是个体育迷，奥运会的时候，________我都在电视机前度过。
A. 每夜晚　B. 每个夜晚　C. 不知道
23. 我是留学生，我在中国学习汉语，学习的时候很快乐，但是________里我都特别想念我的家人。
A. 每个节日　B. 每节日　C. 不知道
24. 昨天我生病了，所以________都在医院里度过。
A. 整个白天　B. 整白天　C. 不知道
25. 三月是深圳的雨季，周末又下雨了，所以________我都待在宿舍里。
A. 整个天　B. 整天　C. 不知道
26. 由于经济逐渐好转，公司________的销售情况良好。
A. 整年　B. 整个年　C. 不知道

27. ________广东地区的平均气温比东北地区高15℃左右。
   A. 整个三月上旬　　B. 整三月上旬　　C. 不知道
28. 为了锻炼身体，一________我每天都在游泳和跑步。
   A. 整夏天　　B. 整个夏天　　C. 不知道
29. ________我特别忙碌，每天睡觉的时间都只有三个小时。
   A. 这一个阵子　　B. 这一阵子　　C. 不知道
30. 一年四季，春天是我最喜欢的季节，________我们全家都会去爬山。
   A. 每一春天　　B. 每一个春天　　C. 不知道

二、判断改错题（2×15分）

1. 这一个周是本学期的最后一周，我们进行期末考试。

2. 我和我的男朋友一起在深圳学习汉语，但是下一个年他要回韩国去了，我很伤心。

3. 我喜欢学习语言，每隔一个年我就去一个新的国家学习一门新的语言。

4. 上一个月份我的哥哥来中国了，我陪着他吃了很多中国的美食。

5. 前一个时候我去了北京，北京很冷，比深圳冷很多。

6. 汉语很有意思，“一个星期”可以说“一个周”也可以说成“一个礼拜”。

7. 今天是三月二十六号星期一，前一个天是星期日，下一个天是星期二。

8. 昨天我吃坏了肚子，每隔几个分钟就要去一次厕所，难受死了。

9. 每时代都有这时代流行的东西，现在我们的生活被网络占据着。

10. 我的电脑坏了，我的朋友一个下子就把它修理好了，真厉害。

11. 一年当中，哪月份是你最喜欢的？

12. 你的朋友来中国已经多少个年了？

13．这是你在深圳大学的第多少个学期了？

14．今天的日期是几个年几个月几个号？

15．今天是我的生日，每年的这个天是我最高兴的时候。

三、问答题（2×5 分）

1．你来中国学习汉语多长时间了？

2．你每周上几天课？每天几个小时？

3．你每天花多少时间学习汉语？

4．你觉得汉语中的量词和关于时间的词语难不难？你学习当中遇到了什么问题？

5．你觉得这份调查问卷考察的是什么知识点？难不难？

词汇偏误篇

留学生近义词习得的偏误、辨析及教学研究
——以《成功之路·进步篇·听和说2》为例

一、研究概述

（一）研究目的

笔者在深圳大学国际交流学院教授中级 A2 班听说课时发现：留学生在初级阶段由于阅读量少，近义词辨析问题不是很多。但到了中级阶段，近义词辨析困难的问题便凸显了出来。究其原因，一是留学生的词汇量增加；二是教材中出现了较多的近义词。

首先，中级班的留学生都已掌握了基本语法，并且大部分达到了 HSK 三级或 HSK 四级的水平。绝大多数留学生掌握了 600～1 200 个词汇，少数通过 HSK 五级的留学生掌握了 2 500 个词汇。相较于初级班的留学生，他们的词汇量比较大，在学习《成功之路·进步篇·听和说2》①（以下简称《听和说2》）的时候，能够主动将教材中的新词和已经习得的旧词进行对比。

其次，《听和说2》这本教材本身会出现近义词组。比如，第一单元“去哪儿买东西”和这个单元的第四部分“去自由市场淘衣服”，两个标题中就出现了一组近义词“买—淘”。留学生看到“买东西”和“淘衣服”很相近，自然会提问这两个词是不是一样，有什么区别。

中级阶段留学生产生的近义词偏误增多，对于近义词辨析教学的需求也增大，这体现出近义词问题既是留学生关注的重点问题，同时也是教师教学的重点问题。

因此，本文研究的目标有三个：

目标一是从《听和说2》中挑选出 28 组近义词，分析留学生关于这 28 组近义词的偏误，以及每一组词出现的偏误类型和留学生错误使用近义词的原因。帮助留学生在学习近义词的时候，明白这些词的易混淆点，提前规避错误。

目标二是借助 9 本近义词、同义词词典，详尽地辨析这 28 组近义词各方面的不同，帮助教师从语言本体层面全面掌握这 28 组近义词，保证教师能够解决留学生从不同角度提出来的辨析问题。

目标三是提出教授留学生近义词时应遵循的 8 个教学原则，同时提供 4 个具体可行的教学方法。最后为这 28 组近义词设计教案，为教师提供教学的范本，减轻教师

① 邱军，沈红丹. 成功之路·进步篇·听和说 2. 北京：北京语言大学出版社，2009.

的备课压力，帮助留学生在最短的时间内掌握这28组近义词中最重要、最经常出错的内容。

（二）研究现状

1. 有关近义词本体研究的发展情况

近义词研究隶属于词汇学，词汇学隶属于语义学，语义学隶属于语言学。在汉语本体词汇学研究中，近义词研究由来已久，在不同的历史阶段，不同的学者对近义词的认识有其共性也有其特性，整体呈现出螺旋上升的发展趋势。

在汉语词汇学研究中，早期讨论最为广泛的当属同义词和近义词的关系问题。

总而言之，可以将所有观点分为4类：①认为只有同义词，未出现或否认近义词概念；②将同义词和近义词合称为同义词，并且以近义词为其主体；③将同义词和近义词完全区分开来，实现两者的剥离；④将同义词和近义词合称为近义词，并且以近义词为其主体。

认同观点①的学者有周祖谟（1962）、张弓（1964）、符淮青（1985）。在《汉语词汇讲话》中，周祖谟将同义词定义为“语言里发音不同而意义相同或非常相近的词”[①]。而绝对同义词就是等义词。在他的著作中并无近义词概念。与周祖谟先生异曲同工的还有符淮青，符淮青在《现代汉语词汇》中根据意义相同的程度将同义词分为两类：等义词和同义词，等义词下又细分出了绝对等义词。

张弓进而提出，“同义词区分为等义近义两类。这种说法是值得注意商榷的。依我们看，这样的区分法没有必要，而且这样的根本认识是不够准确的。‘近义’这个提法是不够严谨的，究竟怎样才算‘近义’，这是容易使人感觉模糊的”[②]，表明张弓同样认可只用同义词这一概念。

认同观点②的有胡裕树（1981），黄伯荣、廖序东（1979），张静（1957）等学者。胡裕树在其主编的《现代汉语》中写道，“语言中用不同的语音形式来表示相同或相近的意义，就产生了词的同义现象。范式意义相同或相近的词，就叫做同义词”[③]，并将其区分为完全的同义词（或称等义词）和不完全的同义词（或称近义词、条件同义词）。与其相仿，在黄伯荣、廖序东主编的《现代汉语》中，同义义场被定义为意义相同或相近的词所组成的语义场，同义义场中的各个词叫作同义词，包括等义词和近义词。所指相同并不一定构成同义词。狭义的同义词即指近义词，而广义的同义词则包括等义词和近义词。由此可见，这两版《现代汉语》都将同义词作为较大的概念，并囊括近义词。

而时间更早的张静把同义词分为三类，一是等义近义词，二是交叉近义词，三是

---

① 周祖谟．汉语词汇讲话．北京：外语教学与研究出版社，2005：35.

② 张弓．现代汉语同义词的几个问题．河北大学学报（哲学社会科学版），1964（1）：41－47.

③ 胡裕树．现代汉语．上海：上海教育出版社，2011：226.

近义同义词，即将近义词划归为同义词的一部分。这一观点，也体现在辨析词典的编撰上，如《简明同义词词典》（1981，张志毅主编）、《现代汉语同义词词典》（1987，刘叔新主编）、《汉语同义词词典》（2002，佟慧君、梅立崇主编）、《新华同义词词典》（2003，商务印书馆辞书研究中心）、《现代汉语同义词词典》（2009，朱景松主编）等。

认同观点③的学者有刘叔新（1987）、周荐（1992）、葛本仪（1985）、孙常叙（1956）。孙常叙在《汉语词汇》中明确划分了近义词和同义词的界限，认为两者的区别在于“它们是不是能够在同一原句里替换之后还可以表达同一事物。如果替换之后不改变所指的事物，是同义词；若是替换之后即时别指另一事物，不论它们之间如何相近，也只能是近义词”①，并且认为前人以同义词为大概念的观点是“强不同以为同”，造成了思想上的混乱。同样地，在刘叔新、周荐所著的《同义词语与反义词语》以及刘叔新的个人论著《词语的知识与运用》《同义词和近义词的划分》中，同义词和近义词均被视为两种不同的语言现象，不可混淆。这种观点以“意义完全相等的词”为同义词，如“爸爸”和“爹”；而以“意义相近却不完全相同的词”为近义词，如“安静”和“宁静”。学者张博也在《同义词、近义词、易混淆词》中认同“近义词”已不再隶属于“同义词”，不再是“同义词”的次类，而是与“同义词”并列的一类词。

认同观点④的有学者齐沪扬（2007）及北京师范大学现代汉语教研室（1982）。齐沪扬主编的《现代汉语》将理性意义相同的词叫作同义词，将理性意义相近的词叫作近义词，并且认为由于考虑到词的情感、语域、语法意义，同义词的词义并不完全相同，因此把同义词和近义词合称为近义词。

无独有偶，20世纪80年代后期，随着对外汉语教学的兴起，一批近义词词典相继问世，如《近义词辨析》（1983，刘淑娥等）、《近义词应用词典》（1987，陈炳昭）、《汉英汉语常用近义词用法词典》（1996，邓守信）、《汉语近义词词典》（2002，马燕华、庄莹）、《1700对近义词语用法对比》（2005，杨寄洲、贾永芬）、《商务馆学汉语近义词词典》（2009，赵新、李英）以及《实用汉语近义虚词词典》（2013，赵新、刘若云）。这些近义词词典都是为以汉语为第二语言的学习者编撰的。可见，在对外汉语教学的情境中，多数学者选择将近义词视为大类，囊括同义词。

结合笔者教学中的实际情况，本文更倾向于采用第四种观点，主张将同义词及近义词合称为近义词，即近义词由意义相同或相近的词组成。

除上述四种观点之外，张博提出，在对外汉语教学中外国学生容易混用的词语并不能用“近义词”这一概念囊括，因而提出“易混淆词”的概念以补充实际教学中的需要。然而，易混淆词的内涵太过庞杂，在近义词原有的基础上加入了很多具有不

---

① 孙常叙．汉语词汇．北京：商务印书馆，2006：220－221．

确定性、特殊性的词汇，因此我们认为在现阶段仍适宜采用“近义词”这种说法。

2. 有关近义词偏误的研究

近义词偏误是汉语学习者在使用近义词时产生的错误。研究近义词偏误，也就是帮助学习者发现他们使用近义词的错误并归纳出错误的类型，分析他们错误的原因。

学者们在教学过程中，不断地发现外国汉语学习者运用汉语时出现的偏误，比如，罗青松（1997）对英国杜伦大学汉语学习者的 42 份写作试卷进行了偏误统计，其中词语使用偏误达到了66%，而近义词偏误占词语总偏误的 33%。① 章洁（2009）则考察了留学生的作文，在25 名留学生的作文里，发现近义词的各种词性中动词的偏误率排第一，接近 40%。② 赵新、洪炜（2013）针对中、高级留学生分别发放了 58 份调查问卷，结果表明接近 80%的留学生觉得汉语近义词的学习比较难或很难。见一叶而知深秋，窥一斑而见全豹，可见近义词偏误对汉语学习者影响比较大，是对外汉语教学的重难点之一。

这类研究提高了教学者对近义词辨析教学的重视，为之后归纳偏误的类型、分析偏误产生的原因开辟了道路。

赵新、洪炜（2013）分别从三个层面（即语义、句法、语用）共十一个角度分析近义词偏误，并讨论了三种因素（即汉语释义误导、外语释义误导、母语负迁移）引发的偏误现象。③ 章洁（2009）则总结出了出现最多的几个偏误类型，分别是：对近义词的附加色彩不清楚、对近义词词性的混淆、对近义词语义及使用条件不清楚。胡亮节（2006）认为近义词偏误产生的原因有文化背景的差异、教材中的生词释义不恰当、词性差异、色彩意义差异、望文生义、古代汉语与现代汉语的差异等。④

此外，还有针对不同地区汉语学习者的偏误研究。卿雪华（2004）、麦新（2013）、林志平（2015）等学者对泰国学生进行了近义词偏误的调查。毛玉萍（2013）对以英语为母语的留学生进行了偏误研究。马金荣（2013）和白英爱（2011）分别对韩国留学生和朝鲜族学生进行了近义词偏误分析。

3. 有关近义词辨析的研究

随着近义词偏误研究的深入，学者们开始着眼于建立一个全面的近义词辨析框架，其目的在于有逻辑、有层次地分析近义词，使近义词之间细微的不同得以全面而清晰地展现在学习者和教育者的眼前，提高近义词辨析的可操作性和方便性。

最早，周祖谟（1962）和张志毅（1980）探讨了“同义词”，也就是本文所论述的“近义词”的辨析框架。此后杨寄洲（2004），赵新、刘若云（2005、2009），吴

---

① 罗青松．英语国家学生高级汉语词汇学习过程的心理特征与教学策略//《第五届国际汉语教学讨论会论文选》编辑委员会．第五届国际汉语教学讨论会论文选．北京：北京大学出版社，1996：535－545.

② 章洁．基于词汇深度知识理论的同义词教学．上海：复旦大学，2009：11－13.

③ 赵新，洪炜．针对二语学习者的汉语近义词教学．华文教学与研究，2013（04）：51－58.

④ 胡亮节．论对外汉语教学中的近义词辨析．云南师范大学学报，2006（06）：23－27.

琳（2008），敖桂华（2008），郝瑜鑫、邢红兵（2010）等都在近义词研究的基础上提出了辨析的方案和框架。

敖桂华（2008）提出从语义、语境、词性三个角度辨析近义词。章洁（2008）将辨析对象具体到双音节实词性近义词，并把辨析分为三个层次，分别是词性、意义和搭配、理性意义和附加意义。郝瑜鑫、邢红兵（2010）则以大规模语料库为实验对象，提出了辨析的“三角度”模式。

在各种辨析框架中，最全面和最有代表性的是赵新、刘若云（2005）建立的框架。他们在辨析了大量的近义词后，根据“三个平面理论”归纳总结出了一个辨析近义词的框架，大框架包括语义对比、句法对比、语用对比三项，每项下又细分为多个小项。（见表1）

表1　近义词辨析框架（赵新、刘若云）

	语义对比项				句法对比项			语用对比项		
识别因素	语义焦点	语义强度	语义适用	不同义项	语法特征	组合分布	句型句式	风格特点	感情色彩	地方色彩
		程度高低、语气强弱	人、物、事等		词性等	句中位置等	“把”字句等	语体、场合	褒、贬、中性，对上、对下	南方、北方

除辨析框架外，李绍林（2010）也针对对外汉语教学中的辨析教学提出了辨析原则，即简单实用原则、明白易懂原则、温故知新原则和解决主要矛盾原则，等等。①

4. 有关对外汉语近义词教学的研究

“把近义词教给母语非汉语的学习者”和“给母语为汉语的学习者辨析近义词”是两个完全不同的概念，对应着两种截然不同的教学方式。以汉语为第二语言的近义词教学有着自身的独特性。

刘缙（1997）认为教学中不仅要重点辨析近义词义项间的细微差别，还要重视不同词语之间的搭配特点，利用典型例句进行分析。

赵新、李英（2001），敖桂华（2008），李绍林（2010），吴红波（2018）认为必须根据留学生的汉语水平，分阶段、分层次地进行近义词教学。全面细致、眉毛胡子一把抓的教学并不适合留学生群体，这样做反而会加重留学生的学习负担和教师的教学负担，并且也达不到好的教学效果，让留学生不分巨细地记忆，结果就是什么都记不住。因此这些学者认为应该将重点放在近义词常用的、高频的用法，且阶段性地

① 李绍林. 对外汉语教学词义辨析的对象和原则. 世界汉语教学，2010，24（03）：406-414.

深入。

部分学者将各种教学方法、策略应用到近义词教学中。如邵菁（2011）尝试把认知功能教学法融入词语辨析教学中。云欣（2016）将 PBL（problem-based learning）教学法运用到近义词教学中。张小玲（2016）、阿拉伯学者 Ghada（2018）、韩国学者金炅玉（2018）都对语境法（或称情境法）在对外汉语教学中的运用进行了考察研究。

陈科莉（2019）针对同素双音节近义词教学，提出利用语素教学法、语境法、义素分析法、比较联系法等方法进行教学设计①。田园诗（2012）提出了四个近义词教学对策，分别是结合语境、避免偏误、重视语素、结合中国文化。② 于江彦（2016）针对初级阶段的对外汉语课堂进行了教学设计，提出了四种教学策略：情景法、语素分析法、认知功能教学法和图表归纳法。③

（三）研究意义

本文将近义词研究分为四个方面：关于近义词本体的研究、关于近义词偏误的研究、关于近义词辨析的研究和关于对外汉语近义词教学的研究。

由上文可知，前人虽已分析了留学生的各种近义词偏误，归纳了偏误类型，分析了偏误原因，但只停留在明确问题类型和来源上，并没有进一步解决留学生的近义词问题。前人虽在近义词研究的基础上提出了不同的辨析方案和框架，但他们并没有说明如何将这些辨析方案和框架运用到教学中，因此教师难以实际地把研究成果应用到具体的近义词教学中。前人虽提出过各种关于近义词教学的原则和方法，然而他们却没有运用这些原则和方法设计出具体的、可操作的教案。极少数学者设计出了适用于对外汉语教学的近义词教学教案，但缺少了关于这些近义词的偏误研究和辨析研究，教案存在两个问题：一是由于缺少关于偏误的研究，导致教学内容没有直击留学生的"痛点"；二是由于缺少关于近义词辨析的研究，导致教学过程中的辨析存现缺漏或不准确的情况。

因此，本文的研究意义在于总结前人关于近义词的研究经验，然后综合运用到 28 组近义词上，帮助教师在教授这 28 组近义词时，既有理论的支撑又有实际的操作指南，高效地完成教学任务。

（四）研究方法

本文采用的研究方法主要有以下五种：

1. 问卷调查法

笔者以深圳大学国际交流学院中级 A2 班的 32 名留学生为调查对象，发放了 32

① 陈科莉. 留学生同素双音节近义词的偏误分析与教学策略. 长沙：湖南师范大学，2019：81.

② 田园诗. 留学生近义词习得偏误分析与教学对策研究. 大连：辽宁师范大学，2012：37.

③ 于江彦. 对外汉语初级阶段近义词课堂教学设计. 广州：暨南大学，2016：58.

份调查问卷。这份调查问卷考察了留学生对17组近义词的掌握情况，而这17组近义词是从本文所讨论的28组近义词中抽取出来的。笔者根据留学生的答题情况，收集留学生的偏误语料。

2. 偏误分析法

笔者对从调查问卷和HSK语料库中得到的偏误语料进行分析，目的是总结出留学生在使用28组近义词时出现的偏误的类型并分析这些偏误产生的原因。

3. 文献调查法

笔者收集了9本近义词、同义词词典，从中提取出跟28组近义词相关的词条，然后从这些词条中总结归纳出每一组近义词的辨析内容，为教师提供关于这28组近义词的最全面的辨析。

4. 比较分析法

笔者将28组近义词本身可辨析的差异点与留学生习得近义词的偏误类型进行比较，分析教师在教学中应该侧重辨析的内容。

5. 实践法

笔者在教学过程中亲身实践了近义词教学，并且将教学经验融入教案设计中。从调查问卷的答题情况来看，笔者在课堂上辨析过的近义词错误率相对较低。

（五）研究语料

本文的研究对象是从《听和说2》中提取出来的28组近义词，收集途径分别为教材自身、课堂练习和留学生提问。每组有2～4个单音节词或双音节词，其中绝大多数是两个词。

本文所收集的偏误语料来自笔者设计的调查问卷和两个留学生作文语料库。调查问卷考察了其中17组近义词并收集到了它们的偏误语料。由于调查问卷无法完全覆盖28组近义词，因此笔者选择使用“HSK动态作文语料库”（以下简称HSK语料库）和“东南亚华裔留学生作文语料库”为剩下的11组近义词补充偏误语料，然而在实际操作中，仍有两组词无法通过语料库获得偏误语料。

本文辨析部分的语料来自9本近义词、同义词词典。笔者从这9本词典中筛查出关于28组近义词的词条，作为辨析的理论基础和语料来源。

二、关于留学生近义词习得的偏误调查

（一）调查问卷介绍

调查问卷的调查对象是深圳大学国际交流学院中级A2班的32名留学生，这些留学生分别来自韩国、日本、俄罗斯、乌克兰等11个国家，其中韩国、日本的留学生最多，占总数的将近一半。他们的汉语水平在HSK 3～5级之间。发出去的32份调查问卷，正常回收使用的有19份。

笔者根据留学生课堂提问和教材词汇筛选出一部分近义词词组，并将留学生在听

说课上需要掌握的近义词知识点转化为问题形式，从而制成调查问卷。

调查问卷一共有16道题，其中15道是选择题，1道是判断题。全部问题本质上都是选择题，考察留学生“选择”使用近义词的情况。调查问卷所覆盖的17组词都从属于本文所辨析的28组近义词，剩余的11组近义词由于时间关系和为减轻留学生的负担没有纳入调查问卷中。

另外，调查问卷的部分题目加入了图片，以帮助留学生理解近义词的使用场景。如第7题：笔者试图用比较形象的方式唤醒留学生的记忆，回想起教师在课堂上辨析过的近义词。

7. ①左图这个男人被（　　　）了。

②右图的男人（　　　）了。

（多选：A. 辞职　B. 跳槽　C. 炒鱿鱼　D. 辞退）

（二）调查问卷偏误情况分析

表2所示为留学生的偏误情况。一道题中只要有一个小空格回答错误，便算整道题错。

表2　调查问卷偏误情况

题号	近义词组	错误人数	错误率	答案	偏误类型
1	潮湿—湿润	4	21%	A	语义—语义强度
2	块—元	3	16%	A	语用—风格特点
3	充电—休息	17	89%	A；B；C	语义—不同义项
4	乐趣—兴趣	3	16%	B	语义—语义适用
5	长相—外表	2	11%	A	语义—语义适用
	打扮—化妆	3	16%	C	句法—组合分布
6	快递员—快递小哥	18	95%	①A；②A/B	语用—感情色彩
7	辞职—跳槽—炒鱿鱼—辞退	18	95%	①C/D；②B	语义—语义焦点
8	去世—死	0	0%	①B；②A	
9	特点—特色	4	21%	①B；②A；③A	语义—语义焦点

（续上表）

题号	近义词组	错误人数	错误率	答案	偏误类型
10	家庭—家族	9	47%	①B；②A；③B	语义—语义焦点
11	吃惊—大吃一惊—惊喜	18	95%	①B；②A；③B；④A/C	语义—语义焦点/强度；句法—语法特征—词性
12	在乎—在意	17	89%	①B；②A/B；③A	语义—语义焦点；句法—组合分布
13	老—旧	19	100%	①A；②A；③B；④A；⑤A/B；⑥A	语义—语义适用
14	预订—预定	3	16%	①B；②A；③A；④B	语义—语义适用
15	启事—广告	18	95%	①A/B；②B；③A/B；④B	语义—语义焦点
16	滋味—味道	8	42%	①A/B；②B	不同义项

从调查结果来看：

（1）课堂上辨析过的词组错误率普遍较低，没有辨析过的词组错误率较高，说明课堂上的近义词教学对留学生习得近义词有积极意义。

错误率超过50%的有7组词："充电—休息""快递员—快递小哥""吃惊—大吃一惊—惊喜""辞职—跳槽—炒鱿鱼—辞退""在乎—在意""启事—广告"和"老—旧"。这7组词错误率较高的原因有两个：一是教师在课堂上没有具体辨析过，因此留学生对这几组词掌握得不好。二是这些题多数是多选题，难度极大。只有一个回答正确，也算作没有答对。

错误率在20%～50%的有4组词："潮湿—湿润""特点—特色""家庭—家族"和"滋味—味道"。这4组词教师在课堂上辨析过，因此错误率较低，说明近义词在课堂上经过教师的辨析后，留学生大部分能够掌握。

错误率低于20%的有6组词："块—元""乐趣—兴趣""长相—外表""打扮—化妆""去世—死"和"预订—预定"。其中有4组词是教师讲解过的，因此错误率低。而剩下的2组词"块—元""去世—死"虽然没有讲解过，但是属于初级词汇，留学生在初级阶段就已经掌握了，所以偏误率很低，特别是"去世—死"这一组是零错误。

（2）多选题的错误率最高，说明留学生对近义词可替换的情况掌握不足。

调查问卷中有7道多选题，这些题的错误率最高，平均错误率高达94%，说明留学生在运用这些近义词的时候，并不能完全辨别词与词之间的不同之处。

如第7题考察“辞职”等词，第一小问是“左图这个男人被（　　）了。”该空有两个正确答案“炒鱿鱼”和“辞退”。只有一位留学生选择了“炒鱿鱼”和“辞退”，其他16名留学生只选了“炒鱿鱼”，还有2名留学生只选了“辞退”。这18名留学生的答案虽然不能算错误，但只能算部分正确，说明他们并没有完全掌握这组近义词。

这种只选了一个正确答案的现象反映出留学生对另一个正确答案不熟悉。以上题为例，只选一个答案的留学生搞不清楚“炒鱿鱼”和“辞退”的相同点和不同点，只是因为教材中“炒鱿鱼”是一个词汇，是学习过的表达，就习惯性地运用了。他们在题目的情景中使用“炒鱿鱼”当然很恰当，但是当有人对他们使用“辞退”的时候，他们可能不会明白“辞退”的意思就是“炒鱿鱼”。

因此笔者对调查问卷里面的多选题做了更详细的分析，结果如表3所示：

表3　多选题偏误情况

题号	近义词组	错误率	选项数	正确答案	选A次数	选B次数	选C次数	全选次数	A掌握率	B掌握率	C掌握率
3	充电—休息	89%	3	ABC全选	8	10	10	2	42%	53%	53%
6②	快递员—快递小哥	95%	2	AB全选	5	15		1	26%	79%	
7①	炒鱿鱼—辞退	95%	4	AB全选	17	3		1	89%	16%	
11④	吃惊—惊喜—大吃一惊	100%	3	AC	2	1	9	0	11%	5%	
12②	在乎—在意	89%	2	AB全选	14	7		2	74%	37%	
13⑤	老—旧	100%	2	AB全选	3	16		0	16%	84%	
15①	启事—广告	89%	2	AB全选	16	5		2	84%	26%	
15③	启事—广告	95%	2	AB全选	15	4		1	79%	21%	

由表3可见，每道题完全回答正确的最多只有一两个人，说明绝大多数留学生没有完全掌握这8组近义词，都是一知半解。在某个情境下，这些近义词可以替换使用，而留学生的答题情况说明大部分留学生只会用其中的一个词，而不知道另一个近义词也可以使用。这提醒教师在教学中要着重点出两个词可以替换使用的情况。

（三）留学生作文语料库中的近义词偏误情况

1. HSK动态作文语料库中的近义词偏误

HSK动态作文语料库是外国学习者参加高等汉语水平考试（HSK高等）作文答

卷的语料库，主要收集 1992—2005 年 14 年间部分外国留学生的作文答卷。

本文所研究的 28 组近义词，有 17 组词通过调查问卷得到了偏误语料，而剩下的 11 组词则缺少偏误语料（而且“去世—死”没有在调查问卷中得到偏误语料），因此决定通过 HSK 语料库为剩下的 11 组词补充偏误语料。笔者对 28 组近义词通过“字符串一般检索”进行检索。把一组近义词分为 A 词和 B 词（和 C 词），分别检索，找出出现组内偏误的次数（就是 A 词误用为 B 词或 B 词误用为 A 词的次数）。其检索方式是通过检索“CC 近义词 A”和“CC 近义词 B”（CC 是语料库的错词代码）得到错误使用近义词 A 和 B 的偏误语料。

HSK 语料库中的偏误情况如表 4 所示：

表 4　HSK 语料库中的偏误情况

序号	近义词组	组内偏误数	调查问卷收录	偏误类型
1	预订—预定	1	是	语义—语义适用
2	滋味—味道	3	是	语义—不同义项
3	在乎—在意	0	是	
4	大概—大约	2	否	语义—语义适用
5	乐趣—兴趣	2	是	语义—语义适用
6	抛—扔	0	否	
7	差别—差异—差距	10	否	语用—风格特点 语义—语义焦点
8	潮湿—湿润	0	是	
9	举办—举行	0	是	
10	买—淘	0	否	
11	价格—价钱—价值	16	否	语义—语义焦点 语用—风格特点
12	随便—随意	2	否	语义—不同义项
13	块—元	0	是	
14	特点—特色	1	是	语义—语义适用
15	老—旧	6	是	语义—语义适用
16	快递员—快递小哥	0	是	
17	家庭—家族	7	是	语义—语义焦点

（续上表）

序号	近义词组	组内偏误数	调查问卷收录	偏误类型
18	和睦—和谐	0	否	
19	怪不得—难怪	0	否	
20	去世—死	10	是	语用—风格特点
21	抢饭碗—竞争	0	是	
22	辞职—跳槽—炒鱿鱼—辞退	3	是	语义—语义焦点 句法—句型句式
23	启事—广告	0	是	
24	充电—休息	0	是	
25	吃惊—大吃一惊—惊喜	1	是	语义—语义强度
26	长相—外表	0	是	
27	打听—问	0	否	
28	打扮—化妆	0	是	

从表4可观察到：这28组词在HSK语料库中组内偏误数都比较少，大多是个位数，且有15组词没有出现组内偏误。调查问卷无法提供偏误语料的11组词中，HSK语料库只能为其中的5组词提供偏误语料，因此仍剩下6组词缺少偏误语料。

偏误语料少的原因，一是笔者从听说课中提取出来的近义词更口语化，而HSK语料库是作文语料库，用词的风格差别较大，所以很多词语料库没有收录；二是本文所讨论的28组词是针对中级水平留学生提取的，而HSK语料库收录的是高级水平留学生的作文，水平不同导致偏误的情况也不同。

另外，同一组近义词在调查问卷和HSK语料库中出现的偏误类型不同，可以为教师的近义词教学提供不同的角度，让教师知道一组词有哪几种偏误是留学生会出现的，从而进行有针对性的教学。

2. 东南亚华裔留学生作文语料库中的近义词偏误

对于调查问卷和HSK语料库无法提供偏误语料的6组近义词，笔者采用东南亚华裔留学生作文语料库作为补充。该语料库主要收集在华学习汉语的东南亚华裔留学生的作文语料。该库收录了2001—2015年的留学生作文，约800万字。

在6组尚缺偏误语料的词中，该语料库能为其中的4组提供偏误语料，如表5所示：

表5　东南亚华裔留学生作文语料库中的偏误情况

序号	近义词组	组内偏误数	偏误类型	调查问卷/HSK语料库收录
1	抛—扔	2	语义—语义焦点	否
2	举办—举行	5	语义—语义焦点	否
3	和睦—和谐	6	语义—语义适用	否
4	打听—问	1	句法—组合分布	否

但是仍有两组近义词没有找到偏误语料，分别是"怪不得—难怪"和"买—淘"。

笔者认为这两组词没有偏误语料的原因有两个：一是组内某一个词的使用次数极少。比如没有留学生把"淘"作为动词使用，他们只会说"淘气"或"淘宝"。因而不会产生"买—淘"的偏误。二是留学生使用近义词的场景都是这组词可以替换使用的场景。比如"怪不得"和"难怪"在作副词时是可以完全替换的，作动词时则有不同。而留学生只将这两个词作为副词用，完全不使用其动词用法。

因此，从留学生对这两组词的使用偏好看，这两组词不存在使用问题，但可能存在阅读理解问题。这是教师在教学中需要关注的。

三、留学生近义词习得偏误的类型分析

本节主要针对前两节收集的偏误语料，根据赵新、刘若云（2005）提出的近义词辨析框架，对留学生的偏误分三个层面共10个小角度进行讨论。这三个层面分别是语义、句法和语用。①

在收集到的偏误语料中，每组近义词会出现一种或多种偏误类型，其中部分偏误类型多次出现，有些则比较少见。表6是根据前两节的偏误语料总结出来的偏误类型及其出现次数：

表6　偏误类型及其出现次数

序号	三个层面	偏误类型	相关近义词组数量	重要性顺序
1	语义层面	语义—语义焦点	11	1
2		语义—语义强度	2	5～6
3		语义—语义适用	6	2
4		语义—不同义项	3	4

① 赵新，刘若云．编写《外国人实用近义词词典》的几个基本问题．辞书研究，2005（04）：57－67.

（续上表）

序号	三个层面	偏误类型	相关近义词组数量	重要性顺序
5	句法层面	句法—语法特征	2	5～6
6		句法—组合分布	1	7～9
7		句法—句型句式	1	7～9
8	语用层面	语用—风格特点	4	3
9		语用—感情色彩	1	7～9
10		语用—地方色彩	0	10

从表6可知，近义词偏误主要集中在语义层面，其次是语用层面，再次是句法层面。而在语义层面的偏误中，最常见的偏误类型是语义焦点偏误（11次），其次是语义适用偏误（7次）。另外，语用层面的风格特点偏误（4次）出现次数也相对较多。在这28组近义词中，唯一没有出现过的偏误类型就是语用层面的地方色彩偏误（0次）。

（一）语义层面的偏误

语义层面的偏误包含四个方面：语义焦点偏误、语义强度偏误、语义适用偏误、不同义项偏误。

1. 语义焦点偏误

出现该偏误的共有11组词，除下文分析的6组外，还有“差别—差距—差异”“价格—价钱—价值”“辞职—跳槽—炒鱿鱼—辞退”“启事—广告”和“吃惊—大吃一惊—惊喜”。

每个词都有其意义的重点，这个意义重点就是语义焦点。很多近义词的基本意义相近，但是侧重点不一样。出现语义焦点偏误的大多是包含相同语素的词组，比如“预订—预定”“在乎—在意”“举行—举办”等，这些词都含有相同的语素。

以“预订—预定”为例，留学生偏误有：①预定网球场；②预订计划；③预订时间；④我预订｛CC预定｝了某一家航空公司的机票，可是预订｛CC预定｝｛CD的｝三天后，那家航空公司的飞机坠落了。这两个词里面有相同的语素“预”，表示“提前”的意思。留学生因为这两个词发音相同，又含有相同的语素就给这两个词画上了等号。实际上这两个词的语义焦点都落在后面的“订”和“定”上，这才是分辨这两个词的关键。他们不明白这两个词的语义焦点，所以出现了“预订时间”“预定机票”这样的错误。

以“在乎—在意”为例，留学生偏误有：①记得小时候爸妈不辞劳苦地来学校接我上学及放学并不在乎雨淋日晒；②但我一点也不在乎那个声音。“在乎”的语义焦点是“重视”，表示将人或事放在心上，认为很重要；“在意”的语义焦点是“注意”，表示将注意力放到人或事上面。“在乎”是态度上的一种长时间的重视，而“在意”是动作上的一种短时间的注意。第一个偏误中爸妈应该是不太“注意”不好的天气，所以应该用“在意”，第二个偏误中人对声音的反应一般是暂时的，所以也适合用“在意”。

以“抛—扔”为例，留学生偏误有：就是那些家里一尘不染的人乱抛垃圾的结果。这两个词都有让东西从手中离开的意思。但是动作的焦点不同，“抛”强调物体垂直方向上的运动，而“扔”则是无序的运动，各个方向都可以。留学生的错误在于没有认清“抛”的强调点，造成“抛垃圾”这样不规范的表达。

以“举行—举办”为例，留学生偏误有：①这个时候，广州要举行一个很有特色的花市；②有一天他女儿想举行画展，可商人知道她的画儿画得很一般；③我校举行庆祝中国新年活动。这两个词都有开始某一项活动的意思，但是语义焦点有多方面的不同。首先，“举行”侧重活动的进行，“举办”侧重活动的策划。其次，这两个动作的发起者和承受者也不一样。留学生的这三个偏误中都有动作的发起者——“广州”“他女儿”“我校”，他们都是活动的策划者和发起者，因此后面应该用“举办”。

以“家族—家庭”为例，留学生偏误有：①没有家庭｛CC 家族｝的生活让我成长了；②最近家庭变小，大部分的家庭｛CC 家族｝只有父母和子女；③我的家族里面有 3 口人；④他有个大家庭，有些人他都不认识。这两个词相同的语素是“家”，但语义焦点落在后面的“庭”和“族”上。“家庭”是以家人所居住的庭院指代一起居住的一家人，而“族”的概念更为庞大，包括同血统的好几代人。留学生没有认识到这两个词语义焦点范围的不同，从而导致了偏误。

以“特点—特色”为例，留学生偏误有：①其实在老挝旅游点比不上别的国家但是它也有特点；②武夷山的特点是坐竹排，一个人坐一百块。这组词相同的语素“特”指独特，语义焦点落在后面的“点”和“色”上。“特点”指的是形式和内容上不同的“点”，即不同于别的人、事物的地方。“特色”指风格色彩的不同，常用于文化性、地方性、民族性的事物。留学生的这两个句子想要表达的是老挝和武夷山作为旅游景点的文化风格和地方色彩，因此用“特色”更恰当。

2. 语义强度偏误

表达同样意义的两个词，虽然基本意思相同，但可能会有语义程度高低的不同或者语气强弱的不同。

出现该偏误的共有 2 组，这两组词都是在语义程度高低的分辨上出了差错。

以“潮湿—湿润”为例，留学生偏误有：①湿润让人感觉不舒服；②全年气候凉爽，没有明显的干燥和湿润的季节。这两个词都含有语素“湿”，留学生能理解这两个形容词都是用来描述空气或物体含有水分，不干燥，但会错误地认为这两个词是一样的，认为描述有水分两个词都可以用，因此产生了偏误。实际上，“潮湿”是水分过多到令人不舒服，“湿润”是水分适中让人觉得适宜。

以“吃惊—大吃一惊—惊喜”为例，留学生偏误有：①小明恋爱一个月就结婚了，我觉得很大吃一惊；②她看见｛CC2 看｝桌子上的菜大吃一惊｛CC 太吃惊｝｛CD 了｝。“大吃一惊”和“吃惊”的区别在于语义程度不同，前者比后者程度更高。留学生知道这两个词表达的意思相似，于是认为“很吃惊”可以替换成“很大吃一惊”。事实上，“大吃一惊”已经有“很”的意思了，不可以再加程度副词。

3. 语义适用偏误

出现该偏误的共有 6 组，除下文提到的 4 组外，还有“老—旧”与“和睦—和谐”两组。

近义词的适用范围和适用对象不一定相同，有的适用于人，有的适用于事，有的适用于物。还有适用于自己或别人、个人或集体、具体事物或抽象事物等的区别。

以“大约—大概”为例，留学生偏误有：我支持的理由大概｛CC 大约｝是以下三个。“大概”一般适用于推测情况，而“大约”一般适用于估计数量。虽然后面是数量词“三个”，但“大概”修饰的是“是”，表示对情况的推测，因此这里用“大概”更合适。

以“乐趣—兴趣”为例，留学生偏误有：①流行歌在我们的日常生活中，是一种有乐趣｛CC 兴趣｝的文化；②我对学习汉语有很大的兴趣｛CC 乐趣｝。“乐趣”产生于事物，“兴趣”则产生于人。在第一条偏误语料中，文化产生了“乐趣”，所以应该说“有乐趣的文化”。在第二条偏误语料中，主语是“我”，谓语是“有”，宾语是“乐趣”，显然不对。“有乐趣”的应该学习汉语这件事，而“我”有的应该是“兴趣”。

以“长相—外表”为例，留学生偏误有：（我）一个人出去外面比较危险，因为我的外表不像中国人。留学生没有认识到“长相”特指人面部的特征，而“外表”是人整体上的特征。在这句偏误中，留学生想要表达的是他的面部特征不像中国人，应该用“长相”更为恰当。

以“特点—特色”为例，留学生偏误有：由于这样的特点｛CC 特色｝，他常常跟父母吵架。留学生会将“特点”与“特色”的适用对象混淆。“特点”既可以用于人，也可以用于物。而“特色”只可以用于物，不可以用于人。留学生在此产生的偏误就是将“特色”用在了人身上。

4. 不同义项偏误

出现该偏误的共有 3 组。一个词可能会有不止一个义项，所以组成近义词的两个词除了相同或相近的义项外，可能还有一些不同的义项。留学生在使用近义词时可能会将其中一个词的义项嫁接到另一个词上。

以“滋味—味道”为例，留学生偏误有：①你从来都不知道被人看不起的味道；

②我们一点也感觉不到成功的滋味｛CC 味道｝。这组词共同的义项是“味觉器官得到的一种感觉”，这也是它们的本义。所以使用本义时既可以说“我尝过酸甜苦辣的滋味”，也可以说“我尝过酸甜苦辣的味道”。但是这两个词的引申义不同，“味道”还表示兴趣、趣味的意思；而“滋味”可以表示内心对生活、事情的感受和体验。留学生的错误在于，把“滋味”的引申义嫁接到了“味道”身上，认为“味道”可以表示人的感受。

以“随便—随意”为例，留学生偏误有：①在社会上，不能随便｛CC 随意｝在什么地方都吸烟；②她说，她很少跟｛CC 向｝顾客随便｛CC 随意｝搭话。这组词在作形容词时义项数量不同，“随意”只有一个义项，表示任凭自己的意思；“随便”有三个义项：一是不加限制，没有明确的目的；二是不讲究、凑合；三是表示言行不多考虑、不慎重。留学生的第一个偏误是用“随意”表达了“随便”的第三个义项，第二个偏误则是用“随意”表达了“随便”的第一个义项。

以“充电—休息”为例，留学生的偏误是在学习了“充电”的一个引申义之后，将“充电”的本义和另一个引申义遗忘了。通过分析调查问卷的第三题，我们可以看到留学生对“充电”义项的掌握程度：休息（42%）、学习新的知识（53%）、给电器接上电源（53%）。在暨南大学华文学院口语语料库中，留学生 A 提到“充电方式”，留学生 B 由于不明白“充电”的义项，因此问：“你刚才说的充电方式是什么?”留学生 A 回答：“充电方式是在宿舍睡觉啊，还能怎样?”他使用了“充电”的引申义“休息”。可见留学生 B 对“充电”的引申义不熟悉，因此理解错误。

（二）句法层面的偏误

1. 语法特征偏误

出现该偏误的共有 2 组。以“打扮—化妆”为例，留学生偏误有：她虽然长相一般，但是她很会<u>化妆</u>自己。“打扮”“化妆”都是动词，都有“修饰、装扮外表”的意思。有的留学生就直接在动词后面加上宾语，来表明动作的实施对象。然而两个词在词性上却有不同：“打扮”是及物动词，其后可以加宾语，如“打扮自己”“打扮圣诞树”，但是“化妆”却是不及物动词，后面不可以直接加宾语，留学生不明白，因此产生了“化妆自己”这样的偏误。

以“吃惊—大吃一惊—惊喜”为例，留学生偏误有：小红快过生日了，我们打算给她<u>一个吃惊/大吃一惊</u>。“惊喜”可以作形容词，也可以作名词；“吃惊”和“大吃一惊”只能作动词。留学生的错误在于没有掌握这三个词的词性，将“吃惊”用作名词。

2. 组合分布偏误

一个词在句子中出现，不仅对在句子中的位置有要求，而且对前接成分和后接成分也有要求。

出现该偏误的只有 1 组，就是“打听—问”。留学生偏误有：（我）进了商店就<u>打</u>

听服务员最近他们公司在搞什么活动。“问”后面可以接双宾语，如“问老师一个问题”，而“打听”不可以。留学生的错误在于混淆了两者的后接成分，在“打听”后面加上了双宾语。

3. 句型句式偏误

不同的词可以搭配的句型不同，这些句型分别是“把”字句、被动句、否定句。

出现该偏误的只有 1 组，就是“辞职—跳槽—炒鱿鱼—辞退”。留学生偏误有：①医生被辞退｛CC 辞职｝｛CQ 了｝。②一年前我工作的公司破产了，所以不得不辞职｛CC 辞退｝了。③因为政治上的原因，他被辞退｛CC 辞职［C］｝了。“辞退”可以用于被动句，而“辞职”只能用于主动句。留学生错在把“辞职”用于被动句，表达成“被辞职”。

（三）语用层面的偏误

1. 风格特点偏误

出现该偏误的共有 4 组。语体和场合不同，适用的词汇也不同。有的词适用于口语，有的词则适用于书面语。比如“炒鱿鱼”适用于口语，“辞退”则适用于书面语。除此之外，还有正式场合和非正式场合的用词差别。

以“差别—差距—差异”为例，留学生偏误有：①这样我们可以更深地了解男生与女生的基本差别；②可是我觉得傣族的文化和泰国的文化有很大差别；③东西文化差别是挺大的。“差别”可用于口语和书面语，但是在很多书面语的表达中只能用“差异”，如“文化差异”“基本差异”“民族地方差异”等都不可以用“差别”。

以“价格—价钱—价值”为例，留学生偏误有：①该食品的价格与一般的食［C］品的价格｛CC 价钱｝一样的情况下；②那么市场的物品需求量供不应求，造成物品价格｛CC 价钱｝提高。“价格”与“价钱”都表示商品卖多少钱，但是在书面语和正式场合中，只能使用“价格”。而“价钱”多用于口语和非正式场合。留学生错在将“价钱”用于书面语和正式场合。

以“块—元”为例，留学生偏误有：①表姐对那个服务员说：“一百元太贵了。”②一百元和四十元相差可大着呢！而且调查问卷第 2 题问“十二块钱”和“十二元”哪个更口语，有些留学生出现了偏误，认为“元”比“块”更口语。其实在口语语体下，顾客问：“这双袜子多少钱？”卖家一般会回答“十二块”而不是“十二元”。在暨南大学华文学院口语语料库中，留学生在讨论价格时，用的都是“块”而没有用过“元”。因此，留学生的偏误在于没有分清“元”适用于口语还是书面语。

以“去世—死”为例，留学生偏误有：①一位特别受欢迎的演员，因为抽烟而得病后去世｛CC 死｝了；②就因为祖父早已去世［B 死］；③首先说对我影响最大的，也就是说我哥哥去世［B 死］的事情吧。“去世”更适合正式的场合，表达对逝者的尊敬；“死”则多用于非正式场合，只表达“死去”这一事实。留学生错在不分场合地使用“死”这个词，而没有看到“去世”更得体、礼貌。

2. 感情色彩偏误

出现该偏误的只有1组，即“快递员—快递小哥”。

词语中往往暗含用词者的情感，或褒或贬或中性。比如，当一个人骂一个男人时，不可能骂他“帅哥”，因为这是一个褒义词。

这组词留学生的偏误是：那个快递小哥太可恶了，他一点都没有礼貌。“快递员”是中性词，“快递小哥”却是褒义词，留学生错在认为两者是等义词，可完全替换，在贬义句中使用了后者。

四、留学生近义词习得偏误的原因探析

留学生所产生的偏误是由多种因素相互作用而成的，本文从汉语词汇的构词特点、学习者的母语和学习方式以及教材和教学策略三个方面探讨近义词偏误产生的原因。

（一）汉语词汇的构词特点造成近义词偏误

汉语构词法意即用汉语语素构成汉语词汇的方法。汉语词汇可以分为两大类：单纯词和合成词。单纯词只有一个语素，而合成词则由两个或两个以上语素组成，在现代汉语中，后者占绝大多数。

在合成词的三种构词方法中，复合式是指将两个或两个以上的语素合成一个词。这就使得同一个语素可以被用于构成多个词，同时出现在不同的词中。不同的词包含着同一个语素，使得留学生晕头转向，他们看到两个词有同一个语素，能灵敏地觉察出这两个词有“亲属关系”，但是受汉语水平的限制并不能很好地分辨。

在本文讨论的28组近义词中，就有15组的构词属于这种情况，占总数的54%。

以“预定—预订”为例，“预订”是由语素“预”和语素“订”合成的，“预定”是由语素“预”和语素“定”合成的，两个词都有语素“预”。留学生能直观了解两个词的相同之处是“提前”，但他们却无法根据所谓母语者的语感和经验对后面的两个语素进行辨析。只有通过教师的解析，他们才能知道“订”表示“订购”，宾语多是具体事物，如“预订饭店”，而“定”表示“确定、约定”，宾语多是抽象事物，如“预定计划”。

汉语词汇复合式的构词法是不可改变的事实，汉语教师和学习者应该顺应汉语词汇的这种特点，学会利用这种特点。比如通过学习“预定—预订”掌握了“定”和“订”这两个语素后，遇到其他近义词组如“制定—制订”或“修订—修定”就能举一反三了。

（二）学习者的母语和学习方式造成近义词偏误

1. 受母语负迁移的影响

汉语作为第二语言的学习与汉语作为母语的学习截然不同。后者，学习者的第一语言本身就是汉语，其学习是层层深入的过程，其学到的汉语知识和他们所接触的语

言是相符的，不会造成矛盾。而前者在很大程度上受到学习者母语的影响，每学习一个新的知识，有两种可能，一种是和母语和谐相处，另一种则是和母语产生矛盾、碰撞。

母语和目的语发生冲突即是母语负迁移，母语负迁移阻碍了目的语的习得。如日本留学生常用错“家庭—家族”里的“家族”一词。因为在日语中“家族”包含了汉语里的“家庭”“家属”两个词。因此日本留学生会不分场合地用“家族”，如“大部分的家庭｛CC家族｝只有父母和子女”。

2. *受学习方式的影响*

汉语近义词学习是一个不进则退的过程，掌握一组近义词能够帮助学习者更上一层楼。反之，如果学习者因畏难心理停滞不前，近义词偏误则会越积越多，偏误问题始终如鲠在喉，汉语水平也难以更进一步。

笔者在教学中发现善于提问、敢于运用生词的留学生在近义词学习上常有突破。比如一位乌克兰留学生始终无法理解一个其他留学生都明白的知识点，他没有好面子，而是在不懂的时候坚持不懈地表达自己的不理解，在多次提问后终于掌握了。这样的学习态度是近义词学习的关键。

再比如一位韩国留学生喜欢练习当堂课的新词，无论对错她都尝试去用。学习“怪不得”时，她造了一个句子：“秋天可以去看美丽的落叶，可以和家人去公园玩，怪不得我喜欢秋天。”虽然句子造错了，但经过教师的讲解，这个错误反而帮助她理解了“怪不得”的用法。

（三）教材和教学策略造成近义词偏误

教材和教师的教学策略也会造成近义词偏误。

首先，教材中生词的不当英译容易造成留学生对近义词的误解。留学生对汉语了解不足，对生词的初步认识完全来自教材，但教材中生词的翻译有的不准确，有的即使正确也达不到辨析的作用。比如《听和说2》第82页的生词“长相”，教材翻译为“looks”和“appearance”，对于留学生来说，单凭这个翻译，“长相”和“外表”并没有区别。而实际上“长相”多指人的面部形象，即相貌。而“外表”除了用于指人整体上的形象，还可以用于物。总之，教材翻译的局限性造成了近义词习得困难。

其次，教师的教学策略同样会影响留学生的习得。其一，教师如果在备课时没有处理好教材的生词，没有提前预测可能出现的近义词问题，到了课堂上就无法全面地解答留学生的提问。其二，教师在准备不足的情况下，或遇到了预测外的辨析问题，很可能会用自己的语言解释，或者临时举出一些例句，这些例句多数不真实、不标准，反而会引发更多的辨析问题。其三，有的教师会用留学生没学过的词解释生词，导致留学生的近义词问题增加。

五、关于留学生近义词习得的辨析研究

前文我们讨论了留学生产生的近义词偏误，分析了偏误的类型和偏误产生的原因。在这里，讨论的重点将转移到如何辨析这些近义词，为近义词教学开路。

留学生产生的偏误往往只涉及一组近义词各方面不同中的一面，而近义词辨析则涵盖了一组词所有方面的不同。“偏误和辨析”就是“点和面”的关系。一组近义词的不同点就如同一个个“坑”，使用错了就是踩到了“坑”，产生了偏误。而近义词辨析就是为了把“坑”一个个亮出来给留学生看，叫他们不要踩进去。

(一) 词典中的近义词辨析

为了提高辨析的准确性，笔者参考了9本近义词、同义词词典，如表7所示：

表7　近义词、同义词词典

序号	书名	年份	著者	来源
1	近义词应用词典	1987	陈炳昭	全国图书馆参考咨询联盟
2	汉英汉语常用近义词用法词典	1996	邓守信	全国图书馆参考咨询联盟
3	汉语同义词词典	2002	佟慧君、梅立崇	全国图书馆参考咨询联盟
4	汉语近义词词典	2002	马燕华、庄莹	全国图书馆参考咨询联盟
5	1700对近义词语用法对比	2005	杨寄洲、贾永芬	Z-Library
6	商务馆学汉语近义词词典	2009	赵新、李英	全国图书馆参考咨询联盟
7	现代汉语同义词词典	2009	朱景松	国家数字图书馆读者门户
8	现代汉语同义词词典（新4版）	2011	刘叔新	全国图书馆参考咨询联盟
9	新编同义词词林	2015	亢世勇	深大汇雅书库

笔者通过检索词典目录，调查了28组近义词在这些词典中的收录情况，如表8所示。表中特殊标记说明：（1）第1行中的第2～10格是9本词典的缩写，如“87陈”指的是“1987年陈炳昭所编著的词典”。（2）第2～29行，字母“O”（OK）表示该词典收录了左侧这组词，字母“H”（half）表示该词典收录了词组内的部分词，空格表示该词典没有收录这组词。

表 8　28 组近义词在词典中的收录情况

近义词组	87 陈	96 邓	02 佟	02 马	05 杨	09 朱	09 赵	11 刘	15 亢	被收录数	被收录率
预订—预定	O		O		O	O	O	H	H	5	56%
滋味—味道			O		O	O	H	O	O	5	56%
在乎—在意			O		O		O		O	4	44%
大概—大约	O		O	O		O	O	O	O	7	78%
乐趣—兴趣	H	H	H		O	H	H	H	O	2	22%
抛—扔			H		H		H	O	O	2	22%
差别—差异—差距	O		H	H	H	O	O	H	H	3	33%
潮湿—湿润			O	O	H	O		H	O	4	44%
举办—举行		O	O		O	O	O		H	5	56%
买—淘				H				H	O	1	11%
价格—价值—价钱	O	O	O	O	H	O	O	O	O	8	89%
随便—随意			O	H	H	H			H	1	11%
块—元									H	0	0%
特点—特色	O		O		O	O	O	O	H	6	67%
老—旧					O	H	H	H		1	11%
快递员—快递小哥										0	0%
家庭—家族	H	H		H	H		H		O	1	11%
和睦—和谐	H		H					O	H	1	11%
怪不得—难怪					O		O	O		3	33%
去世—死	O		O		O	H	O	O	O	6	67%
抢饭碗—竞争		H		H	H		H		H	0	0%
辞职—跳槽—炒鱿鱼—辞退			H	O				H	H	1	11%
启事—广告									O	1	11%
充电—休息					H			H	H	0	0%
吃惊—大吃一惊—惊喜			H	H	O		O		O	3	33%
长相—外表			H	O	H	H		H	H	1	11%

（续上表）

近义词组	87 陈	96 邓	02 佟	02 马	05 杨	09 朱	09 赵	11 刘	15 亢	被收录数	被收录率
打听—问			H		O	H	O	O	H	3	33%
打扮—化妆	H	O	H		H	H		H	O	2	22%
各著作收录总数	6	3	10	5	11	8	11	9	13	76	

由表 8 可见，有 16 组词被两本及两本以上词典收录；有 8 组词只被一本词典收录；有 4 组词没有被这 9 本词典收录。这表明我们可以通过词典找到前人关于其中 24 组词的比较权威的辨析，并通过综合归纳得出较详细的辨析内容。同时也可以看出本文讨论的 28 组近义词大部分都是实用的近义词，前人已看到辨析它们的必要性。而 4 组没有被收录的近义词则是前人研究的真空区域，需要进一步研究讨论。

（二）28 组近义词的综合辨析

下面，笔者将结合这 9 本词典的辨析内容，对 28 组近义词逐组进行详尽的辨析。

预订—预定

预订：预先订购、租订。预定：预先规定、约定、确定。

两者都是动词。

杨寄洲认为“预订”的宾语是具体事物，如“预订酒店”“预订房间”“预订机票”等。而“预定”的宾语是抽象事物，如“预定时间”“任务预定今年完成”“预定地点”“预定计划”。

赵新虽然没有直接辨析这组词，但从其词典中关于“定—订”和“制定—制订”的辨析中可知她认为“订”表示约定好了，但是不一定是完全确定的，还有可能改变。而“定”更坚决，强调已经确定下来了。这点和杨寄洲的观点不冲突。

她认为“订婚”“订票”“订房间”“订货”等也可以用“定”字，但是两个词强调的方面不同，一个是待定可改变，一个是确定不改变。但笔者对此持否定态度，认为这些词前三个搭配更适合用“订”，而不适合用“定”，“预订—预定”也是一样。一张票通常情况下是可以退的，国家铁道部 12306 官网用的词也是“订票”而非“定票”，是“预订火车票”而非“预定火车票”。同理，“预订房间”也是可以退的，但特殊的是“预订货物”和“预定货物”，两者在经济场景下有明显差别。

笔者认为将两位学者的观点综合一下，看到宾语搭配问题和“订—定”的强调面不同即可。

滋味—味道

两者都是名词，本义都是指人的味觉器官得到的一种感觉。而味道除了指味觉外，还可以指嗅觉。杨寄洲、朱景松、佟慧君和刘叔新对这组词本义的解释相近。不同之处在于这组词的引申义，或称比喻义。

杨寄洲认为“味道”的引申义是“兴趣、趣味”，比如“这本小说写得很有味道”。而“滋味”的引申义是内心对生活、事情的感受和体验，比如“挨饿的滋味不好受”。①

朱景松和佟慧君分别在杨寄洲的基础上增加了“味道”的一项引申义。前者增加了“情调气势”这个引申义，比如“其他水果败了，唯有樱桃正当时，很有‘一枝独秀’的味道”②。后者增加了“含蓄的意思、意味”，比如“他们咂摸出一点讽刺的味道”③。刘叔新则更关注“滋味”的感情色彩，他认为“滋味”本义多表示好的味道，而用于引申义则通常指不好的感受。（见表9）

表9 “味道”“滋味”义项表

	本义	引申义1	引申义2	引申义3
味道	味觉器官得到的一种感觉	兴趣、趣味	情调气势	含蓄的意思、意味
兴趣		内心对生活、事情的感受和体验		

在乎—在意

两者都是动词，杨寄洲、佟慧君、赵新都认为两者相同的义项是“将人或事放在心上”。但佟慧君认为这里的人或事必须是令人不愉快的，事实证明这并不严谨，比如“他的女朋友很在乎他的近况”这一例句就否定了这个观点。

关于这两个词的义项和适用句型，杨寄洲认为“在乎”表示“放在心上；介意”时，多用于否定句或反问句。比如“她不在乎别人怎么批评她”“难道你还在乎这点钱”。“在乎”的另外一个义项是“在于”，比如“中国画的特点在乎写意”。而“在意”表示“放在心上；留意”时，多用于否定句。比如“这种小事不用在意”“你们说什么我没在意”。

在否定副词的搭配上，“在乎”一般搭配“不”，“在意”既可以接“不”，亦可以与“没”连用，总共有“不在乎”“不在意”和“没在意”三种组合。赵新认为“不在乎”后面常接带有选择意义的词，如“不在乎有没有钱/会不会开心/是否正确”“只要质量好，我不在乎价钱的多少”。而“在意”很少这样用。

赵新对这两个词相同的义项“放在心上”的语义焦点进行了重要的辨析。她认为

① 杨寄洲．1700对近义词语用法对比．北京：北京语言大学出版社，2010：1203．
② 朱景松．现代汉语同义词词典．北京：语文出版社，2009：840．
③ 佟慧君，梅立崇．汉语同义词词典．北京：商务印书馆国际有限公司，2002：1128．

"在乎"主要表示人把事情看得特别重要，所以放在心上，认真对待；"在意"主要表示把注意力放到某件事上，对事情本身比较关心。简而言之，就是"在乎"是重视，"在意"是注意。比如"他不在乎我"是因为我对他不重要，而"他不在意我"是他没有注意我。同时赵新也提到了这两个词与"毫不"和"满不"构词的可能性，"在乎"可以构成"毫不在乎、满不在乎"，而"在意"只能构成"毫不在意"。

佟慧君在语用层面进行了辨析，她认为"在乎"用于口语，而"在意"通用于口语和书面语，不过其口语色彩没有"在乎"浓。

综上，二者区别归纳如表10所示：

表10　"在乎""在意"归纳表

	义项1	义项2	句型	搭配1	搭配2	语用	语义焦点
在乎	放在心上；介意	在于	否定句、反问句	不	毫不、满不	口语	重视
在意	放在心上；留意		否定句	不、没	毫不	口语、书面语	注意

大概—大约

两者都是副词，表示对事物不太精确，但有很大可能性的估计。两者都可用于对数量的估计和对情况的推测，只不过"大约"多用于估计数量，而"大概"多用于推测情况。

比如"从学校回一趟家大约要两个小时"和"他大概是去看电影了"，这两个句子实际上用"大概"或"大约"都可以，但在搭配的常用性上是有不同的。

从句法层面来看，"大概"除了作副词，还可以作形容词和名词。作形容词，表示主要的、概括的，可以作定语、状语，如"对家乡，我只有个大概的印象"。作名词，表示基本的、粗略的内容，如"我只记得个大概"。

从语用层面来看，两者在口语和书面语中都有使用，但相较而言"大概"更口语化，"大约"更偏书面语。

乐趣—兴趣

这组词的辨析不适合用语素法，因为除了共同的语素"趣"之外，"乐"和"兴"都是快乐、高兴的意思，无益于分辨。

两者都是名词，但意思完全不同。"乐趣"指让人感到快乐的感觉，"兴趣"则指人对事物喜好或者关切的情绪。若留学生掌握英文，根据英文释义就能很好地分辨这组词。乐趣是"delight; pleasure; joy"，而兴趣则是"interest"。

杨寄洲认为"乐趣"产生于事物，也就是事物给人带来乐趣；而"兴趣"产生于人，也就是人受到外界刺激而产生的一种情绪。比如"我从工作中得到了很大的乐趣"，是工作给了我乐趣；而"他从小就对画画感兴趣"，"兴趣"是他产生出来的。

抛—扔

两者都是动词，表示“挥动手臂，使东西从手中离开”。

刘叔新认为“抛”强调所弃去的东西经一定空间后落下，含有“使东西大体以抛物线的运动路线离手落下”① 的意思。比如“众人把冠军抛起来”。

而“扔”强调挥动手臂，用一点力气，使不要的东西离开手，比如“把香蕉皮扔在地上”。因此，“抛”强调经一定空间的起和落，“扔”强调用力挥手丢弃。

从动作承受者的运动轨迹来看，“被抛物”在垂直方向上运动距离更长，耗费时间更多，水平运动速度低。而“扔”则更侧重水平方向上的位移。从动作目的来看，“抛”更具目的性，“扔”则比较随意、无目的。

另外，这两个词在语用上也有不同。“扔”多在北方使用，口语色彩也浓于“抛”。

搭配：扔垃圾（抛×）、抛起来（扔）、高空抛物（扔×）、抛球（扔√）

差别—差异—差距

三者都是名词。从语义上看，都表示事物之间的不同。

差别：形式或内容上的不同或不足，适用于口语、书面语。

差异：事物间的不同之处，多于书面语。

差距：事物之间相差的程度，强调相差多少，适用于口语、书面语。

首先，辨析“差别”和“差异”。有三本词典收录了这组近义词，然而并没有给出明确的辨析方法，在使用上也含糊其词。比如杨寄洲认为，“差别”强调不足，“差异”表示不同，前者比后者常用。但是在例句“动词和形容词的差别不大”中，“差别”并没有强调不足。因此其说法不够完善。而朱景松认为，“差别”常用于表示不同事物或同一事物的不同阶段，但是同样无法解释上面这个例句。赵新则认为，这两个词经常可以替换，不过没有提到不能替换的条件。

鉴于上述三本词典无法明确这组近义词的区别，我们认为辨析的关键在于找出两者不能替换的情况：

第一种情况，正式场合中多用“差异”，如“文化差异”“饮食差异”“基因差异”“民族差异”“地域差异”，等等，而不用“差别”。

第二种情况，“差别”可以作状语修饰动词，如“差别对待”。而“差异”没有这种用法。

第三种情况，表达“不足”的意思时，使用“差别”更准确。除这三种情况外，两者可以替换。

接着，我们来辨析“差距”。“差距”与其他两个词的不同比较明显。“差距”的使用多与数字、程度相关，比如“年龄差距”“贫富差距”“城乡差距”。例句如：“他们这对夫妻一个 20 岁出头，一个 60 多岁，两个人的年龄<u>差距</u>太大了。”

---

① 刘叔新．现代汉语同义词词典．新 4 版．北京：中国社会出版社，2011：123.

综上，二者区别归纳如表11所示：

表11 “差别”“差异”“差距”归纳表

	强调	风格色彩	运用
差别	不同/不足	口语、书面语	一般可和“差异”互换
差异	不同	书面语	在一些正式场合中使用，如“文化差异”
差距	相差的多少	口语、书面语	与数字、程度相关

潮湿—湿润

两者都是形容词，表示空气或物体中含有较多的水分，不干燥。

“潮湿”表示所含的水分比正常状态下多，并且多用于表示水分过多导致不适，含贬义。比如“夏天屋里空气潮湿闷热”。

“湿润”表示所含的水分适量；物体被水分润泽，含褒义。比如“眼泪湿润了他的眼眶”。

佟慧君补充说，“湿润”还常形容人激动时眼眶里含着泪水，比如“他的眼眶湿润了”。而且可以重叠后一个音节，构成“湿润润”，如“东边吹来湿润润的风儿”。“潮湿”则没有这两种用法。

举办—举行

两者都是动词，表示进行某种活动。

关于这组词我们可以从“动作的发起者”和“动作的对象”进行辨析。

朱景松认为“举办”表示办理、经办，囊括了发起、准备等工作以保证活动的顺利进行，如“举办艺术节招商引资”。而“举行”则侧重表示进行，主办方和相关人员共同参加，如“3000名学生举行联欢晚会”。

再如“会议举办得非常成功”指的是会议组织者的工作情况，而“会议举行得非常顺利”指的是会议进行的情况。可见，前者侧重主办方的发起和组织，后者侧重主办方和参与方的共同参与、进行。

关于动作的对象，几本词典颇有争论。杨寄洲认为“展览会”“展销会”“讲座”“培训班”都不可以用“举行”，“会议”“球赛”“联欢”不可以用“举办”。而赵新和佟慧君则认为“展览会”“报告会”“运动会”“晚会”等对象，“举办”和“举行”都通用。

我们对四本词典中所列的“举行”“举办”的搭配对象进行了归纳整理。杨寄洲和赵新都有明确指出某一个词可不可以搭配“举行”和“举办”，而朱景松和佟慧君则只是笼统地说“举行”和“举办”常用于某些对象，并没有明确指出是不是绝对搭配。

表 12　四本词典中“举办”“举行”的搭配情况

对象	杨寄洲		赵新		朱景松		佟慧君	
	举办	举行	举办	举行	举办	举行	举办	举行
宴会、晚会	○	○	○	○			○	○
婚礼	○	○	×	○				○
会谈、会议	×	○	○	○	○			
球赛	×	○				○		
联欢	×	○						
展览会	○	×	○	○		○	○	○
展销会	○	×	○	×			○	
讲座	○	×	○	×			○	
培训班	○	×	○	×	○		○	
运动会			○	○				
仪式			×	○		○		
示威			×	○		○		○
学校					○		○	

从表 12 可以看出在“婚礼”“会谈”“会议”“展览会”四个词上词典的搭配有出入。于是笔者在 BBC 语料库中检索了这四个词分别和“举行”“举办”搭配的情况，见表 13：

表 13　BBC 语料库中的搭配情况

	婚礼	会谈	会议	展览会
举行	714	12	181	15
举办	41	0	7	10

可见，除了“会谈”外，其他三个词都可以和“举行”“举办”搭配。只是从结果我们可以看到“举行”的使用次数明显多于“举办”。经过修正我们得到下面这张搭配表格（见表 14）：

表14 修正过的“举行”“举办”搭配表

	宴会、晚会	婚礼	会谈	会议	球赛	展览会	展销会	讲座	培训班	运动会	仪式	示威	学校
举行	○	○	○	○	○	○	×	×	×	○	○	○	×
举办	○	○	×	○	○	○	○	○	○	○	×	×	○

辨析完这组近义词的动作发起者和搭配对象，接下来我们继续分析这组词在句子中的使用要求。赵新认为用“举办”的句子一般要出现举办单位或举办者；用“举行”的句子，则一定要出现举行的时间、地点。举例如下：

书画展览由我校学生会和美术系联合举办。(* 举行)

会议将于本月15日在大连举行。(* 举办)

买—淘

两者都是动词。

“买”表示拿钱换东西，与“卖”相对，如“买票”“买布”“买粮食”。

“淘”有三个义项，一是用水洗涮、除净杂物，如“淘米、淘金”；二是指到旧货市场寻觅购买，如“淘宝”“淘旧书”；三是从深处挖出脏水、泥土、粪便等，如“淘井”“淘茅房”。

可见，“买”能够用“淘”替换的情况只有在旧货市场买东西时。在购物这个场景中，“买”的适用范围显然比“淘”大。而“买”则没有“淘”的其他两个义项。

因此，教材中“去自由市场淘衣服”的说法并不合适，更准确的说法应该是“去自由市场买衣服”。

价格—价钱—价值

这三个词都可以作名词，表示商品值多少钱。

从词义层面来看，“价格”和“价钱”经常可以互换，都指商品卖多少钱。而“价值”是指事物实际上值多少钱，不等于“价格”和“价钱”。比如“这个电脑的价格很低，但是它的价值远不止这些”。“价值”除了指商品的价格外，还可以指事物的积极作用，常用作“有价值”“没有价值”。比如“小王的建议很有价值”。

从句法—组合成分的后接成分来看，“价格”和“价钱”都可以搭配“高”“低”“便宜”“贵”“公道”，还可以说“价格昂贵”“好价钱”“大价钱”。而“价值”只能搭配“高”“低”。再从句法—语法层面看，“价值”除了作名词，还可以作动词，表示价格相当于……比如，“这个手镯价值两万元”。

从风格特点上看，“价格”多用于书面语，“价钱”多用于口语，“价值”则通用于口语和书面语。

综上，三者区别归纳如表 15 所示：

表 15 “价格”“价钱”“价值”的归纳表

<table>
<tr><th></th><th>意义</th><th>后接成分</th><th>词性</th><th>风格特点</th></tr>
<tr><td>价格</td><td rowspan="2">商品卖多少钱</td><td rowspan="2">高、低、便宜、贵、公道；价格昂贵、好价钱、大价钱</td><td>名词</td><td>书面语</td></tr>
<tr><td>价钱</td><td>名词</td><td>口语</td></tr>
<tr><td>价值</td><td>事物实际上值多少钱；事物的积极作用</td><td>高、低</td><td>名词、动词</td><td>口语、书面语</td></tr>
</table>

随便—随意

这两个词的相同点在于都表示跟随某人的意愿做某事。

“随意”只作形容词，表示任凭自己的意思，可在句子中作状语，如“随意出入”“请大家随意点菜”。

“随便”可作动词、形容词和连词。作动词时，表示按照某人的方便，如“随便你”。

“随便”作形容词时，有三个义项。一是表示不加限制，没有明确的目的，如“随便闲谈”；二是表示不讲究、凑合，如“他这个人对吃穿都很随便”；三是表示言行不多考虑，不慎重，如“我说话很随便，请你不要见怪”。作连词时，表示任凭、无论，如“随便什么吃的，他都喜欢”。

对于这组词，我们重点辨析“随意”和“随便”作形容词的第一个义项。

刘乃叔、敖桂华（2003）认为“随意”侧重“意”，强调跟随自己的心意，提供的是行使个人主观意志的空间；“随便”侧重“便、方便”，强调随从自己的方便，提供的是行动的自由度。比如“随意购买”和“随便购买”截然不同，前者强调按照行为人的意愿喜好购买，后者强调所有东西都在购买的范围内，行动不存在约束和限制。①

因此，这组词在词语搭配上存在差异，“随意”更多搭配表示主观意志的词语，如“想象”“幻想”等；“随便”更常与表示具体行为的词语相结合，如“玩”“吃”“看”“坐”等。但这并不代表“随意”不可以搭配具体行为词语，“随意出入”和“随意点菜”都可以用“随便”替换，只是两个词的侧重点不同。

“随便”还可以重叠起来，组成“随随便便”表示太随便的意思，而“随意”不能这样用。另外佟慧君补充到“随意”可以构成“随意性”，而“随便”不行。

---

① 刘乃叔，敖桂华．近义词使用区别．北京：北京语言大学出版社，2003．

综上，二者区别归纳如表 16 所示：

表 16 “随便”“随意”归纳表

	词性	形容词的第一个义项的焦点	搭配	搭配词语	语法
随意	形容词	强调跟随自己的心意	表主观意志的词 > 具体行为	想象、幻想、购买（强调按意愿）	随意性
随便	形容词、动词、连词	强调随从自己的方便	表具体行为的词语	玩、吃、看、坐、购买（强调无限制）	随随便便

块—元

这两个词都可以作量词。

“元”的三个义项之一是表示我国的基本货币单位，1 元相当于 10 角，也作圆。

“块”作量词时有两个义项，其中一个用于银币或纸币，等于“元”。常用于口语。“三元钱”和“三块钱”表达的内容是一样的，不过后者在口语中更常见。

之所以用“块”作为货币单位，是因为近代时的货币，像巧克力那样是一块块的，因此借“块”作为单位。而“元”的来源有两种说法，一是说“元”表示元宝；二是说钱币是圆形的，所以以同音字简化为“元”作为单位。

关于搭配，“元”后面搭配“角”，比如“一元五角”。“块”后面搭配“毛”，比如“两块三毛”。并且“块”后面可以只加数字不加单位“毛”，如“三块五”“九块八”，而“元”没有这种用法。

特点—特色

这两个词都是名词，都可以指事物具有的特别的地方。

特色：表示事物所表现出的独特的风格和色彩，褒义词。

特点：表示人或事物所具有的独特的地方、特殊的标志，中性词。例如“显著特点”“面部特点”等。

杨寄洲提出从语义的适用范围来看，“特色”一般用于描述事物的优点，很少用于人，使用范围窄。而“特点”既可以指人，也可以指物，并且特点有好也有坏。比如可以说“少数民族的服装很有特色”（侧重风格独特），也可以说“少数民族的服装很有特点”（侧重和其他服装的不同点）。

赵新认为“特点”侧重形式上或内容上的特殊之处。而“特色”指独特的风格和色彩，可以用于声音、服装，多用于文学艺术和具有民族性、地方性的事物，比如“艺术特色”“民族特色”“地方特色”“写作特色”“东方特色”，等等，虽然此时可以用“特点”替换，但是还是用“特色”最恰当。

另外，“特色”还可以作定语，表示有特色的、与众不同的。比如“特色产品”“特色菜”“特色店”。而“特点”没有这种用法。

再从感情色彩上看，“特色”是完全褒义的，都是好的东西，像“特色小吃”“文化特色”都是正面事物。而“特点”则是中性词，既可以指好的，如“蒙古民歌的特点是高亢洪亮”；也可以指坏的，如“满口谎言是他最大的特点”。

老—旧

这两个词都是形容词，英文都可以翻译为 old。

“老”有多个义项，这里只挑和“旧”会产生近义关系的三个义项来讲。一是指年龄大，与“少”和“幼”相对，如“爷爷今年 90 岁，已经很老了”；二是指很久之前就存在的，与“新”相对，如“我们是多年的老朋友了”；三是指植物长得过了适合食用的时期，与“嫩”相对，如“玉米太老了”。

“旧”作为形容词有三个义项，一是指过去的、过时的，和“新”相对，如“上一辈的旧观念很难改”；二是指经过长时间或经过使用而变色或变形的，同样与“新”相对，如“旧书”“旧房”“旧衣服”；三是指曾经有过的、以前的，如“旧日繁华”。

留学生容易混淆这组词，是因为这两个词在英语中都可以翻译为 old，但是这个翻译并不全面。“老”应翻译为：old 或 aged；而“旧”应翻译为：old、past、used 或 worn。“老”主要指时间、年龄上的长久，而“旧”指的是一种状态，是过时的、被使用过的或者曾经的。

从感情色彩上看，杨寄洲认为“旧”常含贬义，比如“旧观念”肯定比不上新兴先进的观念；“老”不含贬义，比如“老人”“老建筑”都是比较受人重视的。

从语义搭配上看，“老”既可以用于人，也可以用于物，比如“老人”“老狗”“老歌”。而“旧”在现代汉语中很少用于人，多用于物，如“旧衣服”“旧书”。

既然两者都可以用于形容物，那么怎么分辨什么时候用“老”，什么时候用“旧”呢？关键在于使用者想强调什么。比如“这房子太旧了”强调房子破旧，而“这房子太老了”强调房子的历史长。因此两个词都可以用，只是表现出来的侧重点不同。但有一些词需要特别注意，它们只能搭配“老”，或只能搭配“旧”，如表 17 所示：

表 17　“老”和“旧”的搭配表

	~歌	~衣服	~照片	~电影	~书	~房子	~思想	朋友	友
老	○	×	○	○	○	○	○	○	○
旧	×	○	○	×	○	○	○	×	○

“歌”和“电影”只可以和“老”搭配，表明历时久，而不可以和“旧”搭配，

因为歌曲和电影一般情况下并不会和衣服一样变得破旧，不会被用坏。

快递员—快递小哥

这两个词都是名词。两者的主要辨析点是语用方面的不同。

从感情色彩上看，“快递员”是中性词，指送快递的人，不分男女。而“快递小哥”是偏褒义的词，指送快递的年轻男子，并且有尊重、喜爱的色彩。

在古代汉语中，“小哥”一词的指代对象多样，可以用于称呼青年男性和孩童，也可用于称呼官家子弟、富家男丁。而到了现代，近几年“小哥”的使用呈现出新的变化，出现了“快递小哥”“外卖小哥”“食堂小哥”。其中出现最早的就是“快递小哥”。近十年来，以淘宝、京东等为代表的电商行业快速流行，物流行业快速崛起，一大批快递公司应运而生，由于网络购物的增加，买家与卖家和快递员的接触越来越多，手脚勤快、工作效率高，给人们的日常生活带来便利、送来产品的快递员就被人们亲切地称为“快递小哥”。

我们可以感受到“快递小哥”这个称呼的两种特点，一是用于口语，二是含有欣赏之情。相较而言，“快递员”只表示一种职业，口语和书面语皆可以用，显得比较正式，不带感情色彩。

家庭—家族

两者都是名词。“家庭”是以婚姻和血缘关系为基础的社会单位，包括父母、子女和其他共同生活的亲属。“家族”是以婚姻和血缘关系为基础形成的社会组织，包括同一血统的几辈人。

从语义上看，“家庭”的范围比较小，主要是共同生活在一起的父母和子女两代人。如果还有其他亲属比如爷爷奶奶一起居住，那也一起算在同一个家庭中，但一般来说不会超过三代人。而“家族”的范围要大很多，它是一个社会组织，有血缘关系的几代人合起来才是一个家族。比如广东潮汕的大长陇村，常住人口约4.5万，都姓陈，可称为“陈氏家族”。

留学生产生的问题是，父母、子女和爷爷奶奶一起生活要用“家庭”还是“家族”，很多留学生选择了家族，就是因为没有明白这两个词的涵盖范围。

另外日本留学生对“家族”这个词很容易产生误用，因为在日语中也有用汉语书写的“家族”一词，并且它的义项囊括了汉语中“家族”“家庭”“家人”三个词的意思。所以在很多使用“家庭”“家人”的场合，日本留学生都会误用为“家族”。

和睦—和谐

这两个词都是形容词。“和睦”指相处融洽友爱、不争吵，如“家庭和睦”“和睦相处”。“和谐”有两个义项，一指配合得适当，如“音调和谐”“色彩和谐”；二指和睦协调，如“和谐的气氛”“和谐社会”。

这两个词搭配的对象不一样，“和睦”一般指的是人和人之间、小范围内相处得和睦融洽，不会发生争执和不愉快的事情，比如“两兄弟感情和睦”。而“和谐”修饰的对象比较抽象，可以是人与物之间的协调，比如“人与自然和谐相处”，也可以是事物之间的合拍、协调，比如“琴瑟和谐”“形式上的和谐”。

怪不得—难怪

这两个词都可以作动词和副词。

怪不得：作动词，表示不能责备、难以责备、别见怪，如“他生病没有来上课，这也怪不得他”。作副词，表示明白了原因，对某种情况就不再觉得奇怪，如“她奶奶去世了，怪不得她这么伤心”。

难怪：作动词，表示很难责怪（含有谅解的意思），如“这也难怪他，他还这么小，不懂事呢”。作副词时，意思与“怪不得”相近，表示明白了原因，就不觉得奇怪了，如“怪不得他那么着急，原来已经九点了”。

两者由于意思相近，经常可以互换，并且前后常用“原来”引出原因。但是在作动词时两者不可以互换：杨寄洲认为从句法上看，“难怪”是状动结构，作谓语时可以加宾语，也可以不加宾语。而“怪不得”是动补结构，作谓语时，要带宾语。所以我们可以说“这也难怪”，但不可以说“这也怪不得”。而且，“难怪”作动词时前面可以加“很”，但“怪不得”不行。如“这件事很难怪她，因为她没有错”。除此之外，从风格特点上看，“怪不得”是口语用词，口语色彩比“难怪”更浓。

综上，二者区别归纳如表 18 所示：

表 18　“怪不得”“难怪”归纳表

	动词	副词	句法，加宾语	风格色彩
怪不得	不能责备	明白了原因，就不觉得奇怪	必须加	更口语化
难怪	很难责怪	与“怪不得”相近	可加，可不加	口语、书面语

去世—死

“去世”只作动词，“死”可以作动词、形容词和副词。

先对比两者作动词时的用法。去世：去，指离开；世，指世界；组合起来指成年人死去，逝世，如“爷爷去世了”。死：指生物失去生命，如“死亡”“死人”“这棵树死了”。

总体来说，所有的死亡都可以用“死”这个词，“孩子死了”“爷爷死了”“老牛死了”。但是，在实际使用时，人们出于礼貌，不管是在口语中还是在书面语中，往往避讳对人直接用“死”字，对未成年人用“夭折”，对老年人则用“逝世”“仙逝”“离世”“去世”等词。但动植物不能用“去世”等词。

除了作动词之外，“死”作形容词和副词的用法都是“去世”所没有的。比如，作副词，表示不顾生命、拼死做某事，如“死战”“死守”；表示坚决，多用于否定式，如“死不悔改”“死不认输”。作形容词，表示程度达到极点，如“笑死人”“高兴死了”；表示不可调和的，如“死敌”“死对头”；表示固定、死板、不活动的，如“死心眼儿”；表示不能通过的，如“死胡同”“死路”。

以上这些都是“去世”所没有的用法，可见“去世”的适用范围和意思广度比“死”小。

抢饭碗—竞争

这两个词都可以作动词。

抢饭碗：抢，指抢夺、争夺；饭碗，本义指盛饭的碗，后引申为职业。组合起来指争夺工作岗位或工作机会。

竞争：指为了自己方面的利益而与别人争夺，如“利益竞争”“竞争激烈”“自由竞争”“贸易竞争”。

这组词引发问题的主要原因是课本的英文释义：“抢饭碗”被译作“competiting”，而“竞争”被译作“competition”，两者的英译是动词“compete”的不同形态，很容易令留学生产生误解。

首先，“抢饭碗”译成动名词并不准确，在课本例句“还有博士跟我们抢饭碗”中，“抢饭碗”明显是作动词。“A 和 B 在抢饭碗”是描述两个人正在争夺一个工作岗位，强调进行状态，可译为“fight for a job”；“A 抢了 B 的饭碗/A 抢到了饭碗”是描述 A 抢了别人的工作岗位，或者抢到了一份工作机会，可译为“snatch somebody else's job/ grab one's job”。

其次，“抢饭碗”和“竞争”都可以表示为了自己的利益争夺工作。但是“竞争”的搭配范围更广，除了竞争一份工作，还可以竞争市场、竞争地位，等等，这是“抢饭碗”不能做的。

另外，“竞争”除了作动词，还可以作名词，如“市场竞争”“升学竞争”“激烈的竞争”。这种用法“抢饭碗”也没有。

辞职—跳槽—炒鱿鱼—辞退

这四个词都是动词，都有离开原来的工作岗位的意思，但是用法不尽相同。

首先，从动作发起者来看，动作发起者是公司或组织的是“辞退”和“炒鱿鱼”。“辞退”指免除他人的职位，如“辞退两百名员工”。从前的人离职都要带走被子，“炒鱿鱼”原义是指一道菜，后来因为鱿鱼被火一炒就像卷被子一样卷起来，便引申为辞退，可以和“辞退”互换。但是不可以说“炒鱿鱼两百名员工”，而必须去掉“鱿鱼”两字，再加上“了”字凑足音节，用作“炒了两百名员工”。

其次，动作发起者是员工的是“辞职”和“跳槽”。“辞职”表示向上级请求解除自己的职务，如“我要向公司辞职”。“跳槽”原义是指牛或羊之类的牲口从原本的槽头离开，走去另一个槽头吃东西，后来引申为人放弃原本的公司或职业去到新的公司或者变更职业，如“我哥哥跳槽经商去了”。两者的区别在于，前者强调的是离开公司，后者强调的是去到新的公司或从事新的职业，所以前者往往要在前后文交代离职的公司，而后者需要交代新的公司或职业。

从语法上看，“炒鱿鱼”和“辞退”都可以用于被动句和“把”字句，而“辞职”和“跳槽”不行，如“我被炒鱿鱼了”“他被公司辞退了”“公司把我炒鱿鱼了”“上级把她辞退了”。

从风格特点上看，“炒鱿鱼”“跳槽”都更适用于口语，不太正式，而“辞职”和“辞退”更正式，在口语和书面语中都可以用。

另外，“炒鱿鱼”有地方色彩，是粤语词汇，后被普通话吸收。

启事—广告

这两个词都是名词，都包含将事物广泛地告知给人的意思。

启事：指为了说明某事而登载在媒体上或张贴在墙壁上的文字，如“寻人启事”“征婚启事”“招聘启事”。

广告：指付费向公众介绍产品、服务内容或文娱体育节目的一种宣传方式，一般通过报刊、电视、广播、网络等形式进行，如“电视广告”“汽车广告”。

两者出现误用的原因在于，教材中的生词表十分特殊地将这两个生词并排放在一起，给留学生造成一种错觉，仿佛这两个词相同。而且在一些特殊用法中，这两个词可以替换，造成了辨析困难。

“启事”主要强调的是有某件事需要说明、告知大家，其载体是媒体或墙壁。“广告”重在介绍、宣传、推销某种产品、服务或节目，载体同样是媒体或墙壁。

所以辨析这两个词的重点在于它们的目的和后面接的宾语，“启事”是为了让人知道某件事，“招聘启事”是为了让人知道现在有公司正在招聘员工，“征婚启事”是为了让人知道现在有人想要找结婚的另一半，“寻人启事”是为了告诉人现在有人正在寻找一位失踪人员。“广告”则更多带有利益性，是为了让产品或服务卖得更多，让节目收视率更好而有金钱上的收益，比如“饮料广告”是为了推销饮料。

上文所说的“广告”是狭义的“广告”，而广义上的“广告”也包括不以营利为目的的广告，如政府或社会媒体等的启事、声明、公益广告。但是，日常使用中我们一般采用狭义的“广告”。

表 19　“启事”“广告”的搭配表

	招聘	征婚	寻人	结婚	征文	商品	公益
启事	○	○	○	○	○	×	×
广告	○	○	×	×	×	○	○

表 19 中比较特殊的是“招聘”和“征婚”，它们都可以和“启事”“广告”搭配。和“启事”搭配是强调有这件事发生，而和“广告”搭配则是表示招聘者和征

婚者通过付费让更多人知道，并且带有一定的推销性质：推销公司岗位和征婚人士。

充电—休息

这两个词都是动词。

“充电”在《现代汉语词典》中有两个义项，第一个义项是指给蓄电池补充电能的过程，如“充电器”“充电桩”。第二个义项是引申义，比喻通过学习增加知识、提高能力，如“小明通过坚持上夜校给自己充电”。

教材中提到的是“充电”的第二个义项。但“充电”在实际使用中还有一个义项，就是比喻人培养精力、恢复体力。本班留学生在课下曾提问：“充电”可不可以是“休息”的意思？因为人累了就像电池没电了，充电就像休息，人能够恢复体力。留学生的想法是正确的，“培养精力、恢复体力”就是“充电”的第三个义项，也是和“休息”产生近义关系的义项。

但除了在表达人“培养精力、恢复体力”的情况时，这组词可以互换外，其他情况下这两个词不可以互换。而且由于“充电”比喻义较多，在理解和使用时需要注意上下文。

吃惊—大吃一惊—惊喜

这三个词都包含感到奇怪的意思。从词性上看，“吃惊”是动词，“惊喜”是形容词或名词，而“大吃一惊”是“吃惊”通过插入成分构成的，因此也是动词。

吃惊：表示人受到惊吓，如“令人吃惊”。

大吃一惊：在“吃惊”的基础上更进一步，形容人对发生的意外事件感到非常吃惊。

惊喜：形容人感到又惊又喜，是一种比较复杂的情绪。

单从词义来看，“吃惊”和“大吃一惊”只是程度上的高低；“吃惊”和“大吃一惊”是单一的感情，“惊喜”包含两种感情。

从感情色彩上看，“吃惊”和“大吃一惊”都略带贬义，一般在遇到意外的、不好的情况而感到紧张或害怕的时候使用。如“听到朋友出车祸的消息，我大吃一惊”和“在看到事故发生时，我特别吃惊”。

而“惊喜”是褒义词，在出现出人意料但令人开心的事时使用。如“朋友给我准备了生日派对，我感到十分惊喜”。同时，“惊喜”还可以作名词，如“他们给了我一个大大的惊喜”。这是其他两个词所没有的用法。

长相—外表

这两个词都是名词，都与人外部的形象有关。

长相：口语用词，指人的面部长的样子，如“单看长相，他们好像两兄弟”。

外表：指人或事物的表面呈现出来的样子，如“这座房子的外表挺不错”。

从使用对象来看，“长相”只能用于人，并且针对人的面部；“外表”既能用于人，也能用于物，并且不针对某一部分，而指整体的外表。比如人的“外表”既包括他的长相，也包括他的着装和身材。

打听—问

这两个词都是动词，都指不明白、不了解某人某事而去向别人了解这一动作。

打听：探听；要求人回答问题或提供相关消息、信息，如“打听消息”“跟老王打听情况”“打听一个人”。强调想办法取得情报。

问：有六个义项，与“打听”构成近义词关系的义项是表示请人解答不知道或不明白的事情或者道理，如“问路”“问问题”。

从词义搭配上看，“打听”的宾语仅限于信息和人等，而“问”的内容相比之下多得多。

“打听她的电话”等同“问她的电话”；“打听消息”等同“问消息”；“跟您打听一个人”等同“跟您问一个人”。但只能说“问路”，不能说“打听路”；只能说“问问题”，不能说“打听问题”。“问问题”有希望得到“答案”的意思，而“打听”的目的是得到“消息”。

从语法上看，“问”可以带双宾语，“打听”不行。如“我想去问她一个人”是正确的，而“我想去打听她一个人”是错误的。

从风格特点上看，这两个词都是口语词，在日常对话中都是常用的，相对来说“打听”的口语色彩会更浓一些。

打扮—化妆

这两个词都可以作动词，都有修饰外表的意思。

打扮：可作动词和名词。作动词，表示人使自己或他人的面貌和穿戴更加悦人眼目；或指装饰他物。如“打扮自己”“打扮圣诞树”。作名词，指打扮出来的样子；人的衣着穿戴，如“他一身学生打扮”。

“化妆”作动词，表示用脂粉等使面貌美丽。

可见，两者的作用对象不同，“化妆”一般只作用于人，而且局限在人的面部，而“打扮”既可以作用于人，也可以作用于物，并且作用于人的时候，不局限在面部，囊括了容貌和衣着，等等。

从语法上看，“打扮”可以重叠形成“打扮打扮”，“化妆”则没有这种用法。“打扮”后面可以加宾语，也可以不加。但“化妆”是不及物动词，后面不加宾语，不能说“我在化妆我自己”，而应说“我在化妆”。

六、关于留学生近义词习得的教学设计

上文我们依次辨析了《听和说2》涉及的28组近义词。这样详尽地辨析近义词的做法类似传统汉语本体近义词研究的做法。然而以汉语为第二语言的近义词教学和传统的汉语本体近义词研究有本质上的不同。

以汉语为第二语言的近义词教学的对象是母语非汉语的外国学生，而传统的汉语本体近义词教学的对象是母语为汉语的中国学生。外国学生所了解的大都是课堂和教材中的汉语，范围小，学习得不全面也不牢靠；而后者从小接触汉语，语感足，都是从自己的“母语语料库”中学习近义词，具有先天优势。所以教授外国学生近义词时，不能照搬上文的辨析，不能把他们当成中国学生来教，而是需要注意一些特别的原则，运用一些特别的教学方法。

（一）面向留学生的近义词教学原则

1. 教学用语难度适中，要保底

众所周知，一个班上留学生的汉语水平难免参差不齐，因此课堂教学的重难点之一就是如何兼顾留学生的水平进行教学。笔者认为教师在教授近义词时，教学用语要简单易懂，结合留学生的水平，不使用超纲词汇，以免难上加难，给留学生产生新的问题。所以，在解释近义词时，尽量避免互训、同义释义。

比如，在辨析“辞退”时，不宜用“开除”“解雇”等词来解释，因为这些词汇对于大部分留学生来说是未掌握的词汇，对于已掌握的留学生来说则会构成新的近义词辨析问题，因此笔者认为最好的方式是用简单的语言，如“‘辞退’就是一个公司不要他的员工了，要‘辞退’他，员工就要离开公司，失去工作”。

值得注意的是，教学要以水平最低的留学生为基准，也就是“保底原则”，争取水平最差的留学生也能听懂。但也不能为了给某个留学生解释明白而拖慢整体的教学进度，在规定的时间内争取在最大程度上让全员明白，极个别落后的留学生留待课后解释。

2. 分层次，抓重点，避免“眉毛胡子一把抓”

面向留学生的近义词教学不能像面向国内汉语言专业的学生那样面面俱到地讲解近义词的各方各面。一组近义词必定有大大小小的不同之处，但是对于留学生来说并不用全部掌握，他们只需要日常使用时不用错就可以了。教师“天衣无缝”的讲解，“面面俱到”的辨析不仅提高了教学难度，延长了教学时间，而且留学生也可能“不买单”。留学生难以在短时间内吸收过量的信息，多了反而乱了。在留学生原有的基础上，根据“i+1”原则，明确一组近义词的最大区别，有针对性地解决主要问题，关注实用性，可以让留学生在实际运用中不出错。

比如，辨析“去世”和“死”的时候，只需要重点强调两个方面：一个是适用对象，一个是风格特点。只需要一两句话就能概括：“去世”用于成人，“死”用于人或物。用“去世”比用“死”显得更礼貌。至于“死”的形容词和副词用法，都不用讲。关于“死”的其他说法如“夭折”“仙逝”“过世”等在需求不大、课时不够的情况下也不用拓展。

3. 所举例句、搭配要真实准确

近义词教学往往离不开举例子和展示常用搭配。教师如果在备课时没有提前准备近义词的辨析，往往会为了表现一个词的特点而生搬硬套，强行造词造句。如《听和说2》中有一篇文章，名为“去自由市场淘衣服”，生词“淘”的英文解释为“go shopping”，组词搭配为“淘衣服”。笔者在课前没有深入了解“淘”和“买”的不同，虽然与留学生分享了“淘”现在常使用于电商平台“淘宝”，却跟教材一样错误地给两个词画了等号，还根据教材的示例“淘衣服”凭空捏造了日常不会使用的“淘鞋子”这一用法。现在看来，这个例子不真实，也不准确，只会给留学生带来错误认识。

实际上，“淘”字侧重的是去旧货市场寻觅购买，买的也是旧的东西，比如“淘旧书”“淘旧鞋”，这样的举例才是真实准确的。

4. 限制中介语的使用，但不完全排斥

在对外汉语课堂上，中介语的使用很难避免，但是要尽量限制。

笔者所教的中级班，和本文所研究的教材《听和说2》，都要求教师要尽可能采用汉语浸入式教学，即最好不使用中介语。而且，一个班中有来自不同国家和地区的留学生，他们学习汉语的中介语也并不相同：日韩留学生的中介语可能是日语和韩语，本身也掌握一定程度的英语。欧美留学生大多以英语为中介语，俄罗斯留学生可能是俄语也可能是英语。来自非洲的留学生则有可能根本不会英语，比如一位来自非洲马里的留学生，只会法语，教师上课用英语解释对她来说比直接用汉语解释还难以理解。

所以对于中级水平的留学生，应该限制中介语（特别是英语）的使用。只要班级里有一个留学生不懂英语，用英语释义辨析的方法就不能作为主要方法，但是这并不代表完全排斥中介语，如果绝大多数学生懂得英语，可以简单地在PPT上打上注释，但不应该做过多讲解。适当使用明白准确的中介语，在某些情况下能迅速解决留学生的问题。比如“乐趣—兴趣”这一组近义词，只要简单注明“乐趣：pleasure，兴趣：habit”就能解决大部分的辨析问题。不过如果有不懂英语的留学生，则需要用中文简单追加解释。

5. 根据教材做预测，提前准备

课堂上留学生提问的近义词问题，往往都是教材中的生词。他们习惯将已经学过的词汇和当堂课学习的生词作比较，发现问题。因此，教师在备课的时候应该根据教材上的生词，结合大部分留学生的词汇水平，提前预测近义词辨析问题。

如果是特别重要的、留学生需要掌握的近义词组，教师通过预测，在上课的时候可以直接讲解；如果是不重要的、属于拓展范围的、留学生课上没有提问，且教学进度不太允许的，教师可以提前预测，根据情况判断要不要讲。比如在教材第八课“天气越来越坏了”中，录音中教师和四个留学生在讨论是否习惯北京的天气，并与自己的家乡作对比。在这里笔者预测留学生可能会提问“天气”和“气候”的区别。因为录音中几个留学生对比的是各个国家春夏秋冬的情况和旱季雨季的情况，使用的都是“天气”一词，但是这里用“气候”貌似更恰当。笔者通过向资深教师求教，确定这里存在争议，但还是以教材为准，确定这里用“天气”为正确用词。笔者在课前先准备好讲法，一有留学生问到就可以解答。但在实际教学中没有留学生觉得这里有问题，因此就不讲，不给留学生另外制造问题。

6. 温故知新，反复讲练

根据艾宾浩斯记忆曲线，所有的知识都必须经过多次反复记忆才能从瞬间记忆转化为长时记忆，近义词的学习也是如此。通过第一次近义词辨析，留学生产生了第一次理解性的记忆，但是如果教师不及时在课堂上复习，有些留学生可能永远不会再去看一眼。因此，教师应该在每节课时间允许的情况下，用零星的时间提到这些近义词，做个简单的回顾，以唤醒留学生的记忆，这就是“分散讲练”。

另外赵新、洪炜（2013）提出了“集中讲练”的方式，即专门抽出一堂课，集中讲练近义词。笔者认为这种“集中讲练”的方式并不适合听说课，但是可以把“集中讲练”转化为课后练习。比如在第一节课辨析完近义词之后，在第二节课复习，然后在一个主题（大概两三课）讲完后的复习课上可以再整体复习一次近义词，然后给出几道简单的近义词辨析题作为口语作业上交。

7. 合理运用语料库

语料库是汉语教学的得力工具。比如 HSK 动态作文语料库，该库收录了上万篇汉语学习者的作文，并且详细地批注了作文中的错误，检索方便快捷，有很高的参考价值。通过这个语料库，教师可以了解留学生可能会犯哪些错误，哪些词汇、哪些句型、哪些用法是留学生学习的难点。在近义词教学中，教师可以利用这个语料库，在备课时检索生词，判断是否有产生近义词偏误的可能性。

而 BBC 语料库，则囊括了报刊、文学、微博、科技、综合和古汉语等多个领域的语料，是总字数达 150 亿字的大型语料库。这个语料库比较全面地反映了中国社会中语言生活的各个方面，更具实用性和真实性。在近义词教学中，可以利用该语料库探究近义词的搭配问题。比如“举行—举办”这组词，哪个词可以和“婚礼”搭配？通过语料库检索，“举行婚礼”出现 714 次，“举办婚礼”出现 41 次，由此可见在现实生活中两者都有人使用，只不过“举行婚礼”使用的频率要高很多，更为常见。教师可以通过这样的调查确定近义词应该如何辨析，以及什么情况下应该用哪个词。

同理，CCL 语料库的作用与 BBC 语料库类似。

8. 培养留学生自主辨析近义词的能力

授人以鱼不如授人以渔，近义词课堂教学往往只停留在“授人以鱼”的阶段，留学生课堂下遇到新的问题仍然无计可施。因此，教师的任务不仅仅是教授留学生怎么辨析这几组特定的词，应该还包括帮助留学生掌握一套辨析近义词的方法框架。然而，这不是一门听说课能解决的，最好是有一门近义词选修课，一周一次系统性教学。

另外，教师也可以给留学生推荐一些实用的、适合他们的近义词词典，比如杨寄洲、王还等学者主编的近义词、同义词著作；也可以推荐一些词典网站，如汉典，和一些例句网站，如例句网，帮助留学生培养自主学习近义词的习惯。

（二）面向留学生的近义词教学方法

教学原则是教学过程中贯穿始终的指导思想，而具体的教学方法则犹如教学实践的“重要器官”，只有其运作正确，教学过程才能顺利展开。

1. 语境法

语境法就是将词语和其使用时所处的环境联系起来，进而达到解释词语意义的目的。我们认为使用语境法作为近义词教学方法有以下三种具体实践方式：典型例句、特殊词语搭配和师生情景表演。

首先，典型例句就是在辨析近义词时，通过举出典型例句，根据例句提供的情景，告诉留学生哪个情景要用哪个词。比如在辨析“滋味—味道”的时候，可举出例句“被人骂的滋味太难受了”或“我也想试试当歌星的滋味”，来说明“滋味”可以表示人的感受。

其次，特殊词语搭配是通过罗列近义词的常用搭配，给留学生使用近义词提供参考。如在辨析“和谐—和睦”时，可以给出常用搭配“和谐社会”“和谐中国”“家庭和睦”“和睦相处”。还可以学习《1700 对近义词语用法对比》里的词语搭配表格，将词与词之间的搭配通过表格的形式清晰地展现在留学生眼前，如表 14 关于“举行”“举办”的搭配表。但是需要注意不应引入过多的搭配，以免给留学生造成过大的学习负担。

最后，师生情景表演是将近义词直接代入口语场景中使用。留学生可以在教师设定的情景下面，自主选择合适的近义词进行师生对话或学生间的对话，最终达到锻炼口语能力、辨别近义词使用场景能力、加深对近义词的认识等目的。比如在学习“吃惊—大吃一惊—惊喜”时，教师可以设置一个情景：班上的学生 C 最近要结婚了，让留学生可以针对这件事进行讨论，并在对话中合理地使用这三个近义词。最后由教师进行点评并归纳这组近义词的使用情况。

图 2 所示为理想的师生情景表演文本：

吃惊—大吃一惊—惊喜

情景：班上的学生C最近要结婚了。
讨论送礼物给他。

A: 你知道吗？C要结婚啦！
B: 真的吗？我好吃惊啊。
A: 对。我也大吃一惊。
B: 那我们要给他什么结婚礼物呢？
A: 我们可以给他一个惊喜。
B: ……。

图2　师生情景表演文本

2. *形象说明法*

形象说明法就是用图片、实物或动作等，生动形象地展示近义词的词义并展示词汇间的区别。

首先，教学中往往采用多媒体工具，可利用PPT展示图片，或者临时在搜索引擎上搜索图片展示。有时候一张图片胜过千言万语，恰当的图片能够帮助留学生迅速理解词汇间的区别点。例如，在理解“辞职—跳槽”这一组词时，可以直接用两张图片配合一些口头说明来解释。

其次，展示实物的方法比较少用。表示实物的词一般是名词，较少出现近义词辨析问题，因为这类近义词在实际使用中都通用，如“西红柿—番茄”，且展示实物也没有实际的辨析作用，所以不常展示实物。

最后，偶尔会使用到动作说明法。比如在“抛—扔”这一组动词中，教师就可以用肢体动作来展示两个动作的不同。在辨析“长相—外表”的时候，教师说“长相”时就用手拍拍脸，说“外表”时就双手从头到脚划过全身，再拿一个杯子，用手从顶部来回摸到底部，通过这样简单而形象的动作再结合适当解释，用不了两分钟留学生就能明白这两个词的不同了。

3. *语素教学法*

词是由语素构成的，辨析近义词里面单个词的语素，能够帮助留学生更好地理解词义。构成近义词的一组词往往有着相同的语素，如“预定—预订”有相同的语素“预”，“乐趣—兴趣”有相同的语素“趣”。这些相同的语素经常是使两个词构成近义词的关键。而剩下的那两个不同的语素就是辨析近义词不同之处的重点所在。比如说，在“预订—预定”的教学中，留学生一旦经过教师的辨析，明白了“定”和“订”这两个语素的意思和使用对象，就能够辨析“预订—预定”，还能够举一反三，下一次再遇到含有这两个语素的词就能够自主辨析区别。比方说下一次遇到“制定—制订”，留学生能初步形成自己的判断。

语素教学是一个不断积累的过程，留学生通过一个又一个语素的积累，掌握的语素越多，自主辨析近义词的能力就越强。

4. 课堂练习、课后测试

近义词经过讲解后，还需要有后续的巩固。教师简明扼要地辨析完近义词后，应该花一两分钟，给留学生做一个小测试，当堂检测留学生的理解和掌握程度。比如在学习完“老—旧”后，可以给四道填空题：____牛、____歌、____鞋、____书。在留学生回答完后，根据留学生回答的情况有针对性地讲解错得多的薄弱点，但是不宜花费太多时间。如果留学生的掌握情况普遍较差，并且第二次讲解后仍不理解，则不宜过多纠缠，应尽快放下，留待课后寻找到其他更有效的方法后再找时间讲解。

（三）面向留学生的近义词教学方案

本文在前文较详细地辨析了28组近义词，而在本节我们将根据辨析的内容，结合留学生的接受能力，删减辨析的内容，形成适合教授给留学生的精简部分，为每一组词制订适合对外汉语听说课的教学方案。

预订—预定

留学生偏误：语义—语义焦点、语义适用。

教学重点：（1）语义焦点：“订”强调预订的内容可以再改变，“定”强调预定的内容一般不可变。（2）宾语搭配：“预订”搭配的是具体事物，“预定”搭配的是抽象事物。

教案：

（1）语素分析法：解释语素“预”“定”“订”的意思，并结合搭配的词语，分析语义焦点。如“预订房间”可以退，“预定时间”一般确定不变。

（2）语境法：PPT给出“预订”的搭配表格，引导留学生总结宾语的类型——具体事物。PPT给出“预定”的搭配表格，引导留学生总结宾语的类型——抽象事物。

（3）课堂提问：____一张电影票？____开会时间？____体育场地？

（4）情景扮演：准备两张卡片，分别写上“预定”“预订”，留学生A扮演客服或秘书，留学生B扮演客户，B按指令向A提出各种要求，如“预订电影票”“预定时间举行婚礼”，等等。每次使用近义词时，要用手指出相应的词。留学生分成两组，每组一题，给2分钟时间，两两讨论。最后请两组留学生分别展示两个情景。

滋味—味道

留学生偏误：语义—不同义项。

教学重点：（1）两者作“味道”本义时可替换。（2）“滋味”的引申义。

教案：

（1）语境法，典型例句。解释两个词的“本义”都表示人的味觉器官得到的一种感觉，在表示本义时，两者可以替换：我尝过了酸甜苦辣的滋味；我喜欢巧克力的味道。

（2）语境法，典型例句，只讲解“滋味”的引申义。“滋味”的引申义是“人的感受”：饿了三天的滋味不好受；这种滋味可真不好受啊；享受恋爱的滋味，等等。

（3）语境法，师生问答。教师设置几个情景，分别提问留学生，引导留学生运用词汇。提问如“你喜欢吃巧克力吗？”引导留学生作答，如“喜欢，巧克力的味道/滋味很好”。还可以提问如：你觉得当明星/父母/有钱人的滋味是怎么样的？

（4）全班大声读“滋味—味道”的常用搭配，以增强记忆。

在乎—在意

留学生偏误：语义—语义焦点。

教学重点：（1）语义焦点：前者强调“重视”，后者强调“注意”。（2）搭配“不”和“没”。

教案：

（1）语素分析法：分析“意”表注意。分析顺序：意—注意—像注水一样把“注意”注入某人或某事。

（2）形象说明法，巧用“动作”进行联想：“乎”是语气词，本身没有意义，留学生难以理解和记忆。但教师可以用一种新奇的方式解释并帮助留学生记忆“在乎”是“重视”的意思。比如，孩子摔倒了（教师作摔倒状），妈妈爱孩子，关心孩子，重视孩子，认为孩子很重要，用嘴“呼呼”地吹着孩子的伤口。教师在这里可以说，妈妈在“呼呼”孩子，是因为她在乎她的孩子，认为孩子很重要。这样“在乎”就和“重视”联系起来了。

（3）语境法，典型例句。给出“在乎”和“在意”的例句：我只在乎你；他一点都不在乎这件事；我最近经常咳嗽，但是我没有在意；他不在意孩子们在干什么。

（4）搭配表格：“在乎”“在意”和“不”“没”搭配的表格。要点出“在乎”不能和“没”搭配，其他都可以。

（5）课堂测试：给出情景，男生在玩游戏，女朋友突然哭了起来，男生没有注意到。教师提问：你觉得男生在乎他的女朋友吗？他在乎什么？他有没有在意女朋友哭？

大概—大约

留学生偏误：语义—语义适用。

教学重点：（1）替换情况：搭配数量或情况。（2）词性：“大概”还可以作形容词、名词（这部分作为拓展）。

教案：

（1）形象说明法：用图片和音频展示两个词可替换的情景。图片是商店的宣传海报，音频是下雨的声音。接着给出两组例句：第一组（数量），大概/大约十块钱，大概/大约五分钟。第二组（情况），他大概/大约很想你，外面大概/大约下雨了。说明两者在搭配数量和情况时可以互换。

（2）（拓展）：告诉留学生虽然在搭配数量和情况时，两者可以替换，但更地道的说法是“大概”用于推测情况，“大约”用于估计数量。

(3)(拓展)：点出“大概”的特殊用法，作形容词，如“大概的情况”；作名词如“知道个大概”。不要求掌握。

(4)课后作业，四道多选题：前两道考察辨析点一“替换情况”，答案应该是全选，可以再附加一个问题询问留学生在某种情景中哪个词更地道；后两道考察辨析点二“大概的特殊用法”，答案都应设置为“大概”。并且教师应该提醒留学生通过句子中各个词的句法成分进行推理。比如“我知道我这次考试的____分数”，留学生可以通过名词“分数”，推断前面是修饰名词的形容词，而只有“大概”可以作形容词，因此选“大概”。

乐趣—兴趣

留学生偏误：语义—语义适用。

教学重点：(1)对象不同：前者产于事物，后者产生于人。(2)英译差别明显。

教案：

(1)在PPT上的词汇下方注明英译，但字体不要过大，方便懂得英语的留学生理解，但不要把留学生的关注点引到英文上。

(2)语素分析法：口头分析语素“乐”“兴”“趣”的意义。

(3)语境法，用例句展示两者产生对象的不同：唱歌带给我很多乐趣；唱歌是一件有乐趣的事；我对唱歌很有兴趣；我的兴趣是唱歌。教师在展示例句时可以结合“缩句法”，将句子浓缩成“我有兴趣”“唱歌有乐趣”这样的句子，帮助留学生理解两者的产生对象。

(4)留学生短讲：以“我的兴趣”为题，让留学生在两分钟内说三到四句话，要求“乐趣”“兴趣”两个词都要使用到。

抛—扔

留学生偏误：语义—语义焦点。

教学重点：动作侧重点不同。

教案：

(1)形象说明法：动作法，教师通过肢体动作展示“抛”和“扔”两个动作的不同侧重点。重点展示“抛”的物体有向上、向前的运动趋势，侧重于垂直方向上的运动。结合图片法，运用抛渔网和抛人的图片，展示“抛”的趋向。也可以在黑板上画图展示。而“扔”是比较无序的，可以向下扔，向上扔，也可以水平扔。

(2)语境法，用词组搭配表格，帮留学生整理常用搭配：抛网、抛球、高空抛物、抛弃；扔垃圾、扔球、扔来扔去、扔掉。

(3)课堂提问：用表格挖空的方式，让留学生自主选择适当的词填空，如：____垃圾、____球。

差别—差异—差距

留学生偏误：语义—语义焦点，语用—风格特点。

教学重点：（1）语义焦点。（2）替换情况：差别、差异大部分情况下通用（但风格特点有异）。（3）搭配对象：前两个词可形容各种不同，“差距”主要是数量、等级、程度等方面的不同。

教案：

（1）语素分析法：讲解“差”“别”“异”和“距”四个语素的意义。解释三个词分别强调不同/不足、不同、相差的多少。

（2）语境法：用例句告诉留学生“差别”“差异”大部分情况下可以互换。但只有一种情况不可以替换，即在书面语、正式场合中，大部分用“差异”。教师给出常见搭配如“文化差异”“民族差异”“性别差异”“地域差异”，等等。

（3）语境法：教师给出搭配表格，强调“差距”是这三个词中最特殊的一个，它所强调的“不同”与数量、等级、程度相关，如“年龄差距”“人与人之间的差距”“地位差距”“身高差距”。

（4）留学生互动：留学生分组讨论组员之间的不同之处，分别运用三个词表达。最后请两组同学分享，教师进行点评。

潮湿—湿润

留学生偏误：语义—语义强度。

教学重点：（1）程度：前者“湿”的程度高于后者。（2）情感：前者偏贬义，后者偏褒义（拓展）。

教案：

（1）形象说明法，用图片及符号展示“潮湿”表示水分特别多，甚至太多了。而“湿润”是湿得刚刚好。

（2）展示黄梅天时墙壁的图片，和抹了护手霜的手的图片，提问哪个让人觉得舒服，教师最后总结两个词的褒贬义。

（3）留学生短讲：请两位留学生运用这组近义词对比深圳和自己家乡的天气湿度。教师点评回顾。

举办—举行

留学生偏误：语义—语义焦点。

教学重点：（1）动作发起者：前者的活动发起者只是发起者，后者也可能是参与者。（2）动作承受者不同（拓展）。（3）前者是活动的策划，后者是活动的进行。

教案：

（1）语素分析法：分析“举”，使留学生明白两个词都有开始一个活动的意思。

（2）形象说明法：教师展示“举办画展”和“举行游行”两张图片，讲解教学重点（1）和（3）。

（3）语境法：用搭配表展示两个词的搭配对象哪些是共用的，哪些是特殊的。但不能套用前文辨析的表格，应该筛选出留学生需要重点掌握的几组搭配。（见表20）

（4）课后作业：请留学生课后用“举行”“举办”分别造五个句子。下节课请一位留学生在复习时间跟大家分享。

表20　“举行”“举办”精简搭配表

	宴会、晚会	婚礼	会议	展览	运动会、比赛	游行	培训班、讲座
举行	○	○	○	○	○	○	×
举办	○	○	○	○	○	×	○
用法	可替换					特殊	

买—淘

留学生偏误：教材导致的语义适用偏误，在实际使用中很少见。

教学重点：（1）“淘”的适用地点和适用对象；教材错误澄清。（2）“淘宝”，展示“淘”的另外一个用法（拓展）。

教案：

（1）语境法：用常用的搭配告诉留学生两个词都是买的意思，但是“淘”的适用地点是卖旧东西的地方，“淘”的东西也是旧的东西，如“淘旧书”“淘旧鞋”。

（2）教材错误澄清：教材中不太恰当地使用了“淘衣服”的表达，并且把“淘”翻译为“go shopping”，教师应该强调这些不太恰当，以引起注意。

（3）语素分析法：介绍“淘”的本义，了解“淘宝网”的起名缘由，引起留学生的学习兴趣。

价格—价钱—价值

留学生偏误：语义—语义焦点，语用—风格特点。

教学重点：（1）“价格”“价钱”的可替换情况和风格色彩的不同。（2）搭配副词的不同。

教案：

（1）在三个词旁，小而简要地标注英文翻译，让留学生初步了解三个词的含义。

（2）形象说明法：用图片展示一杯奶茶的成本和最终售价，帮助留学生感受三个词在实际使用时的区别。用“奶茶妹妹”的图片解释“价值”与其他两个词的区别。

（3）语境法：用购物的场景，创造“问价”的对话。“这瓶牛奶多少钱”等于“这瓶牛奶的价钱是多少”，告诉留学生“价钱”更口语，虽然可以用“价格”互换，但是“价钱”在口语中更多用。而“价格”多用于书面语和正式场合，给出一句留学生的偏误作为例子：“该食品的价格与一般的食［C］品的价格｛CC价钱｝一样的情况下”。另外，还可以构建评价“价钱”的对话，如“这瓶牛奶价钱太贵了”，等等。

(4) 展示搭配表格，归纳修饰三个词的副词，如“高”“低”“贵”“便宜”等常见的搭配。方便留学生记忆。

随便—随意

留学生偏误：语义—语义焦点。

教学重点：(1) 语义焦点。(2) 搭配对象。

教案：

(1) 语素分析法：分析“随”“便”“意”三个语素的意思，帮助留学生理解“随便”强调的是没有限制什么事不可以做，而“随意”强调的是跟随自己的心意。

(2) 语境法：列出两个词的搭配表，“随便”搭配具体的动作，“随便吃”“随便喝”；“随意”搭配抽象词语，如“随意幻想”，一般还说“请随意”“大家随意”。(见表21)

(3) 课堂练习：以“小王请客”为背景，留学生三四人组成小组思考小王招待客人时应该说的话，并使用“随便”“随意”造句，请一组留学生展示小王和客人之间的对话。

表21 “随便”“随意”搭配表

	搭配	重点	请客时
随便	+具体动词：吃、喝、玩、坐、买	按自己的方便；无限制	大家随便吃
随意	+抽象动词：幻想、想象	按自己的心意	请随意、大家随意

块—元

留学生偏误：语用—风格特点。

教学重点：(1) 风格特点。(2) 搭配词汇（拓展）。

教案：

(1) 语境法：直接告诉留学生口语中，日常使用的都是“块”，都可以用“元”替换，但是“元”比较正式。教师可以一边指着教室里的东西，一边说这个东西多少块钱。教师问留学生的手表或者笔记本等随身物品的价格，要求留学生用“元”或“块”回答。

(2) 板书“元……角……分”和“块……毛……分”，告诉留学生不可以混用搭配。

(3) 课堂练习：用PPT展示一张商品海报，问某一件商品的价格，要求留学生齐声回答“元……角……分”和“块……毛……分”两种形式的答案。

特点—特色

留学生偏误：语义—语义焦点、语义适用。

教学重点：（1）语义焦点。（2）感情色彩。（3）搭配对象。（4）词性。

教案：

（1）语素分析法：分析“特”“色”和“点”三个语素，帮助留学生了解“特”是特别的意思，两个词都指某事物不同于其他事物的方面。前者强调的是出现不同的那个方面，后者强调的是色彩风格方面的不同。

（2）语境法，给出四个例句：①这家特色餐厅的特色菜很好吃。②中国音乐很有特色。③他这个人有一些特点，他很活泼开朗，但是太喜欢说话了。④这把椅子的特点是只有三条腿。让留学生分析说话者的感情色彩，最后归纳两个词的感情趋向：“特色”是褒义词，“特点”是中性词。

（3）接着上面的例句，再请留学生观察并说出“特点”和“特色”描述的对象都是什么，最后归纳两个词的搭配对象：“特色”用于物，“特点”用于人和物。

（4）教师最后点出这两个词都是名词，不过“特色”还可以作形容词，如“特色菜”和“特色餐厅”。这是“特色”的特殊用法，“特点”没有这个用法。

（5）留学生短讲：教师提出两个问题：“你的国家有什么特色，比如特色菜、特色运动、特色服装？”和“这些特色有什么特点？”请两位留学生作答。

老—旧

留学生偏误：语义—语义适用。

教学重点：（1）语义焦点。（2）搭配对象。

教案：

（1）语境法：用树状图展示“老”和“旧”的几个义项。让留学生了解两个词都有时间长久的意思，但是有许多不同的用法，不是一个简单的“old”可以概括的。可以在旁边简单附上英语注释。每个义项后面加上例句。

（2）用“老书”和“旧书”的对比，展示两者强调的方面的不同。前者注重时间历史的久，后者是因为用过或时间长而不太新了。

（3）展示挖空的搭配表格，请一位留学生填空并询问理由。教师解释“衣服”“歌”“房子”“牛”这些词哪些要和“老”搭配，哪些要和“旧”搭配，并归纳搭配的原则。

（4）课后作业：请留学生回去用“老”和“旧”各造5个词组。下节课前上交，教师粗略看一下，挑几个错误讲解，顺便复习一下。

快递员—快递小哥

留学生偏误：语用—感情色彩。

教学重点：（1）风格特点。（2）感情色彩。

教案：只需要口头一两句话解释清楚即可。

告诉留学生，在口语对话时，“快递小哥”显得亲切有礼貌，更口语化。而“快递员”更正式一点，口语、书面语都可以用，主要表示这是职业的一种。

家庭—家族

留学生偏误：语义—语义焦点。

教学重点：词义的范围。

教案：

(1) 形象说明法：展示一张家庭树图。圈出父母、子女，说明“小家庭”，圈出爷爷奶奶，和之前的圈组成“家庭”，或者圈出外公外婆，再和之前的圈组成“家庭”，告诉留学生一对夫妻就可以组成一个“家庭”，一般还会加上子女，特殊情况下还会有和父母子女一起生活的其他亲人。然后教师把整个家庭树用一个大圈圈出来，表示几代人合起来才是“家族”。

(2) 如果班上有日本留学生，可以告诉他们，日语的“家族”可以指“家庭”和“家人”，但是在汉语中每个意思都有不同的表达。

(3) 课堂练习：连线题，给出三张图，请留学生连线“小家庭”“大家庭”和“大家族”。

和睦—和谐

留学生偏误：语义—语义适用。

教学重点：搭配对象。

教案：

(1) 语境法：直接给出一张搭配表，总结出“和谐”可用于人与事物、事物与事物之间的关系，而“和睦”通常用于人与人之间的关系。(见表 22)

表 22　“和谐”“和睦”搭配表

和谐	社会和谐、音调和谐、色彩和谐、和谐的气氛
和睦	家庭和睦、和睦相处、两人关系和睦、感情和睦

(2) 课堂练习：给出三个挖空的句子或短语，给留学生两分钟时间填写，请一个留学生回答，结束后教师结合搭配表讲解这三个问题。

怪不得—难怪

留学生偏误：语义—语义适用。

教学重点：(1) 替换情况。(2)“怪不得”后面要接宾语。

教案：

(1) 语境法。给出两个例句：怪不得/难怪他这么伤心；这件事也怪不得/难怪他。告诉留学生在大部分情况下两个词都可以替换。

（2）告诉留学生只有在一种情况下不能用“怪不得”，那就是后面没有宾语的时候。如不可以说“他会那么伤心也怪不得”。除了这种情况，其他情况两者都可以替换。

（3）对话训练：教师给出一个场景“学生 A 突然跑出了教室”。教师问留学生为什么 A 跑出了教室，开放性作答。不管留学生回答什么，教师都用“怪不得”或“难怪”回答。这样做可以活跃气氛，并且在无形中可以加深留学生的印象。示例：为什么 A 突然跑出去了？老师，他肚子疼！哦，A 可能吃坏肚子了，怪不得他跑了出去。

去世—死

留学生偏误：语用—风格特点。

教学重点：（1）搭配对象。（2）使用场合。（3）词性。

教案：

（1）语境法：先说明两个词都表示某事物失去生命的意思。给出三个句子，要求留学生判断对错：他的爷爷昨天去世了；他的爷爷昨天死了；我家的狗去世了。这三个句子中只有第三个是错的。教师归纳出两个词的搭配对象，“死”可以用在人和物上，而“去世”只能用在人身上。

（2）对比法：接下来教师教留学生对比“他的爷爷昨天去世了”“他的爷爷昨天死了”这两个句子的不同之处，问他们觉得用哪个词比较礼貌。留学生回答后，教师总结“去世”是人们在对话中比较常用的，而且是更恰当、更礼貌的说法，也表示了对死者和死者家人的尊重。建议留学生最好使用“去世”而不是“死”。

（3）教师应特别提到，“死”还可以作形容词，如“死者”“死人”“死猫”等，这是“去世”没有的用法。

（4）课堂测试：给出四张照片，分别是一只猫的墓地、孔子、一个年轻人的墓地、一只折断的笔。请留学生选择适当的词造句。

抢饭碗—竞争

留学生偏误：语义—语义适用。

教学重点：（1）指导留学生正确认识教材的英译。（2）搭配对象。

教案：

（1）语素分析法：分析“抢”和“饭碗”，“竞”和“争”，帮助留学生理解这两个词的意思。

（2）语境法。给出两个例句：很多博士跟我们抢饭碗；很多人在竞争一份工作。告诉留学生这两个词都可以表示抢工作。但“抢饭碗”只能表示抢“工作”，而“竞争”还可以表示抢别的东西。给出常用搭配：“竞争工作”“竞争地位”“竞争第一名”，等等。

（3）课堂测试：给出两张图片，图片中的人在竞争不同的东西。请留学生根据图片造句。

辞职—跳槽—炒鱿鱼—辞退

留学生偏误：语义—语义焦点，句法—句型句式。

教学重点：（1）分阶段学习：前两个词一组，后两个词一组。（2）风格色彩（拓展）。（3）句型句式：被动句和“把”字句。

教案：

“辞职”出现在教材第35页，“跳槽”出现在第36页，这两个词的动作发起者相同，因此这两个词在同一节课上讲解；“炒鱿鱼”出现在教材第43页，“辞退”也出现在第43页，这两个词的动作发起者和用法也相似，因此这两个词在同一节课上讲解。

第一组词：

（1）形象说明法结合语素法：给留学生展示“辞职”和“跳槽”的图片，分析“辞”“职”“跳”和“槽”的意思。

（2）语境法。给出两个例句：我从百度公司辞职了；我从百度公司跳槽到谷歌公司了。教师总结：“辞职”上下文要说明原来的工作，而“跳槽”上下文要说明“跳”到什么地方去了，即新公司或新职业。

第二组词：

（3）形象说明法结合语素法：通过图片和教师的肢体动作，分析语素，展示“炒鱿鱼”的本义和引申义，然后分析“辞”和“退”的意思。

（4）给出第一组例句：我被公司炒了；我被公司炒鱿鱼了；我被公司辞退了。教师总结两个词都可以用于被动句。

（5）给出第二组例句：公司把我辞退了；公司把我炒了。教师总结两个词都可以用于“把”字句，但是“炒鱿鱼”用作“炒了”更恰当。

两组词教完后的结合分析：

（6）总结：①前一组词的动作发起者是员工，而后一组词的动作发起者是公司或组织。②前一组词不可以用于被动句和“把”字句，而后一组词可以。③“跳槽”和“炒鱿鱼”都是口语色彩浓的词。

启事—广告

留学生偏误：语义—语义焦点。

教学重点：（1）语义的侧重。（2）常见搭配。（3）拓展特殊例子。

教案：

（1）展示有关电视广告、公交车广告、饮料广告等的图片，教师总结“广告”的一般特点是营利性，口头表达就是“为了卖东西得到钱，所以用广告让大家知道有这种产品或服务”。

（2）展示有关招聘启事、寻人启事、寻物启事的图片，教师总结“启事”的一般特点是“为了把一件事告诉更多人，但不一定有营利性”。

（3）（拓展）比较特殊的是“招聘启事/广告”“征婚启事/广告”“公益广告”。

（4）给出挖过空的搭配表，要求留学生自行填空，下一节课请一位留学生在复习环节回答。

充电—休息

留学生偏误：语义—不同义项。

教学重点：“充电”的引申义。

教案：

只需要用三张图讲解。第一张图是手机在充电，教师解释这是“充电”的本义。教师用语素分析法，简要讲解“充”和“电”的意思。

然后展示第二张图，这张图上面有一个人就像手机一样用一条电线连接着书本在进行“知识充电”。教师归纳出“充电”的第一个引申义，就是人获取更多的知识和技能。

接着展示第三张图，一个人在休息补充精力。教师此时应该解释“充”进人体内的可以是“精力”，也可以是“知识、技能”。

最后，教师归纳出“充电”的三个义项。

吃惊—大吃一惊—惊喜

留学生偏误：语义—语义焦点、语义强度，句法—语法特征。

教学重点：（1）词性。（2）语义程度高低。

教案：

（1）语境法：教师用简单的例句分析三个词的词性。用“我很吃惊”“我大吃一惊”这两个例句结合“吃”这个动词，让留学生认识到这两个词是动词。用“我感到很惊喜”，让留学生明白“惊喜”是形容词。

（2）语素分析法：通过拆分“大吃一惊”的语素，告诉留学生“大”字表示程度更深，因此“吃惊”和“大吃一惊”的区别就是后者更吃惊，并且“大吃一惊”不可以再用“很”修饰。

（3）语素分析法：将“惊喜”拆分成“惊”和“喜”，让留学生了解到这个词描述的是人同时包含两种感情，一个是吃惊，一个是高兴。与其他两个词只表示一种情感不同。

（4）课堂练习：教师用三个词组成三个简单的句子，并将三个句子拆分成多个词。然后教师用多块磁性白卡，每块白卡写上一个词，分成三组，每一组是一个句子，然后教师要求留学生在黑板上连词成句并大声朗读出来。这题可以选三组留学生，每组派两个人上台配合完成。其他留学生在台下同时进行连词成句。教师最后校对并讲评。

长相—外表

留学生偏误：语义—语义适用。

教学重点：适用范围不同。

教案：

首先，教师用肢体动作向留学生展示两个词所适用的不同范围。教师用左手指PPT上的“长相”两个字，右手张开五指覆盖到自己的脸上，向留学生示意“长相”指的是一个人脸部的特征。同时大声说：“长相，这是长相。这是老师的长相。”

然后教师再用手指“外表”一词，告诉留学生“外表”可以指人的外表也可以指物体的外表。教师先是用手从上到下划过自己的身体，指指脸、指指手脚、捏起自己的衣服，示意留学生“外表”是人整体给人看见的部分。同时大声说：“外表，这是外表。这是老师的外表。”

之后再拿起水壶，展示给留学生，拍拍盖子、摸一摸瓶身和瓶底，同时大声说：“外表，这是外表。这是水壶的外表。”

最后在PPT上总结这两个词的适用范围。

打听—问

留学生偏误：句法—组合分布。

教学重点：（1）替换情况。（2）后接宾语条件（组合分布—后接成分）。

教案：

（1）告诉留学生绝大多数情况下，“打听”都可以用“问”替换，但反过来不行。

（2）语境法：给留学生展示搭配表格以说明绝大多数情况都能使用“问”来替换“打听”。

（3）给留学生展示“打听”和“问”不可以相互替换的情况有两种：一是宾语不是某个消息或某个人；二是双宾结构。这两种情况只能用“问”，需要特别记忆，如“问问题”“问路”“问老师一个问题”。

（4）课堂提问：给出四幅图，分别是留学生向教师问问题、一个人在问路、一男一女在说话、A在问B关于C的事情。教师先选一幅图做示范，造句，然后请三位留学生分别选一幅图造句。

打扮—化妆

留学生偏误：句法—语法特征。

教学重点：（1）搭配对象。（2）词性：及物动词、不及物动词接宾语的情况。

教案：

（1）语境法：利用三张图片帮助留学生辨析两个词搭配对象的不同。第一幅图是一个女孩子的全身照。教师解释“打扮”是跟全身相关的，不仅包括脸部的化妆，还包括衣着、发型，等等。第二幅图是一个女孩子拿着化妆刷对着镜子在化妆。教师解释“化妆”就是人用工具让脸变得更好看。第三幅图是一个孩子在装饰圣诞树。教师解释“打扮”也可以用在物品上，让物品整体变得好看。

（2）展示例句：她在化妆。她在给自己化妆。她在打扮自己。她在打扮圣诞树。教师总结“化妆”后面不可以加宾语，而“打扮”必须加宾语。

（3）课堂提问：教师展示上面的三张图片，指着图片提问留学生图片中的人分别在干什么，然后请一到两位留学生回答问题：你喜欢化妆吗？你觉得打扮自己很重要吗？

七、结语

本文通过分析汉语教材《听和说2》，结合教学实际，提取出28组留学生容易产生偏误的近义词。并通过调查问卷及两个语料库收集有关这28组词的偏误语料，接着根据偏误类型对偏误语料进行分析。然后以9本近义词、同义词词典为基础，结合笔者的看法，对28组词进行全面而详细的辨析。最后，结合留学生的偏误情况及28组词的辨析内容设计具体的近义词教学方案。

本文有三个部分需要继续改进，分别是调查问卷的设计、偏误语料的收集和近义词辨析的准确性、全面性。首先，我们所设计的调查问卷仍需要进一步优化，题型和考察内容需要改进，以便于更好地调查出留学生没有掌握的部分。其次，本文的偏误语料主要来自调查问卷和两个书面语语料库，因此所收集的偏误语料有一定的局限性。若要丰富语料，可以在实际教学中通过录音或笔录记录留学生的口语语料，并进行整理分析，收集偏误语料。最后，每一组近义词背后都有大量的差别点，本文在辨析28组近义词时无法做到滴水不漏，或多或少存在漏洞，因此仍需要参考更多的词典、论文和专著来补充。

本文从留学生近义词习得的偏误、辨析、教学三个角度分层次地讨论了汉语教材《听和说2》中的28组近义词。这28组近义词既是留学生学习汉语的难点，也是教师教学的重点，具有常见性、实用性。因此，本文的研究一方面能够帮助留学生规避近义词使用和理解上的错误，另一方面能够为教师提供有关近义词的教案，让教师能够高效率并且有针对性地进行近义词教学。

参考文献

［1］陈炳昭．近义词应用词典．北京：语文出版社，1987.

［2］罗青松．英语国家学生高级汉语词汇学习过程的心理特征与教学策略//《第五届国际汉语教学讨论会论文选》编辑委员会．第五届国际汉语教学讨论会论文选．北京：北京大学出版社，1996.

［3］佟慧君，梅立崇．汉语同义词词典．北京：商务印书馆国际有限公司，2002.

［4］马燕华，庄莹．汉语近义词词典．北京：北京大学出版社，2002.

[5] 刘乃叔，敖桂华．近义词使用区别．北京：北京语言大学出版社，2003.

[6] 周祖谟．汉语词汇讲话．北京：外语教学与研究出版社，2005.

[7] 黄伯荣，廖序东．现代汉语（增订四版）．北京：高等教育出版社，2007.

[8] 赵新，李英．商务馆学汉语近义词词典．北京：商务印书馆，2009.

[9] 朱景松．现代汉语同义词词典．北京：语文出版社，2009.

[10] 杨寄洲，贾永芬．1700 对近义词语用法对比．北京：北京语言大学出版社，2005.

[11] 符淮青．现代汉语词汇．北京：商务印书馆，2011.

[12] 胡裕树．现代汉语．上海：上海教育出版社，2011.

[13] 刘叔新．现代汉语同义词词典．新 4 版．北京：中国社会出版社，2011.

[14] 中国社会科学院语言研究所词典编辑室．现代汉语词典．7 版．北京：商务印书馆，2016.

[15] 张弓．现代汉语同义词的几个问题．河北大学学报（哲学社会科学版），1964（1）.

[16] 赵新，李英．对外汉语教学中的同义词辨析．暨南大学华文学院学报，2001（2）.

[17] 赵新，刘若云．编写《外国人实用近义词词典》的几个基本问题．辞书研究，2005（4）.

[18] 胡亮节．论对外汉语教学中的近义词辨析．云南师范大学学报，2006（6）.

[19] 张博．同义词、近义词、易混淆词从汉语到中介语的视角转移．世界汉语教学，2007（3）.

[20] 敖桂华．对外汉语近义词辨析教学对策．汉语学习，2008（3）.

[21] 李绍林．对外汉语教学词义辨析的对象和原则．世界汉语教学，2010，24（3）.

[22] 洪炜．面向汉语二语教学的近义词研究综述．华文教学与研究，2012（4）.

[23] 赵新，洪炜．针对二语学习者的汉语近义词教学．华文教学与研究，2013（4）.

[24] 洪炜．汉语作为第二语言的近义词教学实验研究．世界汉语教学，2013（3）.

[25] 郭莉琳．对外汉语教学中近义词辨析方法探究．牡丹江教育学院学报，2018（11）.

[26] 吴红波．汉语近义词教学模式研究与实践．钦州学院学报，2018，33（9）.

[27] 卿雪华．留学生汉语习得近义词偏误研究：以泰国学生为例．昆明：云南师范大学，2004.

[28] 李立冬．对外汉语教学中的近义词辨析．石家庄：河北大学，2007.

［29］王艺澄．对外汉语“近义词辨析的教学”探究．昆明：云南师范大学，2008.

［30］章洁．基于词汇深度知识理论的同义词教学．上海：复旦大学，2009.

［31］田园诗．留学生近义词习得偏误分析与教学对策研究．大连：辽宁师范大学，2012.

［32］魏浩然．外国留学生近义词习得偏误研究．哈尔滨：黑龙江大学，2015.

［33］于江彦．对外汉语初级阶段近义词课堂教学设计．广州：暨南大学，2016.

［34］张小玲．语境教学法在对外汉语近义词教学中的运用考察．昆明：云南大学，2016.

［35］云欣．PBL 教学法在对外汉语近义词教学中的应用．沈阳：辽宁大学，2016.

［36］YAGHI G M．语境视角下对外汉语教学中的近义词辨析研究．杭州：浙江大学，2018.

附 录

调查问卷

姓名：________ 性别：________ 班级：________

1. 下列哪个会让人不舒服？
   A. 潮湿　　B. 湿润
2. 表达“￥12”哪个更口语化？
   A. 十二块钱　　B. 十二元
3. （多选）哪些是“充电”的意思？
   A. 休息　　B. 学习新的东西　　C. 给电器接上电源
4. 爷爷从养花中得到许多（　　）。
   A. 兴趣　　B. 乐趣
5. 她虽然①（　　）一般，但是她很会②（　　）自己。
   A. 长相　　B. 外表
   C. 打扮　　D. 化妆

6. （多选）小红：那个①（　　）太可恶了。他没有一点儿礼貌。
   小明：哈哈。我的②（　　）可好了，还帮我倒了垃圾。
   A. 快递员　　B. 快递小哥
7. （多选）

①左图这个男人被（　　）了。
②右图的男人（　　）了。

A. 辞职　　　　B. 跳槽　　　　C. 炒鱿鱼　　　　D. 辞退

8. ①昨天小明的奶奶（　　）了。

②海里好多鱼都（　　）了。

A. 死　　　　B. 去世

9. ①爱干净是他最大的（　　）。

②（　　）菜。

③这家西餐店很有（　　）。

A. 特色　　　　B. 特点

10. ①我的（　　）里面有 3 口人。(图 1)

②他有一个大（　　），有些人他都不认识。(图 2)

③我们夫妻俩和爸妈、三个孩子一起生活，是个大（　　）。(图 3)

图 1

图 2

图 3

A. 家族　　　　B. 家庭

11. (多选) ①小红快生日了，我们打算给她一个（　　）。

②小明恋爱一个月就结婚了，我觉得很（　　）。

③我在路上遇到了 3 年没见的老同学，我感到很（　　）。

④看到陌生人向自己求婚，她（　　）地叫了一声。

A. 吃惊　　　　B. 惊喜　　　　C. 大吃一惊

12. (多选) ①这个妈妈很（　　）她的小孩。

②面对别人的批评和嘲笑，他一点儿都不（　　）。

③你别（　　），他一直都喜欢开玩笑，不是在批评你。

A. 在意　　　　B. 在乎

13. (多选) ①（　　）人　②（　　）顾客　③（　　）衣服　④（　　）电影　⑤（　　）照片　⑥（　　）朋友

A. 老　　　　B. 旧

14. ①（　　）网球场　　②（　　）时间和地点　　③（　　）计划

④（　　）酒店

A. 预定　　　　B. 预订

15.（多选）①招聘（　　）　　②电视（　　）　　③征婚（　　）
④饮料（　　）
A. 启事　　　　B. 广告

16. ①我尝过酸甜苦辣的滋味。（　　）
②你从来都不知道被人看不起的味道。（　　）
A. 对　　　　B. 错